AF370813

DICTIONNAIRE

FORESTIER.

PREMIÈRE PARTIE.

DICTIONNAIRE

FORESTIER,

CONTENANT le texte ou l'analyse des lois et instructions relatives à l'administration des Forêts, avec les formules des différens actes, et les principes de la Botanique et de la Physique appliqués à la connaissance des arbres, de leurs usages économiques, et des meilleures méthodes de culture, d'aménagement et d'exploitation des Bois.

Par CH. DUMONT, directeur de l'envoi des lois, membre de l'Athénée des Arts, etc.

PREMIERE PARTIE.

A PARIS,

Chez GARNERY, libraire, ancien hôtel Mirabeau, rue de Seine.

An onze.

2

Règles du Droit Français, contenant le développement de l'origine et de la nature des lois qui nous gouvernent, des lois civiles, de leur publication, etc., précédées d'observations et d'un discours préliminaire, que les circonstances rendent également intéressans. Ouvrage utile aux jurisconsultes, juges, avoués et à tous ceux qui s'occupent de législation, 1 vol. in-12, 2 fr., et franc de port 2 fr. 5o cent.

Manuel du Citoyen Français, contenant dans un ordre méthodique, 1°. ce qui constitue l'état et les droits du citoyen ; 2°. la manière dont ces droits s'exercent, etc. La double liste des membres du corps législatif et du tribunat, et celle des notables nationaux, 1 vol. in-12, 2 fr. et franc de port 2 fr. 6o cent.

Code des Cautionnemens, ou Recueil de lois, actes du gouvernement et instructions sur les cautionnemens, à l'usage des receveurs des contributions, payeurs et caissiers du trésor public, etc. etc., par *Dulaurens*, in-8., 1 fr., et franc de port 1 fr. 5o cent.

Code Criminel (nouveau), ou Recueil des lois criminelles, correctionnelles et de simple police, rendues depuis 1790, avec des tables chronologique et alphabétique, 1 vol. in-12, 2 fr., et franc de port 2 fr. 5o cent.

—— des Délits et des Peines, nouvelle édition, 2 vol. in-12, 4 fr., et franc de port 5 fr.

—— des Délits, 1 vol. in-32, 1 fr., et franc de port 1 fr. 25 cent.

—— Domanial, par *Guichard*. in-12, 1 fr. 5o cent., et 2 fr. franc de port.

—— des Enfans naturels, par *Vermeil*, in-12, 1 fr. 20 cent., et franc de port 1 fr. 5o cent.

—— de d'État civil des Citoyens, concernant les naissances, mariages, divorces, décès, adoptions, tutelles, curatelles, etc, in-8., 75 cent., et franc de port 1 fr.

—— de l'État civil et du Divorce, par *Vermeil*, in-12, 2 fr. 40 cent., et franc de port 3 fr.

—— Hypothécaire, ou instructions et observations sur la loi du 11 brumaire an 7, concernant les hypothèques, les priviléges et les mutations d'immeubles, etc., par *Guichard*, 1 vol. in-12, 2 fr. 5o cent., et franc de port 3 fr. 6o cent.

3

Code des Expropriations volontaires et forcées, ou instructions et observations sur l'exécution de la loi du 11 brumaire an 7, fesant suite au Code Hypothécaire du même auteur, par *Guichard*, 1 vol. in-12, 2 fr. 50 cent., et franc de port 3 fr. 50 cent.

—— de Famille, ou l'état civil, contenant toutes les lois relatives aux naissances, décès, mariages, divorces, adoptions, tutelles, curatelles ; mineurs, droits des époux, etc., etc., avec des notes instructives et des formules ; par *Guichard*, 3 vol. in-12, 5 fr., et franc de port, 7 fr.

—— Judiciaire civil, depuis 1790 jusqu'à ce jour, 1 vol. in-8., 3 fr., et franc de port 4 fr.

—— de Police, contenant toutes les lois rendues sur cette matière depuis 1789, avec des instructions et observations, par *Guichard*, 3 vol. in-12, 6 fr., et franc de port 8 fr.

—— des Prises Maritimes et des armemens en course, par *Guichard*, 2 vol. in-12, 6 fr., et franc de port 8 fr.

—— Rural Forestier et Féodal, 2 vol. in-8. 6 fr., et 9 fr. franc de port.

—— des Successions, Donations, Substitutions, Testamens et Partages, par *Guichard*, nouv. édition, 2 vol. in-12, 4 fr., et franc de port 5 fr. 50 cent.

—— des Dettes, par *Vermeil*, 2 vol, in-12, 3 fr. 50 cent. et franc de port 4 fr. 50 cent.

—— des Droits de Taxe, d'entretien des routes et des octrois municipaux, in-12, 1 fr. 20 cent., et franc de port 1 fr. 50 cent.

—— des Droits de Timbre et d'Enregistrement, par *Guichard*, in-12, 1 fr. 50 cent., et franc de port, 2 fr.

Consultation sur la rescision des ventes et aliénations d'immeubles faites pendant le papier-monnoie, par *Guichard*, in-12, 75 cent., et 1 fr. franc de port.

Dictionnaire criminel, correctionnel et de police, par *Guichard*, 4 vol. in-8., 20 fr., et franc de port 26 fr.

Dissertation sur le régime actuel des successions, par *Guichard*, in-12, 1 fr. 50 cent., et franc de port 2 fr.

Explication de la loi du 4 germinal an 8, sur la faculté de tester et de disposer entre-vifs, par *Levasseur*, in-12, 1 fr. 50 cent., et franc de port 2 fr.

4

EXPOSITION des règles du droit ancien ; par *Gouillart*,
1 vol. in-8. , 2 fr. 5o cent. , et franc de port 3 fr. 5o cent.

GUIDE DES EXPERTS , ou instructions et formules sur les
expertises , etc. , par *Guichard*, in-12, 75 cent. , et franc
de port 1 fr.

INSTITUTION au droit français civil et criminel, par *Bernardy*,
1 vol. in-8. , 4 fr. 5o cent. , et franc de port 6 fr.

MANUEL alphabétique des autorités constituées et de tous
les fonctionnaires de l'état, 2 vol. in-8. , 6 fr. , et franc de
port 8 fr.

—— DES CONSEILS DE GUERRE, contenant toutes les lois
pénales militaires , etc., etc. , 1 gros vol. in-12, 3 fr., et
franc de port 4 fr.

—— DES GARDES CHAMPÊTRES EÉ FORESTIERS, contenant
toutes les lois relatives à leurs fonctions , et les formules
des actes qu'ils sont dans le cas de dresser, in-12 , 1 fr. ,
et franc de port 1 fr. 25 cent.

—— et nouveau style des huissiers, nouv. édition, corrigée
et beaucoup augmentée , 1 gros vol. in-12 , 2 fr. 5o cent. ,
et franc de port 3 fr. 5o cent.

—— HYROTHÉCAIRE ; par *Guichard* , in-12, 75 cent. , et
franc de port 1 fr.

—— des nouveaux tribunaux civils, par *Grenier*, 1 vol. in-8.
2 fr. 5o cent. , et franc de port 3 fr. 25 cent.

—— des tribunaux de commerce , par *Grenier*, 1 vol. in-8.
3 fr. , et franc de port 4 fr.

PROCÉDURE (nouvelle) criminelle, correctionnelle , et instruction relative au directeur du jury ; par *Hautefeuille*,
2 vol. in-12, 3 fr. , et franc de port 4 fr.

PROJET de Code civil, du 24 thermidor an 8, 1 vol in-8. ,
2 fr. 5o cent. , et franc de port 3 fr. 5o cent.

TABLE alphabétique et raisonnée du code des délits et des
peines ; par *Bazenerie*, 1 fr. , et franc de port, 1 fr. 25 c.

TRAITÉ méthodique et complet, sur les dispositions gra-
tuites, etc., par *Teisandier*, 1 vol. in-12, 2 fr. , et franc
de port 2 fr. 5o cent.

—— Méthodique et complet des lois sur les transactions
pendant le papier-monnoie ; par *Guichard*, 2 vol. in-12,
5 fr. , et franc de port 6 fr. 5o cent.

—— DU VOISINAGE considéré dans ses rapports avec l'ordre
judiciaire ; par *Fournel*, 2 vol. in-12, 5 fr., et franc de
port 7 fr.

AVERTISSEMENT.

A peine la loi du 16 nivôse an 9 avait paru , qu'on s'est empressé de publier sur les bois et forêts des ouvrages rédigés à la hâte , et sans avoir même encore les bases du nouveau régime, consignées dans l'instruction de l'administration forestière du 7 prairial suivant. Parmi ces ouvrages, les uns sont de simples recueils chronologiques de lois et arrêtés , imprimés en entier, et sans qu'on se soit donné la peine d'en extraire les dispositions abrogées, pour ne conserver que celles restées en vigueur ; les autres ne traitent qu'une des parties dont le régime forestier se compose, et présentent des formules idéales pour les actes et procès-verbaux, à l'égard desquels l'administration a depuis donné des règles fixes : enfin chacun de ces ouvrages porte l'empreinte du motif qui en a accéléré la publication , et l'on a pensé qu'un livre composé sur des données plus précises, et où l'on trouverait réunies, dans un fort petit cadre, toutes les notions dont la connaissance est indispensable aux agens forestiers, serait d'une utilité plus générale, et pourrait devenir entre leurs mains un guide plus sûr. C'est dans cette vue qu'en présentant toutes les dispositions de l'ordonnance de 1669, non abrogées de fait par le nouvel ordre de choses, on y a joint, sous des mots appropriés, le texte entier des lois les plus importantes et des instructions de l'administration forestière, avec l'analyse des autres lois et des circulaires écrites par le ministre des Finances et la régie de l'enregistrement depuis l'an 4 jusqu'à l'an 9. Les formules des procès-verbaux, des adjudications et autres actes complètent, sous les rapports administratif et judiciaire, ce répertoire, où les agens forestiers trouveront d'ailleurs des détails intéressans sur tout ce qui concerne l'aménagement des bois, leur exploitation, leur police, et la discussion des droits litigieux.

Mais à une époque où des abattis indiscrets ont tari les sources, et rendu arides ces terrains autrefois si fertiles, où dans la plus grande partie de la France le sol redemande ces arbres majestueux qui le protégeaient de leur ombre, l'abritaient contre les vents et l'intempérie des saisons, et y entretenaient l'humidité nécessaire à sa fécondité, on ne devait pas se borner à exposer des moyens conservateurs ; il fallait mettre non seulement les fonctionnaires publics, mais tous les propriétaires, en état de concourir au grand œuvre de la régénération des forêts. C'est pour cela qu'on a développé, d'après Duhamel du Monceau, Miller, Rozier, etc., les meilleures méthodes de semis et de plantation, en indiquant la nature des terrains les plus propres à chaque espèce d'arbres, ceux où ils croissent avec plus de rapidité ou acquièrent plus de consistance ; et pour que ces connaissances ne fussent plus une routine, mais devinssent le résultat d'une étude raisonnée de la physiologie végétale, on a donné les élémens de cette science et exposé les découvertes les plus récentes dont elle s'est enrichie. Les différentes espèces d'arbres ou arbustes forestiers indigènes, ou actuellement cultivées en France, ont été rapportées à leur genre, et décrites méthodiquement avec l'exactitude que demandait l'état actuel de la botanique. On a eu soin de citer toujours, à côté des noms français, les noms linnéens, qui dispensaient d'une synonymie plus étendue.

Comme l'intérêt est le grand véhicule des actions humaines, pour attacher davantage tous les propriétaires de bois à ce genre de culture, et les faire plus efficacement contribuer à leur repeuplement, on a indiqué, en traitant de chaque arbre, ses usages dans les arts et l'économie domestique, et l'on a fait voir les avantages que l'on pouvait retirer, suivant le terrain et les localités, des diverses sortes de plantations.

Les calculs ont tous été faits d'après le nouveau système métrique, et l'application des principes exposés sous le mot *mesures*, a été rendue facile au moyen des tables de rapports qui se trouvent sous les mots, *are*, *stère*, etc.

En général on a tâché de rassembler sur les divers objets traités dans cet ouvrage, des notions suffisantes pour dispenser de recourir à d'autres, et en même tems qu'on en a écarté les termes étrangers au sujet, dont fort souvent on remplit des dictionnaires particuliers, et qui abondent sur-tout dans le dictionnaire portatif des eaux et forêts de Massé, on a tâché de n'omettre rien d'essentiel sous les divers points de vue du plan qu'on s'est proposé, celui d'une petite Encyclopédie forestière.

Quoique la partie des eaux n'y soit pas traitée avec la même étendue que celle des bois, parce qu'à l'époque où l'ouvrage a été commencé, leur police ne semblait pas encore devoir entrer dans les attributions de l'administration forestière d'une manière aussi immédiate que le porte la loi du 14 floréal an 10, on trouvera dans l'extrait de l'ordonnance de 1669, et aux mots *navigation*, *pêche*, *rivière*, des détails suffisans pour diriger, à cet égard, la marche qu'ont à tenir les agens chargés d'empêcher les abus et de prévenir ou réprimer les délits.

Toutes les fois qu'on a cité des lois ou arrêtés postérieurs à l'établissement du Bulletin des lois, le numéro qui les renferme a été indiqué, en y ajoutant même le numéro d'ordre, pour faciliter la recherche dans ce recueil officiel et très-répandu. Afin de ne pas grossir le volume par ces citations, l'on n'a point indiqué les séries auxquelles les renvois sont faits ; mais il suffira d'observer ici que la première série, composée de 205 numéros, a commencé au 22 prairial an II, et fini au 4 brumaire an IV ; que la seconde, commençant au 12 de ce mois, et comprenant 345 numéros, a fini au mois de nivôse an VIII ; et que la troisième, qui n'est pas terminée, a commencé dans le cours du même mois de nivôse. La date de la loi suffira donc pour faire connaître à quelle série du Bulletin appartiennent les numéros cités.

Comme on ne pouvait pas altérer le texte des lois qui ont été insérées en entier, on y trouvera souvent relatées des autorités qui n'existent plus ; mais il suffira de rappeler ici que les attributions des administrations centrales de département appartiennent aux préfets, la plupart de celles des administrations municipales aux sous-préfets, et les autres aux maires. La loi du 28 floréal an 10 a aussi restreint les attributions des juges de paix, quant aux délits ; mais il suffit de savoir que la poursuite en appartient actuellement aux substituts des commissaires des tribunaux criminels etablis près les tribunaux de première instance, qui remplacent, à cet égard, les tribunaux correctionnels, et que les juges de paix, qui reçoivent, concurremment avec les maires, l'affirmation des procès-verbaux dressés par les gardes, restent en même tems chargés de constater les délits dont il leur est donné connaissance, sauf à transmettre les pièces aux substituts des commissaires du gouvernement lorsqu'il ne s'agit pas d'un objet de la compétence des tribunaux de police.

DICTIONNAIRE

DICTIONNAIRE FORESTIER,

Contenant le texte ou l'analyse des lois et instructions relatives à l'administration des forêts, avec les formules des différens actes, et les principes de la botanique et de la physique appliqués à la connaissance des arbres, de leurs usages économiques, et des meilleures méthodes de culture, d'aménagement et d'exploitation des bois.

A B A

ABATTAGE. Ce terme, qui signifie proprement l'action d'abattre le bois, est employé par les marchands pour exprimer la peine et les frais qui sont à la charge de l'acheteur.

L'époque fixée par la loi pour l'abattage des bois commence au mois de vendémiaire, et expire au premier floréal de chaque année. Les phases de la lune et la direction des vents ne doivent être à cet égard d'aucune considération ; il suffit de prendre des mesures telles que les divers arbres soient abattus dans la saison où leur sève est le moins en mouvement, ce qui n'est pas uniforme pour tous. L'amandier, le marronnier d'inde, le sycomore sont entièrement garnis de feuilles lorsque les boutons des ormes, des mûriers, des figuiers, etc. commencent à peine à s'ouvrir. Cette inégalité se rencontre même dans des arbres qui ne sont pas d'espèce différente ; les vieux poiriers poussent ordinairement avant les jeunes. (*Voyez* ACCROISSEMENT).

Quant au mode prescrit pour l'abattage des grands arbres , ils doivent être coupés à fleur de terre avec la cognée. Le bûcheron commence par faire une entaille plus ou moins grande du côté où il veut que l'arbre tombe : cette entaille doit pénétrer dans le corps de l'arbre plus avant que le cœur, non-seulement afin qu'il tombe de ce côté-là, mais encore pour éviter qu'il ne sorte du milieu de l'arbre ce qu'on appelle une *lardoire*, qui est un morceau d'un mètre ou un mètre et demi de longueur ; on fait ensuite une contre-entaille, qui doit rejoindre la première. On abat les arbres par un côté de la futaie, qui se nomme une *orne* ; et quand les arbres ne sont pas bien gros, on les fait tomber les uns sur les autres, afin que les branches de ceux qui sont abattus, et celles de celui qu'on abat, amortissent le coup, et empêchent que le tronc ne soit endommagé par la chute : cette précaution est bonne pour les demi-futaies, parce que leurs branches ne servant pour l'ordinaire qu'à faire du bois à brûler, il n'y aurait pas grand dommage quand plusieurs se seraient rompues ou forcées.

L'autre manière d'abattre les arbres consiste à les *pivoter*. On creuse à cet effet la terre autour de l'arbre , et l'on coupe toutes les racines, afin qu'il tombe avec son pivot. Cette façon d'abattre n'est pas, à beaucoup près, aussi expéditive que la première, et on la paie plus cher ; mais elle met les marchands en état de fournir des arbres tournans de moulins, des jumelles de pressoir , etc. ; et quoique l'ordonnance ne permette point cette pratique, ce serait d'autant plus le cas de la tolérer pour un certain nombre d'arbres par hectare, que c'est le seul moyen de tirer parti des souches qui pourrissent en terre , et ne peuvent jamais produire un bon recru.

Pour ménager les pièces importantes dans les hautes futaies, il est nécessaire, avant d'abattre, d'examiner de quel côté l'arbre penche, afin de prévenir les accidens qu'il causerait en tombant du côté où le porte son propre poids. Un habile bûcheron sait déterminer la chute du côté qu'il juge être le plus convenable : pour cela il faut commencer par couper le pied de l'arbre le plus près de terre qu'il est possible, à la face opposée à celle du côté où l'arbre penche. Cette première entaille doit être très-profonde, c'est-à-dire passer de beaucoup le centre de l'arbre ; il doit y avoir un fort soutien au pied de l'arbre du côté de sa pente, pour l'empêcher d'éclater ; on fait ensuite une seconde entaille opposée à la première, ou deux entailles en manière de pas de vis, et l'on prend garde s'il n'y a pas aux environs quelques arbres qui puissent nuire à la chute de celui qu'on abat, ou dans lesquels il pourrait s'encrouer.

Il est essentiel de ménager les grosses branches fort étendues des arbres qui se trouvent dans les forêts et sur-tout à la rive et dans les haies, parce qu'elles fournissent à la marine des pièces fort rares, telles que des courbes, fourcats, etc. Faute d'attention, ces branches qui rendent le poids de l'arbre immense en tombant, se brisent auprès du tronc, et endommagent quelquefois le corps de l'arbre ; mais on peut prévenir ce danger, en coupant près du tronc les grosses branches avant d'abattre l'arbre ; et s'il se trouve d'autres branches qui, par leur grosseur, ou par l'angle qu'elles font avec le tronc, puissent faire une belle courbe, des fourcats, où des brions, etc., il faut, pour les conserver, couper toutes les autres branches qui augmenteraient par leur poids la force de la chute. (*Voyez* Adjudicataire, Age, Exploitation, Souche, Taillis.

ABATTIS. Quoique ce mot doive généralement désigner, dans son application aux bois, ceux qui sont couchés par terre, les forestiers l'emploient plus ordinairement en parlant des branches des arbres que l'on a élagués. Lorsqu'il s'agit de l'action d'abattre le *gland*, on se sert plutôt du mot *abatture*.

ABORNEMENT. (*Voyez* BORNE).

ABOUGRI. On appelle ainsi du bois de mauvaise venue.

ABOUTIR. On dit que les arbres sont bien aboutis ou bien boutonnés, lorsqu'ils ont beaucoup de boutons à fruit. Le mot *aboutissant* a une autre signification. (*Voyez* TENANT).

ABRI. Les arbres dont le bois est cassant demandent à être plantés dans des lieux où ils soient à l'abri des ouragans ; les arbres étrangers qu'on veut acclimater dans des lieux dont la température n'est point semblable à celle de leur pays natal, ont aussi besoin d'être abrités. (*Voyez* EXPOSITION).

ABROUTISSEMENT. Les bourgeons, les jeunes pousses portent aussi le nom de *brout* ; et l'on appelle *abroutis* les bois dont les bourgeons ont été mangés et détruits par les bestiaux. Les gardes forestiers sont responsables des abroutissemens qui se commettent dans les bois par leur négligence ou leur complaisance, et dont ils n'ont pas fait de rapports.

ABSENCE. Les *gardes* ne peuvent *s'absenter* du lieu de leur service sans nécessité, et sans la permission de l'*inspecteur*. Cette permission ne peut être donnée au-delà de huit jours que par le *conservateur*. On fait suppléer au service de l'absent par les gardes voisins. (*Loi du 29 septembre 1791, tit. 4, art. 15*).

Les *inspecteurs* ne peuvent également s'absenter de leur arrondissement sans cause légitime ; la permission du conservateur est nécessaire pour une absence de plus de huit jours ; et si elle doit être de plus de vingt, il faut la permission de l'administration générale. (*Même loi, tit. 5, art. 22*).

Les *conservateurs* qui ont besoin de s'absenter doivent en obtenir la permission des administrateurs. (*Même loi, tit. 6, art. 29*).

Il faut, pour faire un absence, que les *administrateurs* obtiennent l'agrément du ministre des finances. (*Même loi, tit. 7, art. 13*).

Plusieurs agens forestiers s'étant absentés de leur poste pendant le mois de vendémiaire an 6, le ministre des finances a, par une lettre du 23 de ce mois, chargé la régie des domaines de leur faire connaître que l'instant où l'on procédait aux adjudications des coupes était celui qui rendait leur présence le plus nécessaire sur les lieux, et de leur notifier qu'ils eussent à y retourner sans délai, sous peine de privation de leur traitement. Le ministre a en même tems recommandé aux régisseurs de tenir la main à ce qu'aucun des agens forestiers ne quittât son poste sans leur agrément, accordé seulement pour des causes d'une grande importance.

Cette lettre a fait la matière d'une circulaire de la régie du 3 brumaire an 6.

ABUS. Si l'on n'apporte un grand soin à faire strictement exécuter les lois ; si l'on se permet de les interpréter ou de suppléer à leur silence ; si, même avec de bonnes intentions, l'on met son opinion particulière à la place des réglemens émanés de l'autorité qui seule a droit de les faire, la marche des opérations devient incertaine, variable, et il s'introduit nécessairement des abus, qu'on doit faire en sorte de prévenir ou de réprimer. (*Voyez* CHAUFFAGE).

ACACIA. L'acacia véritable, dont on retire la gomme arabique, est un arbre qui croît en Arabie, en Egypte, au Sénégal, et qui n'est point naturalisé en France, où l'on ne cultive que le *faux acacia* (*Robinia pseudo-acacia*, Diadelphie Décandrie de Linné), lequel est originaire de la Virginie et du Canada. Ce dernier arbre, dont les folioles ovales sont alternes et rangées par paires sur une tige commune, terminée par une foliole impaire, a des fleurs jaunes ou blanches, papilionacées, disposées en grappes pendantes sur un filet commun et d'une très-bonne odeur. Les branches sont garnies d'aiguillons souvent doubles, d'un rouge obscur.

Le *Robinia* ou *faux acacia* vient fort vîte dans presque tous les terrains, sur-tout dans les terrains légers et gras, où il s'élève souvent à la hauteur de dix mètres. On ne peut cependant l'employer en charpente, car les branches étant sujètes à s'éclater par le poids du givre ou de la neige, et par les efforts du vent, on est obligé de l'étêter souvent et de le tenir bas de tige ; les branches coupées repoussent avec une vîtesse extrême. L'écorce de cet arbre est roussâtre, raboteuse : son bois, qui est d'une couleur jaunâtre, brillante et comme satinée, est très-dur, lourd, pliant, se tourne fort bien et se coupe net sous le rabot ; mais il se fend aisément. Les tourneurs l'emploient pour en faire des chaises et d'autres meubles. Les feuilles sont une excellente nourriture pour les bestiaux.

Le faux acacia se multiplie par les semences ou par les plants enracinés. Pour employer la première méthode, il faut mêler les semences parvenues à leur maturité, avec un peu de terre, et les conserver jusqu'au printems ; mais la seconde procure bien plus promptement des plants de faux acacia. On cerne le pied d'un arbre qui a 32 à 40 décimètres de circonférence, et l'on coupe ses racines tout autour à la distance d'un demi-mètre ; l'arbre est alors arraché et peut être replanté ailleurs. Si on laisse ouverte la fosse faite pour arracher l'arbre, toutes les racines coupées poussent des tiges et fournissent du plant en abondance.

ACCROISSEMENT. L'accroissement des arbres, soit en hauteur, soit en grosseur, a lieu par le moyen d'une substance qui se prépare entre l'écorce et le bois, et qui n'a d'abord que l'apparence d'une gelée, mais qui prend ensuite plus de consistance, et devient semblable à l'aubier; cette couche de bois imparfaite s'attachant au bois qu'elle recouvre, en augmente l'épaisseur, et il s'en forme plusieurs dans une même année. L'accroissement en longueur s'opère par l'alongement des fibres.

La structure des arbres consiste dans un certain nombre de cônes ligneux plus grands les uns que les autres, et qui se recouvrent mutuellement d'année en année. Chaque cône une fois formé n'augmente plus ni en grosseur ni en longueur; ainsi, dans un chêne de cent ans, le premier cône est du bois de cent ans, et le dernier du bois d'un an. Il se trouve donc dans cet arbre du bois de tous les âges, à compter depuis un an jusqu'a cent: d'où l'on peut conclure que s'il faut un certain âge au bois pour être réputé bon, et que passé cet âge il se détériore, il pourra y avoir dans le même corps d'arbre une partie du bois qui ne sera pas dans toute sa perfection, et une partie qui sera sur le retour; en sorte que la partie extérieure de l'arbre et la supérieure n'auront pas encore acquis toute leur perfection, pendant que le bois du cœur sera dans un état parfait, et même que celui du centre, vers le pied de cet arbre, commencera à dépérir.

Pour mieux sentir comment le bois peut, pendant un certain tems, acquérir de la bonté, et s'altérer ensuite, il ne faut que prêter une légère attention aux différens états par lesquels le bois passe avant de parvenir à celui de toute la perfection dont il est susceptible. Les couches qui doivent devenir du bois n'ont aucune consistance solide; elles ne sont encore qu'herbacées, la sève y passe en abondance, les parties propres à prendre de la solidité se fixent dans leurs pores, et elles deviennent filamenteuses; la sève continue à traverser cette substance, qui augmente en densité et devient aubier. Cet aubier n'est encore qu'une substance rare, qui a besoin que la sève y apporte certaines parties fixes et nourricières, au moyen desquelles il acquiert la densité du bois ; mais ensuite les pores peuvent devenir tellement étroits que la sève ne puisse plus y passer avec facilité : cet obstacle commence à désorganiser les bois, et à les mettre dans un état de retour. Le bois qui est vers le centre du pied d'un arbre encore en crue, doit donc être plus pesant que celui du haut de la tige et des autres parties de l'arbre, et le bois du centre doit aussi être plus pesant que celui de la circonférence ; mais quand les arbres sont sur le retour, le bois du centre doit être moins pesant que celui qui est près de la superficie, à cause de l'altération qu'il a soufferte.

Le bois du pied des arbres qui sont en pleine crue est donc meilleur que celui de la cîme ou des branches, et le bois du centre est préférable à celui de la circonférence. Le bois trop vieux, et dont les pores sont obstrués, commence à s'altérer intérieurement par la partie du tronc qui a été formée la première : alors le centre est plus léger que le bois de la circonférence ; et dans cet état des arbres, c'est le bois du centre pris au pied qui est le plus mauvais. On ne doit donc pas laisser trop long-tems sur pied un arbre qui dépérit, puisque la partie la plus précieuse tombe en pure perte. L'âge qui précède immédiatement l'altération du cœur d'un arbre vers le pied, est celui où il convient de l'abattre, si l'on veut en tirer le meilleur parti possible.

Les bois de chêne, taillis, haut-taillis ou demi-futaie, et en général les jeunes bois, croissent, dans de bons fonds, à la hauteur d'environ 32 centimètres chaque année, jusqu'à soixante ou quatre-vingts ans, sur-tout lorsque le terrain est propre aux espèces de bois qui y sont plantées : après cet âge, ils s'élèvent très-peu, mais ils

grossissent pendant long-tems à -peu-près de 16 centimètres chaque année, ce qui est marqué par le cercle
de la crue, qui a environ deux milllimètres d'épaisseur.

Les bois blancs, qui ont la sève plus hâtive et plus
abondante, croissent et grossissent plus promptement,
au moins d'une moitié ; mais ils vivent beaucoup moins
long-tems.

Un chêne de vingt ans, par exemple, peut avoir
deux décimètres sept centimètres de grosseur, mesuré
à un mètre six décimètres ; un chêne de vingt-cinq ans
peut avoir trois décimètres cinq centimètres de grosseur sur huit mètres de hauteur ; un chêne de trente
ans, quatre décimètres de grosseur sur onze mètres
de hauteur.

Les baliveaux modernes ou anciens croissent très-
peu en hauteur, mais ils grossissent moitié plus que les
brins de taillis, et à-peu-près de deux centimètres par
an ; ensorte que les cercles annuels ont environ trois
millimètres d'épaisseur, à compter de l'époque où l'on
a coupé le taillis dans lequel ces arbres ont été laissés
en réserve.

Un baliveau moderne, de quarante ans, par exemple,
qui avait deux décimètres sept centimètres de grosseur
à vingt ans, augmente d'environ quatre décimètres pendant vingt ans, et porte à-peu-près six décimètres cinq
centimètres de circonférence sur environ six mètres de
hauteur qu'il avait à vingt ans, attendu qu'il s'élève
très-peu après qu'il a été découvert, et qu'il n'y a que
les branches qui s'étendent, le tronc restant de la même
hauteur, si l'on mesure depuis les branches qu'avait le
baliveau quand on a abattu le taillis, jusqu'au terrain.

Un ancien de soixante ans, de trois âges, qui avait
deux décimètres sept centimètres de grosseur à vingt
ans, peut porter un mètre huit centimètres de tour sur
la même hauteur qu'il avait à vingt ans. Un autre de
quatre-vingts ans, de quatre âges, qui avait deux dé-

cimètres sept centimètres de grosseur à vingt ans, porte environ un mètre trois décimètres sur la même hauteur qu'il avait à vingt ans.

Dans un taillis de vingt-cinq ans, un baliveau moderne de cinquante ans, qui avait trois décimètres cinq centimètres à vingt-cinq ans, peut porter huit décimètres de tour sur huit mètres de hauteur qu'il avait à vingt-cinq ans. Un ancien de soixante-quinze ans, de trois âges, peut porter un mètre trois décimètres de tour, sur huit mètres de hauteur qu'il avait à vingt-cinq ans. Un ancien de cent ans, de quatre âges, peut porter un mètre huit décimètres de tour sur la même hauteur qu'il avait à ving-cinq ans.

Dans un taillis de trente ans, un baliveau moderne de soixante ans, qui avait quatre décimètres de grosseur à trente ans, peut porter un mètre de tour sur neuf mètres huit décimètres de hauteur qu'il avait à trente ans. Un ancien de quatre-vingt-dix ans, de trois âges, peut porter un mètre six décimètres sur la même hauteur qu'il avait à trente ans. Un ancien de cent-vingt ans, de quatre âges, peut porter deux mètres trois centimètres de tour sur la même hauteur qu'il avait à trente ans. (*Voyez* Croissance, Dépérissement, Végétation).

ACCRUE. On nomme accrue de bois l'espace de terre dans lequel un bois s'est étendu hors de ses limites par les rejetons de ses racines, ou par la graine des arbres qui est tombée. Cette accrue appartient au terrain sur lequel le bois se trouve, et non au propriétaire du bois qui s'est agrandi.

ACRE. Cette ancienne mesure de terre était équivalente à environ un arpent et demi, ou 75 ares.

ACTIONS FORESTIÈRES. La poursuite des délits et malversations commis dans les bois nationaux, et des contraventions aux lois forestières, est faite au nom et par les agens de l'administration, devant le tribunal de première instance de l'arrondissement, considéré comme tribunal correctionnel; on y traduit aussi l'adjudicataire au civil pour raison de l'inexécution des clauses de l'adjudication. (*Voyez le titre 9 de la loi du 29 septembre* 1791 , *au mot* Administration, Forestiere. *Voyez aussi* Délits).

ACUTS. Ce terme désigne les bouts et extrémités des forêts et des grands pays de bois.

ADJUDICATAIRE. Celui auquel on adjuge un fonds ou une coupe du bois, etc., comme plus offrant et dernier enchérisseur, se nomme *adjudicataire.*

L'article 23 du titre 15 de l'ordonnance de 1669 défend aux marchands de bois de faire des associations secrètes ou d'empêcher par des voies indirectes les enchères sur les bois nationaux , à peine d'amendes qui ne peuvent être inférieures à 1000 francs, et de bannissement des forêts. Les adjudicataires de coupes de bois ne peuvent, aux termes de l'article 24 , avoir plus de trois associés, qui sont obligés conjointement avec eux à l'exécution des charges. L'article 29 leur défend d'entrer dans les ventes avant qu'elles soient martelées , et de commencer l'exploitation avant que leurs cautions et certificateurs de cautions ayent été reçus. Suivant les articles 37 et 38, les marchands adjudicataires de bois de futaie qui s'emploient en ouvrages, sont tenus d'avoir un marteau pour marquer les bois qu'ils vendent; ils ne peuvent en débiter soit en grume , soit écarris, sans cette marque, dont une empreinte est laissée chez l'inspecteur forestier. S'ils ont plusieurs marchés, un marteau particulier peut être affecté à chaque vente, dont les facteurs ou gardes-ventes tiennent chacun un registre, pour y inscrire jour par jour les noms , prénoms et domiciles de ceux auxquels ils vendent du bois, avec mention de la quantité et du prix , sous peine de cent francs d'amende et de confiscation. Ces facteurs se nomment dans quelques endroits *marqueurs, marteliers* ou *clercs* de ventes. Ils doivent être assermentés et dresser leur rapport des délits commis dans la *réponse* de leurs ventes.

Il est défendu aux marchands d'avoir des ateliers ou loges, et de faire travailler et ouvrer les bois nuitamment et ailleurs que dans les ventes, à peine de cent francs d'amende. Ordonnance de 1669, titre 15, art. 49; et titre 27, art. 29.

Afin d'éviter les abus qui en résulteraient, ils ne peuvent point donner du bois aux ouvriers pour leur salaire (titre 27, article 26), et il leur est défendu de faire des cendres dans les forêts nationales, où les fosses à charbon ne doivent même leur être permises que dans les endroits absolument dégarnis de bois.

Les marchands sont civilement responsables de leurs commis, bûcherons, charretiers, charbonniers, etc., et des délits qui se commettent au son de la cognée dans les environs de leurs ventes.

Quand l'exploitation est terminée, ils doivent rapporter les marteaux dont ils se sont servis, et faire procéder au *récolement*. (*Voyez* ce mot et Coupe, Vidange).

ADJUDICATION. On appelle *adjudication* l'acte par lequel le fonctionnaire public chargé d'une vente, adjuge l'objet au plus offrant. Il se dresse pour les ventes des coupes de bois un cahier contenant les charges et conditions auxquelles seules on peut enchérir. Les conservateurs rédigent ce cahier, dont il est déposé des copies aux sécrétariats de préfecture et de sous-préfecture pour que les marchands puissent en prendre connaissance. Les conservateurs indiquent le jour des adjudications, de concert avec le préfet ou le sous-préfet, et ils assistent personnellement à ces adjudications, ou donnent commission, pour cet effet, à l'inspecteur. (*Voyez, soùs le mot* ADMINISTRATION FORESTIERE, *le titre 15 de l'ordonnance de 1669, et les art. 13, 14 et suivans du titre 6 de la loi du 29 septembre* 1791; *et sous le mot* Coupe de bois, *la manière de procéder aux ventes*).

Le *mode* d'adjudication des coupes de bois nationaux a éprouvé des variations suivant les différentes formes du gouvernement, aux diverses époques de la révolution.

Une loi du 19 janvier 1791 autorisait les officiers des eaux et forêts à continuer de procéder à celles qui avaient toujours été faites devant eux ; elle chargeait les directoires de district de procéder aux autres, en présence de deux de ces officiers, à la charge toutefois qu'avant l'ouverture des adjudications, les préposés de la marine seraient admis, comme par le passé, à *marquer* dans les *forêts nationales* et à réclamer, pour le service de l'état, les bois reconnus propres à la construction des vaisseaux de guerre ; et ce, aux prix convenus de gré à gré, ou à dire d'experts.

La loi du 29 septembre 1791 a chargé les directoires de district de procéder à toutes ces ventes, et lorsque la constitution de l'an 3 a supprimé les administrations de district, le directoire exécutif a, par deux arrêtés des 28 frimaire an 4 et 5 thermidor an 5, autorisé les administrations municipales à procéder aux mêmes ventes.

Les sous-préfets ayant, d'après la constitution de l'an 8, été substitués aux administrations municipales, et l'art. 9 de la loi du 28 pluviôse de la même année, leur en ayant attribué les fonctions dans l'étendue de leurs arrondissemens respectifs, ce sont eux maintenant qui procèdent aux adjudications des coupes de bois, et les préfets eux-mêmes dans l'arrondissement du chef-lieu.

Lorsqu'il s'agit d'objets de peu d'importance, les sous-préfets peuvent commettre, pour procéder aux ventes, les maires des communes dans le territoire desquelles sont situés les bois, et alors ce sont ces maires qui reçoivent les cautions et certificateurs de cautions des adjudicataires. Loi du 29 septembre 1791, titre 10, article 5.

Les adjudications des coupes de bois doivent se faire au plus tard dans le courant du mois de fructidor. Elles sont annoncées par *affiches*; les conditions en ont préalablement été réglées par un *cahier des charges* dont une expédition se dépose au secrétariat de la préfecture pour le chef-lieu, ou des sous-préfectures pour les autres arrondissemens. Le conservateur assiste, ou l'inspecteur en sa place, à l'adjudication, et il ne laisse allumer les feux qu'au moment où les enchères sont portées au taux fixé pour la mise à prix par l'estimation contenue au procès-verbal de balivage et martelage.

Une loi du quatrième jour complémentaire an 4 ayant autorisé le directoire exécutif à régler les époques de *paiement* du prix des *adjudications* des bois suivant les besoins du service, de manière qu'une portion fût acquittée comptant dans les dix jours de l'adjudication, et le surplus ainsi qu'il serait convenu dans le cahier des charges, ce réglement a eu lieu pour l'an 5 et l'an 6 par deux arrêtés des 4 vendémiaire et 5 thermidor an 5. (B. 79, nᵒ. 732 et 134, nᵒ. 1309).

Le premier de ces arrêtés porte qu'outre le prix principal, les adjudicataires seront tenus de payer comptant les deux sous pour livre, en la forme ordinaire.

Le second est conçu en ces termes :

Art. 1. Le cinquième du prix des adjudications de coupes de bois nationaux pour l'an 6 continuera d'être payé dans la décade du jour de l'adjudication, non compris les deux sous pour livre, qui seront payés comptant, aux termes de l'arrêté du 4 vendémiaire dernier.

2. Les quatre autres cinquièmes seront acquittés en quatre paiemens égaux, savoir ; le premier dans le mois de ventôse, le deuxième dans celui de floréal, le

troisième dans celui de messidor, et le quatrième dans celui de fructidor suivant.

3. Les adjudicataires seulement dont le prix des adjudications s'élèvera à 50,000 livres et au-dessus, seront tenus de souscrire des lettres-de-change pour le paiement des quatre derniers cinquièmes, et payables aux époques déterminées par l'article précédent.

4. Dans ce cas, les lettres-de-change seront remises aux receveurs de la régie de l'enregistrement et du domaine national par les adjudicataires, en même-tems qu'ils paieront le premier cinquième, à peine de déchéance de leurs adjudications, et de la revente à leur folle enchère.

5. Les dispositions des articles précédens seront insérées dans les cahiers des charges des adjudications.

6. Celles de l'ordonnance de 1669 (*), relatives aux tiercemens et doublemens, ainsi qu'aux folles enchères, y seront également rappelées, et seront exécutées selon leur forme et teneur.

7. Il est spécialement défendu d'y ajouter aucune clause insolite ou extraordinaire, telle que chauffage, délivrance de bois en nature, ou autre quelconque, à peine de nullité.

8. Toutes les adjudications seront faites, autant qu'il sera possible, avant le premier nivôse.

9. Il y sera procédé par les administrations municipales désignées par l'arrêté du 4 vendémiaire dernier, dans le lieu de leurs séances ordinaires, et non sur la place, ni par pieds d'arbres ou autres petits lots, mais par ventes, suivant les formes et divisions usitées pour les bois ci-devant domaniaux.

10. Elles se feront en présence des officiers des ci-

(*) Titre 15, article 31 et suivans. *Voyez* ADMINISTRATION FORESTIÈRE.

devant maîtrises des eaux et forêts, et du préposé de
la régie des domaines et bois, aux jour et heure qui
seront à cet effet concertés avec eux.

11. Les administrations municipales seront tenues
d'envoyer, dans le mois des adjudications, une copie
par extrait des procès-verbaux d'icelles, aux administrations centrales de département, qui les feront parvenir aussitôt au ministre des finances. Les commissaires du directoire exécutif près ces administrations y
tiendront exactement la main, sous leur responsabilité
personnelle.

Le directoire exécutif ayant ensuite considéré que
l'arrêté ci-dessus accordait de trop courts délais aux
adjudicataires pour le paiement du prix des coupes de
bois, a ordonné par un autre arrêté en date du premier fructidor an 7 (Bul. 302, n°. 3216) que le prix
principal des adjudications des coupes ordinaires de
bois nationaux qui seraient faites pour l'an 8 et les années suivantes, jusqu'à ce qu'il y fût autrement pourvu,
serait payé, savoir : un cinquième dans un mois du jour
de l'adjudication, et le surplus en deux paiemens égaux,
dont le premier aurait lieu le 29 fructidor et le second
le 29 frimaire suivant.

Le ministre des finances a annoncé aux préfets, par
une circulaire du 21 vendémiaire an 9, que le gouvernement avait trouvé plus avantageux aux adjudicataires et au trésor public de faire payer le prix principal des ventes en quatre termes égaux, le premier
échéant au 30 germinal, le second au 30 messidor,
le troisième au 30 vendémiaire de l'année suivante,
et le quatrième au 30 nivôse de la même année.

On va donner le modèle des divers actes qui pré-
cèdent et suivent les adjudications.

Le conservateur de l'arrondissement dresse, pour
un département, de concert avec le préfet et le directeur des domaines, un cahier des charges ainsi conçu:

CAHIER

Cahier des charges, clauses et conditions sous lesquelles seront faites les adjudications de hautes et basses-futaies des bois nationaux, par le préfet et les sous-préfets du département de ...., en présence des inspecteurs ou sous inspecteurs des forêts et du receveur des domaines et bois, en conformité des arrêtés du Directoire exécutif des 28 frimaire an 4, 6 thermidor an 5, et premier fructidor an 7, sur le projet dressé par le conservateur des forêts de l'arrondissement, et rendu, d'après la réquisition du directeur des domaines, commun à tout le département de ...., par arrêté du préfet, en date du ....*

1°. Les adjudicataires paieront le prix de leurs adjudications entre les mains du receveur des domaines et bois ; savoir : un cinquième dans le mois du jour de l'adjudication, et le surplus en quatre termes égaux, dont le premier échéra au 30 germinal. prochain, le second au 30 messidor, le troisième au 30 vendémiaire an.... et le quatrième au 30 nivôse suivant.

2°. Les adjudicataires dont les adjudications s'élèveront à 750 francs et au - dessus, seront tenus de souscrire des billets à ordre pour le paiement du total de leurs adjudications, aux mêmes époques que ci-dessus, et ils les remettront entre les mains du receveur dans la décade de l'adjudication.

3°. Outre le prix de leur adjudication, et sans aucune diminution de ce prix, les adjudicataires seront tenus de payer comptant entre les mains du receveur

* *Diction. Forestier. Part. II.*   B

des domaines, un décime par franc du montant de leur adjudication (1).

4°. Les coupes de haute-futaie et de taillis seront vendues et adjugées dans la forme qui sera désignée ci-après, au plus offrant et dernier enchérisseur, à l'extinction des feux, en la manière ordinaire et accoutumée.

5°. Toutes personnes non prohibées par les lois, seront admises à tiercer, demi-tiercer ou doubler le prix des adjudications, jusqu'au lendemain midi; elles en passeront acte au secrétariat de...., et le feront signifier le même jour aux adjudicataires, aux domiciles par eux élus, et au receveur des domaines, lesquels adjudicataires avec les tierceurs, demi-tierceurs ou doubleurs, seront reçus à enchérir l'un sur l'autre par simple enchère, en observant les formalités prescrites par l'ordonnance de 1669; ce délai de rigueur expiré, il ne pourra plus être reçu de tiercement, demi-tiercement ou doublement.

6°. Les adjudicataires pourront, dans le même délai du lendemain midi, renoncer à leurs adjudications; ils en passeront pareillement acte au même secrétariat, en payant préalablement leur folle enchère comptant entre les mains du receveur des domaines, dont ils seront tenus de rapporter la quittance avant le lendemain midi.

7°. Les adjudicataires seront tenus de couper les bois de leur vente à fleur de terre et à la cognée, sans les éclater ni déraciner, et ils observeront, pour les hautes-futaies, de ne les laisser tomber ni encrouer sur les arbres réservés, aux peines de l'ordonnance.

---

(1) L'article 6 de la loi du 15 floréal an 10, dont le texte se trouve sous le mot VENTE, met à la charge de la République tous les autres frais; savoir, ceux d'estimation, de papier, de timbre, d'impression, de port et d'apposition d'affiches, de criées et de bougies. Ces frais s'acquittent par le receveur des domaines, sur les mandats du préfet.

8°. Les adjudicataires seront tenus de faire couper receper et ravaler les souches et étots qui pourraient se trouver dans les coupes le plus près de terre que faire se pourra.

9°. Les adjudicataires seront tenus d'exploiter les taillis et les hautes-futaies qui leur seront adjugés avant le 11 floréal prochain, et de les enlever hors des coupes avant l'expiration de l'année, (*) après lesquelles époques, ce qui se trouvera debout cu gissant, sera acquis et confisqué au profit de la république, sans que les adjudicataires puissent, en cas de confiscation, se dispenser de payer le montant total des adjudications.

10°. Les adjudicataires de hautes - futaies seront tenus de veiller à la conservation des arbres, tant anciens que modernes, marqués au corps, et des baliveaux de l'âge rouannés pour demeurer réservés et être représentés lors du récolement des coupes, aux peines de l'ordonnance.

11°. Les adjudicataires des taillis seront également tenus de veiller à la conservation des arbres, tant anciens que modernes, qui se trouveront dans les coupes, et des baliveaux de l'âge rouannés ; il leur est défendu d'y toucher ni d'en couper aucunes branches aux peines de droit.

12°. Les adjudicataires tant des taillis que de hautes-futaies seront pareillement tenus de veiller à la conservation des pieds corniers et arbres de parois, pour être en état de les représenter lors du récolement, aux peines de droit.

13°. Ils ne pourront toucher aux arbres réservés,

(*) L'ordonnance de 1669 veut que les *exploitations* soient termineés au 26 germinal, mais l'usage a étendu ce délai de rigueur jusqu'au 11 floréal. Quant à la *vidange*, c'est aux agens forestiers à la déterminer suivant la possibilité des forêts ; mais il est ordinairement accordé une année.

ni y couper aucune branche, sous les peines des réglemens.

14°. Les adjudicataires des taillis ne pourront prendre des harts ailleurs que dans les coupes qui leur seront adjugées, sous les peines de l'ordonnance.

15°. Ils ne pourront retenir dans les coupes d'autres
bois que ceux qui en proviendront : ils ne pourront y
faire travailler avant le lever du soleil, ni après qu'il sera
couché, ni faire enlever leur bois pendant la nuit, sous
les peines des règlemens.

16°. Ils demeureront garans des délits qui se commettront dans les bois, jusqu'au son et ouïe de la cognée,
pendant leur exploitation.

17°. Ils ne pourront faire ni braise ni charbon dans les
coupes, ni y allumer du feu pour quelque cause que ce
soit, sous les peines de droit.

18°. Ils pourront faire ni recevoir un garde ou facteur
de vente, qui fera des rapports des délits qui se commettront, duquel garde ou facteur les adjudicataires
demeureront civilement responsables.

19°. Ils ne pourront, en cas d'erreur dans la désignation et énonciation des arbres sur leur espèce, se
plaindre et réclamer d'indemnité, dès que le nombre
d'arbres qui leur aura été adjugé se trouvera complet;
pourquoi incontinent après l'adjudication ils seront tenus de vérifier avec les gardes des bois, le compte des
arbres qui leur auront été adjugés; et, en cas de manquement dans le nombre, de faire leur demande en indemnité dans la décade de l'adjudication; ils y joindront
le certificat des gardes qui le constatera; passé ce délai
ils n'y seront plus admis. (*).

20°. Les adjudicataires des taillis ne pourront éga-

(*) La facilité avec laquelle les gardes donnent ces sortes de certificats, peut être extrêmement préjudiciable. Les agens forestiers
doivent vérifier eux-mêmes, autant qu'il leur est possible, la
vérité des certificats qui ont pour objet un manquement de nombre.

lement faire de réclamations pour prétendus manque-
mens , sous prétexte de chemins ou places vaines ou
vagues qui pourraient se trouver dans les coupes , les
ventes étant faites, tant pleines que vides, et sans aucun remplage ni défalcation , mais seulement en cas de
manquement de mesure; de même qu'ils seront tenus
de payer les surmesures au prorata du prix de leur
acquisition, et le décime par franc du montant après le
récolement et le réarpentage des coupes.

21°. Il est défendu à toutes personnes qui se présenteront aux adjudications de faire entre elles aucunes
associations secrètes et illicites, et de se coaliser pour
empêcher les enchères sur les ventes; à peine, en cas
de conviction, d'être poursuivies suivant la rigueur des
lois. Il leur est pareillement défendu d'exiger ou de recevoir de ceux qui se seront rendus adjudicataires ,
aucunes sommes sous quelque prétexte que ce soit.

22°. Les adjudicataires seront tenus de se confor-
former pour la coupe et exploitation des bois, aux ordonnances, lois et règlemens, et notamment à l'ordonnance de 1669 (*vieux style*), et sous les peines y
portées.

23°. Pour sûreté des prix, clauses, charges et conditions des adjudications et du montant de leur paiement, les adjudicataires seront tenns , conformément
à l'article 29 du titre 15 de l'ordonnance de 1669, de
donner dans la huitaine bonne et suffisante caution et
certificateur, qui seront reçus par...., en la présence et
du consentement du receveur des domaines et bois ,
sous les peines et rigueurs des lois et règlemens , et notamment sous celles portées par l'article 30 du même
titre, pour l'exécution duquel le receveur des domaines
sera tenu, le neuvième jour de l'adjudication, de faire
signifier à celui qui était le pénultième enchérisseur,
qu'il est substitué au lieu et place de l'adjudicataire qui
aura manqué de donner caution et certificateur, et que

dès ce moment, l'adjudication est en sa charge; sauf à poursuivre, dans ce cas, l'adjudicataire déchu, pour raison du montant de sa folle enchère.

24°. Nul adjudicataire ne pourra commencer aucune coupe, ni revendre en détail ou en gros l'objet de son adjudication, qu'il ne soit muni du certificat du receveur qui constatera qu'il a fourni ses caution et certificateur, qu'il a fait le paiement du décime par franc, ainsi que des frais, et fourni les lettres-de-change au cas prévu par l'art. 2, lequel certificat sera présenté à......, pour y être visé, en être fait mention en marge de l'adjudication, et y avoir recours au besoin.

25°. Conformément à l'article 20 du titre 15 de l'ordonnance de 1669, toutes personnes inconnues ou notoirement insolvables, seront tenues, sur la réquisition expresse du receveur des domaines, pour être admises aux enchères, de présenter leurs caution et certificateur.

26°. Toutes les clauses, charges et conditions ci-dessus, qui sont expresses et de rigueur, seront suivies et exécutées en tout leur contenu, sous les peines de droit résultantes des règlemens.

L'an . . . . .

Pour les différentes adjudications qui doivent se faire en conformité du cahier des charges, dont il est remis des exemplaires à chaque sous-préfet et aux receveurs des domaines dans les chefs-lieux d'arrondissement, l'inspecteur concerte le jour avec le sous-préfet et le receveur, et il prépare ensuite une *affiche* ainsi conçue:

B o i s　n a t i o n a u x.

Adjudication de l'ordinaire an . . . .

On fait savoir que le　　　　an　　　　de la république,　　　　heures du matin, il sera procédé, devant le sous-préfet de l'arrondissement communal de (ou devant le préfet du département de à　　　　si c'est dans l'arrondissement du chef-lieu)

en la salle ordinaire des adjudications, rue
en présence des inspecteurs et sous-inspecteurs forestiers exerçant dans cet arrondissement, et du receveur
des domaines à la résidence de   à la vente et adjudication des coupes de bois et forêts dont le détail
suit, pour l'ordinaire de l'an . . . . .

Noms des Bois.	Noms des Gardes.	Nombre des Lots.	Quantité de taillis à vendre. / Désignation par hectares, ares et centiares.	Haute-Futaie. Nombre.				Observations.
				Chênes.	Charmes.	Hêtres.	Bois blancs.	

CONDITIONS.

Toutes personnes bien connues pour solvables, seront admises à enchérir, mais elles seront tenues de
fournir caution et certificateur de caution.

Le montant des adjudications sera payé conformément aux conditions qui suivent :

1°. Les adjudicataires paieront comptant un décime
par franc et le prix de leurs adjudications entre les
mains du receveur des domaines et bois ; savoir un
cinquième dans le mois du jour de l'adjudication, et le
surplus en deux paiemens égaux, dont le premier aura
lieu le 29 fructidor prochain, et le deuxième et dernier le 29 frimaire suivant ;

2°. Les adjudicataires dont les adjudications s'élèveront à 50,000 francs et au-dessus, seront tenus de
souscrire des billets à ordre pour le paiement du total
des adjudications, aux époques ci-dessus déterminées,
lesquels ils remettront entre les mains du receveur,
dans la décade de l'adjudication.

B 4

Le tout sans préjudice aux autres conditions reprises au cahier des charges, dont lecture sera faite avant de procéder aux adjudications, et dont on pourra prendre connaissance, soit au bureau du citoyen   , receveur des domaines et bois nationaux à   , soit au secrétariat de la sous-préfecture de l'arrondissement de   soit enfin chez l'inspecteur (ou le sous-inspecteur forestier) à

                 (*Le sous-préfet signe*).

Des exemplaires de cette affiche sont apposés au chef-lieu de la préfecture, de la sous-préfecture, et dans les communes environnant les bois et forêts où doivent se faire les ventes. Les maires de ces communes fournissent, sur papier timbré, des *certificats* d'apposition de ces affiches, dont le modèle se trouve sous le mot *vente*.

Ce sont les conservateurs qui, aux termes des art. 13 et 14 du tit. 6 de la loi du 29 sept. 1791, dressent le *cahier des charges* et indiquent le jour des *adjudications*; mais comme ces adjudications doivent se faire devant le préfet ou les sous-préfets, il est nécessaire que ce jour soit concerté avec eux.

Au jour indiqué pour une vente, on y procède ainsi qu'il suit :

Procès-verbal d'adjudication de coupe de bois.

L'an   le   à   heures du matin, par- devant nous   sous-préfet de l'arrondissement d   département de   en présence de   inspecteur (ou sous-inspecteur) exerçant dans l'étendue de cet arrondisse- ment, et de   receveur des domaines et bois du même ar- rondissement, demeurant à   il a été procédé, dans le local à ce destiné, à la vente et adjudication de la coupe des hautes (ou basses) futaies, pour l'ordinaire an   de la forêt (ou bois) de   situé   sous les clauses, charges et condi- tions arrêtées par le préfet de ce département, le   et à la charge en outre par l'adjudicataire de conserver sur pied, dans les coupes, les objets repris au procès-verbal d'assiette.

Dans lequel local nombre de personnes étaient réunies en con- séquence des affiches et publications faites et apposées tant dans la la commune de   que dans celles environnantes et aux autres lieux nécessaires et accoutumés , avec indication à ce jour-d'hui, heure susdite, pour l'adjudication , ainsi qu'il est justifié par les certificats des maires desdites communes.

Lecture a d'abord été faite du cahier des charges , ainsi qu'il suit : (*On transcrit ici le cahier*).

Cette lecture faite à haute et intelligible voix , à ce que personne ne puisse prétendre cause d'ignorance des clauses , charges et conditions ci-dessus énoncées, il a été procédé à la réception des mises à prix , enchères et adjudications , ainsi qu'il suit :

Le premier lot , garde de   contenant   hectares   ares   centiares de bois taillis ,   chênes , hêtres ,   charmes ,   bois blancs ,   a été mis à prix à la somme de   par   demeurant à qui élit domicile à   chez   (*), et enchéri sur un premier feu, par   demeurant à   sur un second feu , par   demeurant à   sur un troisième, etc.

Et un   feu s'étant éteint sans enchère, ce premier lot a été définitivement adjugé , pour la somme de   à   qui a signé (ou déclaré ne savoir signer).

On procède de la même manière à l'adjudication des autres lots , à moins que le défaut d'offres avantageuses ne détermine à renvoyer la vente à un autre jour, et l'on reçoit les cautions et certificateurs de cautions.

Acte de réception de caution et certificateur de caution.

Et le   le citoyen   a présenté à la sous-préfecture de l'arrondissement d   pour caution de l'adjudication du premier lot de la forêt de   faite à son profit le   le citoyen   demeurant à   et pour certificateur le citoyen   demeurant à   lesquels ont été acceptés par le receveur des domaines , présent , et se sont solidairement obligés aux paiemens et garantie de toutes les clauses , charges et conditions résultantes de l'adjudication ; et ils ont signé avec le receveur et le sous-préfet.

Lorsque toutes ces cautions sont reçues, on clot le procès-verbal ainsi qu'il suit :

Clôture d'adjudication.

Et attendu que les adjudications des parties de bois reprises en l'affiche , sont terminées, le présent procès-verbal a été clos et signé par le receveur des domaines , les inspecteurs et le sous-préfet , les jour et an ci-dessus.

(*) *Voyez* sous le mot ADMINISTRATION FORESTIERE , l'article 26 du titre 15 de l'ordonnance de 1669.

Quand le procès-verbal se fait en plusieurs vacations, chacune d'elles est ainsi terminée :

Et attendu qu'il est   heures du   le sous-préfet a levé la
séance et annoncé la remise et continuation des adjudications
au   de ce mois,   heures du matin. Le présent a été signé
par le receveur, etc.

Lorsque l'adjudicataire ne peut ou ne veut pas donner caution, c'est le précédent enchérisseur qui lui est
substitué. (*Voyez* FOLLE ENCHERE).

Tout procès-verbal d'adjudication emporte exécution parée et la contrainte par corps contre les adjudicataires, leurs cautions, certificateurs de caution ou
autres co-obligés, tant pour le paiement du prix principal de l'adjudication, que pour accessoires et frais.
Les poursuites sont faites à chaque échéance au *domicile* élu (*voyez* ce mot), par le receveur du domaine national, sur un extrait délivré par le secrétaire de la sous-préfecture; et le commandement de
payer se fait par le ministère d'un huissier.

La régie des domaines a rappelé, par une circulaire
du 21 messidor an 6, aux agens forestiers les défenses
qui, en conformité de l'art. 22 du titre 15 de l'ordonnance de 1669, sont faites tant à eux qu'à leurs enfans, gendres, frères, beaux-frères, oncles, neveux et
cousins-germains, de prendre part aux adjudications
de bois, soit comme partie principale, soit comme
associés, pleiges ou cautions.

L'expérience de plusieurs années a prouvé qu'il
était également préjudiciable à l'intérêt de la république
de trop rapprocher les ventes, c'est-à-dire de faire
beaucoup d'adjudications dans un jour, et de les éloigner trop les unes des autres. Dans le premier cas il
arrive souvent qu'il se présente et se forme des associations avec d'autant plus de facilité que l'importance
des ventes est plus considérable, et qu'elles offrent un
gain plus important. Le second cas présente l'inconvénient tout contraire. Il est donc avantageux de régula-

riser cette opération de manière à pouvoir faire un nombre déterminé de ventes chaque décade.

Les sous-préfets doivent, chaque décade, envoyer au préfet des extraits doubles des procès-verbaux de toutes les ventes terminées dans la décade précédente. Le préfet transmet un de ces doubles au directeur de l'enregistrement et des domaines, pour le mettre à portée de surveiller la rentrée du prix, que les receveurs sont tenus d'activer aux termes fixés par le cahier des charges. Les sous-préfets joignent à ces extraits un bordereau énonciatif de l'importance des coupes, du nom des bois, des ci-devant possesseurs, du prix de l'estimation, du montant de chaque article en principal, du produit des décimes par francs, du nom des adjudicataires et du jour de la vente. En cas d'indivision l'on y joint, dans une colonne séparée, la part revenant à la république dans le prix tant en principal qu'en décimes pour francs. S'il n'avait pas été prononcé de ventes, les sous-préfets adresseraient un certificat négatif.

Lorsque l'adjudicataire ou l'un des adjudicataires se désistent de l'adjudication, il en est dressé un acte dont voici le modèle :

Acte de désistement d'adjudication.

Le   an   de la république, à   heures d le citoyen   demeurant à   s'est présenté à la sous-préfecture de l'arrondissement communal de   et il a déclaré qu'en vertu de l'article 25 du titre 15 de l'ordonnance de 1669, il se désistait de l'adjudication faite à son profit le du   lot de la forêt de   moyennant la somme de Représentation par lui faite de la quittance à lui délivrée cejourd'hui par le receveur des domaines et bois de cet arrondissement, de la somme de   qu'il a payée pour folle enchère, il lui a été donné acte de son désistement, et il a signé avec le sous-préfet.

Il peut aussi arriver que des personnes se présentent pour tiercer ou demi-tiercer, et leurs offres sont ainsi acceptées :

Acte de tiercement ou demi-tiercement d'adjudication.

Le   an   de la république, à   heures d
le citoyen   demeurant à   s'est présenté à la sous-
préfecture de l'arrondissement communal de   et a déclaré
qu'usant de la faculté accordée par l'article 32 du titre 15 de l'ordonnance de 1669, il tierçait (ou demi-tierçait) l'adjudication
faite le   de ce mois, du   lot de la forêt de
au citoyen   demeurant à   moyennant la somme de
de laquelle déclaration il a demandé acte, à lui accordé,
et a signé avec le sous-préfet.

Quand il n'y a pas eu de tiercement ni de demi-
tiercement, et que la formalité du cautionnement a été
remplie, l'adjudicataire, après avoir d'ailleurs satisfait
aux clauses provisoires du cahier des charges, peut
entreprendre l'*exploitation*. *Voyez* ce mot.

Pour la manière de procéder à la vente du *fonds*
des bois nationaux encore susceptibles d'aliénation,
et aux opérations préliminaires, *voyez* le mot VENTE.

ADMINISTRATEUR. On nomme en général administrateur celui qui est chargé d'une régie et direction. La loi du 16 nivôse an 9 (Bul. 62, n°. 454) a
créé pour les bois et forêts cinq *administrateurs* qui
remplacent les commissaires, dont le titre 7 de la loi du
29 septembre 1791 a déterminé les fonctions. (*Voyez*
ADMINISTRATION FORESTIERE).

ADMINISTRATION FORESTIERE. Aux termes
de l'art. 4 du titre 15 de la loi du 29 septembre 1791,
il devait être incessamment fait une loi particulière
pour fixer les règles de l'administration forestière ; mais
cette loi n'ayant pas encore été rendue, la seconde disposition du même article reste en vigueur ; elle porte
que l'ordonnance de 1669 et les autres réglemens continueront d'être exécutés en tout ce à quoi il n'est pas
dérogé, en substituant toutefois, dans la vente des
bois, les formes prescrites pour l'adjudication des biens
nationaux à celles auparavant usitées.

L'assemblée nationale ayant ensuite soumis à la discussion la question de savoir s'il était utile et avanta-

geux à la nation d'aliéner en tout ou en partie ses forêts, et considérant qu'avant une solution définitive il
aurait été imprudent et dispendieux de laisser achever
la nouvelle organisation forestière, tandis que l'article
premier du titre 15 de la loi du 29 septembre 1791
conservait provisoirement en activité les anciens officiers des maîtrises ou gruries, elle a ordonné, le
11 mars 1792, qu'il serait sursis à la nomination aux
places de la nouvelle organisation, jusqu'à ce qu'elle
eût prononcé sur la vente ou la conservation des
forêts.

Les anciens officiers des maîtrises sont en conséquence restés en activité ; la question relative à l'aliénation des forêts n'a plus été agitée, et une loi du
16 nivôse an 9 (Bul. 62 , n°. 454) a ordonné la
formation d'une nouvelle administration forestière.

L'article 10 de cette loi portant que toutes les dispositions de lois et réglemens sur les bois et le régime
forestier, auxquelles elle n'a pas dérogé, continueront
d'être exécutées, et l'article 7 donnant aux divers agens
qu'elle crée les fonctions attribuées par les lois aux
anciens agens, on va rapporter ici les principales
dispositions de l'ordonnance de 1669.

On aurait pu également ne présenter que l'extrait de
la loi du 29 septembre 1791, dont les titres 2 et 3
contiennent des dispositions évidemment abrogées par
celle du 16 nivôse an 9 ; mais parmi ces dispositions
divers articles en renferment qui sont encore susceptibles d'être exécutées ; et au lieu de les tronquer, on
a cru préférable d'en conserver l'ensemble, en invitant
seulement à consulter la loi du 16 nivôse an 9, pour
ce qui concerne la dénomination actuelle des agens,
leur nombre, leur traitement et la nomination aux
places.

Extrait de l'ordonnance des Eaux et Forêts du mois d'août 1669.

T I T R E   I I.

Des officiers des Maîtrises.

Art. 5. Voulons qu'en la chambre du conseil il y ait un coffre fermant à trois clefs, pour y déposer le marteau destiné à la marque des pieds corniers, parois, arbres de lisière, baliveaux et autres de réserve; l'une desquelles sera pour le maître ou le lieutenant en son absence, une autre pour notre procureur, et la troisième pour le garde-marteau, sans que le marteau en puisse être tiré que de leur consentement commun, et à la charge de l'y remettre chaque jour, après que l'expédition pour laquelle il en aura été tiré se trouvera faite.

6. Les officiers des maîtrises ne pourront donner aucune permission, soit verbalement ou par écrit, de couper ou arracher aucuns bois, ni de mettre pâturer des bestiaux en nos forêts, à peine de 300 l. d'amende.

7. Faisons très-expresses défenses à tous officiers des forêts, de prendre aucuns bois en paiement de leurs vacations et salaires, et aux marchands de leur en donner sous quelque prétexte que ce soit, à peine d'interdiction, et 1000 livres d'amende contre les officiers, et de 300 livres contre les marchands.

T I T R E   I I I.

Des grands maîtres.

Art. 14. Ils ne pourront augmenter ou diminuer les ventes de leur autorité privée, et les charger d'aucun usage, chauffage, droits ou servitudes, ni même accorder ou faire délivrance des bois en espèce, ou ordonner le paiement de deniers en conséquence d'aucuns dons, à peine de privation de leurs charges, et de 10,000 livres d'amende.

15. Ils feront les récolemens par réformation le plus souvent qu'il se pourra, pour connaître si les officiers des maîtrises ont remis, dissimulé, ou trop légèrement condamné les marchands pour abus et malversations par eux commises.

16. Si les grands maîtres, en faisant leurs visites et réformation dans nos bois et forêts, reconnaissent des places vaines et vagues, et des bois abroutis et abougris, ils pourront les faire semer, et repeupler, pour les mettre en valeur; même faire faire des fossés pour la conservation du jeune recru où besoin sera, le tout à nos frais et dépens, par l'adjudication au rabais et moins disant : et à l'égard des recepages, ils en dresseront leurs procès-verbaux, qu'ils enverront au conseil pour y être pourvu.

18. Leur défendons de permettre ni souffrir aucuns fours, fourneaux, façons de cendres, défrichemens, arrachis et enlèvement de plants, glands et faînes de nos forêts, contre la disposition de ces présentes; à peine d'amende arbitraire, et de tous dommages et intérêts.

19. Feront dans les bois où nous avons droit de grurie, grairie, tiers et danger, et dans ceux tenus en apanage, par engagement, usufruit, et par indivis, les mêmes visites que dans nos forêts, et

y procéderont aux ventes et récolemens avec les mêmes formalités que dans nos autres bois et forêts, sans souffrir qu'il soit fait aucun avantage, ou donné aucune préférence aux tréfonciers et possesseurs.

TITRE IV.

Des maîtres particuliers.

Art. 6. Ils feront de six mois en six mois une visite générale dans toutes nos forêts, bois et buissons, bois sujets à grurie, grairie, segrairie, tiers et danger, et dans ceux tenus par indivis, apanage, engagement et usufruit.

7. Le procès-verbal de visite sera signé du maître particulier, et de tous les officiers présens, et contiendra les ventes ordinaires et extraordinaires qui auront été faites, de futaie ou de taillis durant le cours de l'année; l'état, âge et qualité du bois de chacune garde et triage; le nombre et essence des arbres chablis; l'état des fossés, chemins, bornes et séparations, pour y apporter incessamment les remèdes que les maîtres particuliers jugeront convenables, sans que les visites générales puissent les dispenser d'en faire fréquemment de particulières, dont ils dresseront les procès-verbaux qu'ils représenteront aux grands maîtres, pour les instruire de la conduite des riverains, gardes et sergens des forêts, marchands ventiers, leurs commis, bucherons, ouvriers et voituriers, et de toute autre chose concernant la police et conservation de nos bois et forêts.

10. Les maîtres particuliers feront les récolemens des ventes usées dans nos forêts, bois et buissons, six semaines après le tems de coupe et vidange expiré, et les adjudications des bois taillis qui sont en grurie, grairie, tiers et danger par indivis, apanage, engagement et usufruit, chablis, arbres de délits, menus marchés panages et glandées, ainsi et aux termes qu'il est par nous ordonné : et seront tenus avant le premier décembre de chacune année, de dresser un état des surmesures et outrepasses qu'ils auront trouvées lors du récolement des ventes de nos bois, et des bois taillis en grurie, grairie, tiers et danger, des chablis et arbres de délits qu'ils auront vendus pendant le cours de l'année, et des adjudications qui auront été par eux faites des panages et glandées; lequel état contiendra les sommes par le détail de chacune nature, les noms des adjudicataires et cautions, etc.

TITRE VII.

Du garde-marteau.

Art. 2. Il fera tous martelages dans nos forêts, bois et buissons en l'étendue de la maîtrise, même dans les lieux où il y aura des gruyers, à quoi il vaquera en personne, sans liberté de commettre ou les confier à autre, sinon pour cause d'empêchement légitime : auquel cas il sera tenu d'en avertir le maître et le procureur du roi pour y être pourvu en son lieu.

3. Il aura un marteau particulier pour marquer les chablis et arbres de délit, qu'il ne confiera jamais à aucune personne, pour les inconvéniens qui en pourraient arriver, dont il demeurera responsable; et dressera des procès-verbaux sur son registre, qui

contiendront tous les arbres qu'il aura marqués, leur grosseur, qualité et essence, lesquels il fera signer par les sergens à garde, et les mettra au greffe de la maîtrise trois jours après sur les mêmes peines.

4. Tiendra registre des martelages de pieds corniers, baliveaux et autres arbres qu'il marquera, dont il sera dressé des procès-verbaux, contenant leur nombre, qualité, grosseur et essence, par le maître ou son lieutenant, qui seront par eux signés et par notre procureur, garde-marteau, sergent de la garde, et du greffier, et d'autres procès-verbaux de la reconnaissance qui sera faite des arbres marqués, lors du récolement des ventes.

3. Outre l'assistance qu'il sera tenu de rendre aux visites des grands maîtres, des maîtres particuliers, et autres officiers, il fera une visite par chacun mois en toutes les gardes de nos forêts, bois et buissons, bois en grurie, grairie, tiers et danger, possédés par indivis et à titre d'apanage, engagement et usufruit, de la maîtrise, pour voir et connaître si les gardes ont rapporté fidèlement tous les délits qui y seront faits; à l'effet de quoi ils seront tenus de l'assister lors des visites : et en fera encore une autre de quinzaine en quinzaine des ventes ouvertes, et en leurs réponses; ensemble des routes et chemins servant à la voiture du bois, pour connaître de l'exploitation et des abus, délits et contraventions, dont il dressera ses procès-verbaux sur son registre qu'il fera signer par les sergens à garde, et par les facteurs ou gardes-ventes, pour être par lui trois jours après mis au greffe, dont il demeurera déchargé.

TITRE X.

Des huissiers audienciers, gardes généraux, sergens et gardes des forêts et des bois tenus en grurie, grairie, segrairie, tiers et danger, et par indivis.

Art. 2. Ne seront reçus aucuns sergens à garde qu'ils ne sachent lire et écrire, même qu'ils n'en ayent fait expérience en présence des officiers des siéges.

6. Les sergens seront aussi assidus chacun en leur garde, et ne pourront s'en absenter que pour cause de maladie ou autre excuse légitime, après avoir eu la permission du maître et de notre procureur, afin qu'ils y commettent ou substituent le plus prochain garde ou autre personne en leur place.

7. Auront chacun un registre coté par nombre, et paraphé du maître particulier et de notre procureur, contenant les procès-verbaux de leurs visites, rapports, exploits, et tous autres actes de leurs charges, ensemble l'extrait de la vente ordinaire et extraordinaire, et l'état, tour, qualité et valeur des arbres chablis ou encroués, et généralement de tout ce qui se fait pour ou contre notre service dans l'étendue de leurs gardes.

9. Les sergens répondront des délits, dégâts, abus et abroutissemens qui se trouveront en leurs gardes, et seront condamnés en l'amende, restitution, et aux intérêts, comme le seraient les délinquans, faute d'en avoir fait leur rapport, et icelui mis au greffe de la maîtrise ou grurie, deux jours au plus après le délit commis, et faute de nommer dans leur rapport les délinquans, et d'exprimer

mer

mer les lieux où les bois et arbres de délit auront été trouvés, le nombre et la qualité des bêtes surprises en faisant le dommage, et déclarer ceux à qui elles appartiendront.

10. Feront de trois mois en trois mois un rapport du nombre des bornes étant au tour, et faisant les limites de nos bois et forêts, de leur état, de celui des fossés et haies étant en leur garde, contenant les défauts qu'ils y auront remarqués, lesquels ils mettront au greffe de la maîtrise pour y être pourvu; et faute de donner sur ce les avis et éclaircissemens nécessaires, en demeureront responsables, et seront punis d'amende, ou destitution, ou de l'un et de l'autre ensemble, selon qu'il sera jugé plus convenable par les officiers, eu égard à la qualité du fait.

11. Seront tenus de demeurer à demi-lieue de leur garde, et ne sera aucun admis de nouveau, ou continué, qu'après avoir donné bonne et suffisante caution, jusqu'à la somme de 500 livres, qui sera reçue avec notre procureur, pour sûreté des amendes, restitutions et dommages dont il pourrait être responsable ou condamné.

12. Ne pourront faire commerce de bois, tenir atteliers ou amas en leurs maisons, prendre ventes, ou s'associer avec les marchands, tenir cabaret ou hôtellerie, ni boire avec les délinquans, qui leur seront connus, à peine de 100 livres d'amende pour la première fois, et de plus grande avec destitution en récidive.

TITRE XI.

Des arpenteurs.

Art. 1. Sera par nous choisi et commis un arpenteur, homme d'expérience et de probité reconnue en chacun département, pour être à la suite du grand maître, pendant qu'il fera ses visites, adjudications et informations; et par ses ordres faire tous les arpentages, mesures et récolemens ordinaires, ou de réformation, et deux autres en chacun bailliage ou maîtrise.

2. Ils ne seront reçus que sur information de vie et mœurs, et donneront caution jusqu'à 1000 livres, qui sera reçue par le grand maître, pour assurance des abus et malversations qu'ils pourraient commettre en leur exercice, avant que de s'immiscer.

3. Ils feront de toutes les assiettes des ventes un plan figuré, sur lequel ils désigneront les pieds corniers avec leurs témoins, les arbres de lisière ou de paroi, leur nombre, qualité, et toutes les marques qui y auront été faites, la distance de pieds corniers en pieds corniers, l'emprunt tant de la droite ligne que de l'angle, et des circonstances nécessaires pour servir à la reconnaissance ou conservation de tous les arbres réservés lors du recollement.

7. Ils seront tenus de visiter une fois chaque année tous les fossés, bornes, arbres des lisières séparant et fermant les forêts et bois, pour connaître s'il y a quelque chose de rempli, changé, coupé, arraché, ou transporté; et s'il est besoin, feront les assiettes, remises et remplacemens des bornes qui auront été arrachées et transportées, ou qui manqueront.

8. Si aucun des arpenteurs avoit par connivence, faveur, ou corruption, celé un transport ou arrachement de bornes, souffert ou fait lui-même un changement de pieds corniers, il sera dès la première fois privé de sa commission, condamné à l'amende de 500 livres, banni

Manuel Forestier. C

pour toujours de nos forêts, sans que les officiers puissent modérer ou différer la condamnation; à peine de perte de leurs offices.

TITRE XV.

De l'assiette, balivage, martelage et vente des bois.

Art. 1. Il ne sera fait aucune vente dans nos forêts, bois et buissons, soit de futaie ou taillis, que suivant le réglement qui en sera arrêté en notre conseil, ou sur lettres patentes bien et duement registrées en nos cours de parlement et chambres des comptes; à peine de restitution du quadruple de la valeur desbois vendus contre les adjudicataires, et contre les ordonnateurs de perte de leurs charges.

2. Les adjudications des ventes de nos bois, tant en futaie que taillis, ne pourront être faites à l'avenir que par les grands maîtres, faisant défenses aux officiers des maîtrises de reconnaître autres personnes, à peine d'en répondre en leur nom.

3. Toutes adjudications de nos bois, soit futaie ou taillis, seront faites dans les auditoires où se tient la justice ordinaire des eaux et forêts, et ne le pourront être ailleurs, à peine de nullité, et de 10,000 livres d'amende contre le grand maître, ou autre qui aura contrevenu.

4. Les grands maîtres feront chacune année, avant les adjudications de nos bois, leurs visites des ventes assises pour être adjugées, dans lesquelles ils seront accompagnés de l'arpenteur à ce destiné, auquel ils désigneront les bois à asseoir pour l'année suivante, lui marqueront en quelle forme la mesure en sera faite pour notre plus grand profit et avantage, dont il dresseront leurs procès-verbaux qu'ils feront signer par le maître ou le lieutenant, notre procureur, le garde-marteau, et les sergens à garde, une expédition desquels sera délivrée à l'arpenteur pour lui servir de règle, à laquelle il sera tenu de se conformer, à peine d'interdiction; et une autre sera mise au greffe de la maîtrise : et quinze jours après son retour dans la principale ville de son département, il mettra un état général de toutes les assiettes au greffe de la table de marbre pour y avoir recours.

5. Chacune année le grand maître expédiera ses mandemens et ordonnances pour les assiettes des ventes ordinaires de nos bois et forêts, conformément aux réglemens arrêtés en notre conseil, où il emploiera le nombre d'arpens et l'essence du bois à vendre, dans lequel il désignera par le détail les gardes et triages, autant qu'il lui sera possible, suivant les observations qu'il aura faites dans le procès-verbal de sa visite, qu'il enverra aux officiers de la maîtrise avant le premier juin de chacune année, qui seront tenus incontinent après de s'assembler et prendre jour entr'eux pour faire les assiettes qui seront faites en leur présence par l'arpenteur.

6. L'arpenteur fera en présence du sergent de la garde, les tranchées et layes nécessaires pour le mesurage, marquera de son marteau le plus près de terre que faire se pourra dans les angles, tel nombre de pieds corniers, arbres de lisières et parois qu'il estimera convenable, avec désignation du côté sur lequel il aura fait des faces pour imprimer son marteau, le notre, et celui du grand maître : fera mention s'il a emprunté quelques arbres pour servir de pieds corniers, de leur âge, qualité, nature et grosseur, et de

leur distance des uns aux autres par perches et pieds ; comme aussi observera les noms des ventes où il les aura prises, s'il y a des places vides avec leurs continences ; et sera tenu de se servir au moins de l'un des pieds corniers de l'ancienne vente, dressera les plans et figures de la pièce qu'il aura assise : et de tout fera son procès-verbal qui sera signé des sergens et gardes, et en mettra une expédition au greffe de la maîtrise, trois jours après l'avoir fait, qui sera paraphé du maître et de notre procureur, avec mention du jour qu'elle aura été apportée, et une autre expédition en sera par lui incessamment envoyée au grand maître.

7. Défendons aux arpenteurs et sergens à garde de faire les routes plus larges de trois pieds pour passer les portes-perches et les marchands qui iront visiter les ventes, à peine de 100 livres d'amende, et de restitution du double de la valeur du bois abattu.

8. Les bois abattus dans les layes et tranchées ne pourront être enlevés, mais demeureront au profit de l'adjudicataire, et lui appartiendront, sans que les arpenteurs ni les sergens y puissent prétendre aucune part ; leur faisant défenses de les enlever, à peine de 100 livres d'amende, et d'interdiction, et aux riverains sous quelque prétexte que ce soit, à peine de punition exemplaire.

9. Les arbres de lisière et de paroi seront marqués de notre marteau et de celui de l'arpenteur sur une face, à la différence des pieds corniers qui le seront sur chaque face qui regardera la vente.

10. Ne pourront les arpenteurs mesurer plus grande, ni moindre quantité dans chacun triage, que celle qui leur aura été prescrite par le grand maître pour l'assiette, sous prétexte de rendre la figure plus régulière, ou pour quelqu'autre considération que ce puisse être, en sorte que le plus ou le moins ne puisse excéder un arpent sur vingt, et ainsi à proportion, à peine d'interdiction et d'amende arbitraire, qui sera réglée par le grand maître : et s'il tombait jusqu'à trois fois dans cette erreur, il sera interdit et déclaré incapable de faire la fonction d'arpenteur.

11. Le procès-verbal de l'arpenteur étant au greffe, il en sera délivré autant au garde-marteau pour le martelage qui se fera en la présence des officiers de la maîtrise ; et sera à cet effet notre marteau délivré au garde marteau par ceux qui en auront la clef, qui se transportera avec les officiers aux triages où les ventes auront été assises, et par leur avis il fera choix de dix arbres en chacun arpent de futaie ou haut-recru, des plus vifs, et de la plus belle venue de chêne, s'il se peut, brin de bois, et de grosseur compétante, qu'il marquera pour baliveaux de notre marteau, avec les pieds corniers tournans et arbres de lisière, et incontinent après le martelage, sera le marteau remis et enfermé dans sa boête.

12. Lorsque les adjudications des coupes de nos bois taillis seront faites, tous les baliveaux anciens et modernes qui s'y trouveront seront réservés avec ceux de l'âge, et s'il se trouvait que les baliveaux pour leur quantité et grosseur empéchâssent par l'ombrage ou autrement le taillis de pousser et de croître, les grands maîtres en dresseront leurs procès-verbaux, qu'ils enverront avec leurs avis en notre conseil ès mains du contrôleur général de nos finances, pour y être par nous pourvu, ainsi qu'il appartiendra.

13. Ne sera donné aucun bois par forme de remplage sous prétexte de places vides et chemins qui se seront rencontrés dans les

ventes ; mais l'adjudication en sera faite en l'état qu'elles se trouveront ; à peine de restitution du quadruple contre les marchands qui auront obtenu le remplage , et de 3,000 livres d'amende avec privation de charge contre les officiers qui l'auront donné.

14. Les ventes ne pourront être changées en tout ou en partie , sous quelque prétexte que ce soit, après l'adjudication ; sous peine de punition exemplaire contre les officiers , et perte de leurs charges , et de restitution du quadruple du prix des ventes changées , et d'amende contre les marchands , sans que cette peine puisse être modérée sous quelque prétexte que ce soit.

15. Révoquons les droits de cire et de greffe ; mais les ventes de nos bois seront faites à l'avenir à la charge de payer seulement le sol pour livre par les adjudicataires , du prix principal de leur adjudication , ès mains du receveur des bois , s'il y en a , ou du domaine ; pour , sur la somme à laquelle il reviendra , être les officiers des maîtrises et gruries payés de leurs droits , journées et taxations , suivant les états qui en seront arrêtés par les grands maîtres , sur lesquels et les quittances des officiers , les sommes y contenues seront passées et allouées en la dépense des comptes des receveurs.

16. Si le fonds du sou pour livre n'est pas suffisant , le grand maître pourra prendre le supplément sur le fonds des ventes , sans que les officiers puissent recevoir aucune chose que par les mains des receveurs ; à peine de restitution du quadruple et d'interdiction de leurs charges.

17. Les jours pour les adjudications des ventes ayant été indiqués par les grands maîtres aux officiers des maîtrises , ils en feront faire les publications , et notre procureur sera tenu d'envoyer incessamment des billets proclamatoires aux lieux ordinaires , contenant le nombre d'arpens , la situation , la qualité , les réserves , le jour , le lieu , l'heure , et pardevant qui les ventes se feront.

18. Le jour suivant de chacune publication , les huissiers et sergens qui auront vaqué à faire les publications et affiches , seront tenus d'en rapporter à notre procureur les procès-verbaux signés d'eux et de leurs recors , avec les certificats des curés ou vicaires des paroisses , pour être représentés et affirmés véritables avant l'adjudication des ventes , pardevant le maître ou le commissaire qui sera préposé pour les faire ; et seront tenus les curés ou vicaires de délivrer gratuitement leurs certifications , à peine de 100 livres d'amende payable par saisie de leur temporel.

19. Il y aura au moins huitaine franche entre la dernière publication et l'adjudication.

20. Seront toutes personnes reçues à mettre leurs enchères ; si toutefois un enchérisseur était notoirement insolvable , les receveurs de nos bois ou du domaine pourront lui demander les noms de ses cautions ; et s'il n'en a point , à l'audience le receveur en donnera avis au grand maître pour y pourvoir ainsi qu'il avisera bon être.

21. Ne pourront à l'avenir aucuns ecclésiastiques, gentilshommes, gouverneurs de villes et places , capitaines des châteaux et maisons royales , leurs lieutenans et officiers , magistrats de police et de finance , faisant fonctions de juges ou de nos procureurs dans nos justices , se rendre adjudicataires , directément ou par association

des ventes qui se feront de nos bois, pour le tout ou partie, ni en prendre des rétrocessions, ou se rendre pleiges et cautions des adjudicataires, sous leur nom ou sous celui d'aucunes personnes interposées, à peine de confiscation des ventes, ou du prix pour léquel elles auront été faites, et d'être déchus de leurs priviléges, déclarés roturiers et imposés à la taille, et de privation de charges contre nos officiers qui auront fait et consenti l'adjudication, ou souffert l'expoliation, même de plus grandes peines, s'il y échet.

22. Défendons pareillement aux officiers de nos forêts et chasses, tant ceux des maîtrises où se feront les ventes, que tous autres, de quelque département qu'ils soient, sans distinction, et à leurs enfans, gendres, frères, beau-frères, oncles, neveux et cousins-germains, de prendre part aux adjudications, soit comme parties principales, associés, pleiges ou cautions ; à peine, contre les officiers adjudicataires, de confiscation des ventes et privation de leurs charges, d'amende arbitraire, et d'être bannis du ressort de la maîtrise où ils feront leur résidence, et contre leurs parens et alliés, de pareille peine de confiscation et d'amende arbitraire.

23. Les marchands adjudicataires ni autres particuliers, de quelque qualité que ce soit, ne pourront faire aucunes associations secrètes, ni empêcher par voies indirectes les enchères sur nos bois ; et où ils se trouveraient convaincus de monopole ou complot concerté entr'eux par parole ou par écrit, de ne point enchérir les uns sur les autres ; voulons qu'outre la confiscation des ventes, ils soient condamnés en une amende arbitraire, qui ne pourra être au-dessous de 1000 liv., et bannis des forêts.

24. L'adjudicataire ne pourra avoir plus de trois associés, lesquels ils sera tenu de nommer au greffe de la maîtrise, dans la huitaine de l'adjudication, ensemble y mettre une expédition du traité de leur association, et d'y faire lui et ses associés leur soumission de satisfaire à toutes les charges de l'adjudication, à peine de 2,000 liv. d'amende contre lui, et de déchéance de la société contre les associés.

25. Il sera libre aux marchands de renoncer à leurs enchères, au greffe de la maîtrise dans le lendemain midi du jour de l'adjudication, en le faisant signifier dans cet intervalle au précédent enchérisseur, au domicile par lui élu, et au receveur, auquel ils paieront comptant leurs folles enchères.

26. Au cas qu'il y ait révocation d'enchères, les précédens enchérisseurs seront graduellement et successivement subrogés au lieu et place de ceux qui auront révoqué leurs enchères, et toutes personnes qui enchériront seront tenues d'élire domicile au lieu où les adjudications seront faites, tant pour la validité des actes qui doivent suivre l'adjudication, que pour l'exécution de leurs enchères, révocations et adjudications, tiercement et demi-tiercement, et de tous autres actes qu'il sera nécessaire de faire ; et à faute d'en élire, les assignations leur seront faites au greffe de la maîtrise, qui seront réputées valables.

27. Si le marchand adjudicataire se désistait de son enchère, et renonçait à la vente, il sera arrêté jusqu'à ce qu'il ait payé ou donné bonne caution de sa folle-enchère, et la vente retournera au précédent enchérisseur, et successivement de l'un à l'autre, ainsi qu'il a été ci-devant prescrit.

C 3

28. Les adjudications seront signées sur-le-champ par le marchand, le grand maître, ou celui qui aura fait l'adjudication, ensemble par le maître particulier, notre procureur, et les autres officiers de la maîtrise, sur le registre du greffier, immédiatement au bas de l'acte, et sans qu'il soit laissé aucun blanc entre la fin du texte de l'adjudication et les signatures ; et seront chacun des feuillets sur lesquels seront employées les réceptions d'enchères et adjudications, paraphés par le grand-maître.

29. Les marchands adjudicataires seront tenus, dans la huitaine du jour de l'adjudication, avant de commencer l'usance des ventes, de donner bonne et suffisante caution, et certificateur, qui seront reçus par le receveur, et à son refus par le maître et notre procureur, lesquels s'obligeront solidairement de payer ès-mains du receveur de nos bois, s'il y en a, ou du domaine, le prix principal en deux paiemens égaux, qui seront faits dans les tems portés par le cahier des charges, et en outre de satisfaire aux autres charges, clauses et conditions y mentionnées.

30. Le receveur sera tenu, la huitaine passée, de faire signifier incessamment, et dans le jour, à celui qui était le pénultième enchérisseur, qu'il est substitué au lieu et place de l'adjudicataire qui aura manqué de donner caution, et que dès ce moment l'adjudication est à sa charge.

31. Toutes personnes non prohibées pourront enchérir, tiercer et doubler les ventes pour tous les triages en général, ou chacun en particulier, ainsi qu'ils auront été adjugés dans le lendemain midi du jour de l'adjudication, après lequel tems il n'y aura plus de lieu au tiercement et doublement, sous quelque prétexte et pour quelque considération que ce puisse être.

32. Les tiercemens et doublemens seront faits au greffe, dans le tems ci-dessus préfini, et signifiés le même jour aux marchands adjudicataires et receveurs, en parlant à leurs personnes ou domiciles, s'il en a été élu, sinon au greffe de la maîtrise, par exploit, qui contiendra ponctuellement l'heure en laquelle il aura été donné, et le nom de ceux à qui les sergens auront parlé ; à peine de nullité de l'exploit.

33. Le tiercement est une enchère qui augmente du tiers le prix de la vente, et fait le quart sur le total, et le demi-tiercement une enchère sur le tiercement, qui est la moitié du tiers ; en sorte que si le prix de l'adjudication est de 1,500 liv., le tiercement sera de 500 liv., et le demi-tiercement de 250 liv.

34. Enjoignons aux greffiers de marquer le jour et l'heure précise dans les actes qu'ils dresseront et délivreront sur les adjudications, tiercemens et doublemens ; à peine de 300 liv. d'amende, et de tous dépens, dommages et intérêts pour la première fois ; et pour la seconde, de pareille peine, et de privation de leurs charges.

35. Le demi-tiercement ne sera reçu que sur le tiercement ; mais on pourra d'une seule enchère faire le tiercement et demi-tiercement ; ce qui s'appelle doublement, lequel étant signifié en la forme ci-dessus prescrite à l'adjudicataire, il sera reçu à y mettre une simple enchère, et sur cette enchère, l'adjudicataire et le tierceur et doubleur seront reçus à enchérir l'un sur l'autre, entr'eux seulement, et la vente demeurera au dernier

enchérisseur, sans plus revenir ; ce qui sera fait par-devant le grand-maître, ou le commissaire qui aura fait l'adjudication, s'ils sont sur les lieux, sinon pardevant les officiers de la maîtrise.

36. Après que les marchands auront fourni leurs cautions et certificateurs, le receveur leur donnera ses certificats pour les représenter, et faire registrer au greffe sans frais, dont une expédition sera mise ès-mains des garde-marteaux, auxquels et aux officiers nous défendons de souffrir qu'aucunes coupes soient commencées, qu'ils n'aient vu et fait registrer le certificat du receveur ; à peine d'en répondre en leurs propres et privés noms.

37. L'adjudicataire des bois de futaie dans nos forêts, dans lesquelles ils s'emploient en ouvrages, sera tenu d'avoir un marteau dont il mettra l'empreinte au greffe, pour marquer le bois qu'il vendra en pied, sans qu'il puisse en débiter de cette qualité, qu'ils n'aient cette marque, et d'avoir lui, ses facteurs ou gardes-ventes, un registre, dans lequel seront écrits les noms, surnoms, et domiciles de ceux auxquels ils vendront du bois, la quantité et le prix, à peine de 100 liv. d'amende et de confiscation ; sans que plusieurs associés puissent avoir plus d'un marteau, ni marquer d'autres bois que ceux de leurs ventes ; à peine d'être punis comme faussaires.

38. Si néanmoins un marchand avait plusieurs ventes, et que pour la distance des lieux, il fût obligé d'y tenir différens registres ; en ce cas, il pourra avoir autant de marteaux que de registres, et de même marque, pourvu qu'il en ait fait faire procès-verbal et empreinte, comme il est dit ci-dessus.

39. Les facteurs et gardes-ventes établis par les marchands pour l'usage et débit de leurs ventes, prêteront le serment entre les mains du grand-maître, du maître particulier, ou du lieutenant, sans aucuns frais ni droits ; feront leur rapport des délits qui seront commis à la réponse de leurs ventes, qu'ils feront signer par deux témoins, ou arrêter en cas qu'ils ne puissent signer, pardevant l'un des juges de la maîtrise, à peine de nullité ; et si le délit est fait de nuit, à feu ou à scie, le procès-verbal du facteur fera foi, après l'avoir attesté véritable par serment ; lesquels procès-verbaux ils mettront au greffe, et en retireront le certificat du greffier, pour le plus tard trois jours après que les délits auront été commis ; et en ce faisant, les marchands en demeureront déchargés, et les délinquans condamnés en l'amende au pied le tour, ainsi que des autres délits, par les officiers de la maîtrise, à la diligence de notre procureur, dans huitaine du jour du rapport, à peine d'en répondre en leurs noms.

40. Les bois tant de futaie que taillis, seront coupés et abattus dans le quinzième avril, et le tems des vidanges réglé par le grand-maître, suivant la possibilité des forêts, à peine d'amende arbitraire et de confiscation des marchandises contre les adjudicataires, sans que les officiers puissent accorder aucune prorogation pour coupes et vidanges, sous peine d'amende arbitraire, et de privation de leurs charges.

41. Si toutefois les marchands étaient obligés, par de justes considérations, de demander quelque prorogation du délai, pour couper et vider les ventes, ils se pourvoiront en notre conseil, pour, au rapport du contrôleur-général de nos finances, leur être

par nous pourvu de ce qu'il appartiendra sur les avis des grands-
maîtres.

42. Les futaies seront coupées le plus bas que faire se pourra,
et les taillis abattus à la cognée à fleur de terre, sans les écuisser
ni éclater, en sorte que les brins des cépées n'excédent la superficie de la terre, s'il est possible, et que tous les anciens nœuds
recouverts, et causés par les précédentes coupes ne paraissent
aucunement.

43. Les arbres seront abattus, en sorte qu'ils tombent dans les
ventes, sans endommager les arbres retenus, à peine de nos dommages et intérêts contre le marchand; et s'il arrivait que les arbres abattus demeurassent encroués, les marchands ne pourront
faire abattre l'arbre sur lequel celui qui sera tombé se trouvera
encroué, sans la permission du grand-maître ou des officiers,
après avoir pourvu à notre indemnité.

44. Les bois de cépées ne seront abattus et coupés à la serpe ou à
la scie, mais seulement à la cognée; à peine contre les marchands
qui les exploiteront, de cent liv. d'amende, et de confiscation
de leurs marchandises et outils des ouvriers.

45. Enjoignons aux adjudicataires de faire couper, receper et
ravaler le plus près de terre que faire se pourra, toutes les souches et estocs de bois pilés et rabougris étant dans les ventes; et
aux officiers d'y avoir l'œil, et tenir la main, à peine de suspension de leurs charges.

46. Si pendant l'usance des ventes, aucuns des arbres réservés
et marqués, étaient arrachés ou abattus par vents et orages, ou
par autre accident, les marchands ou leurs facteurs les laisseront sur
la place, et en donneront incessamment avis au sergent à garde,
qui sera tenu d'en avertir le garde-marteau, pour se transporter
ensemble sur les lieux, afin d'en dresser leurs procès-verbaux,
qu'ils présenteront aussi-tôt aux officiers de la maîtrise, pour en
marquer d'autres, le tout sans frais.

47. Les tems des coupes des bois et vidanges désignés par les
les adjudications, étant expirés, s'il se trouve des bois dans les
ventes sur pied et abattus, ils seront confisqués à notre profit,
et le gisant incessamment transporté hors de la forêt.

48. Ne pourront les marchands adjudicataires, retenir dans
leurs ventes d'autres bois que ceux qui en proviendront; à peine
d'être punis comme s'ils avaient volé les bois, ainsi retirés contre
notre prohibition.

49. Nul marchand ou autre personne ne pourra faire travailler
nuitamment, ni les jours de fête dans les ventes en coupe, ni y
prendre et enlever du bois, sur peine de 100 liv. d'amende.

50. Avant que de faire exploiter les ventes, les marchands
pourront faire procéder au souchetage pardevant le maître particulier, en présence du garde-marteau et du sergent à garde,
par deux experts, dont l'un sera nommé par notre procureur de
la maîtrise, et l'autre de leur part, dont il sera dressé procès-
verbal sans frais ni droits, à peine de concussion; à la réserve
des journées des soucheteurs, qui seront taxées par le maître,
et payées par le sergent collecteur des amendes; dans lequel procès-verbal seront employés le nombre de souches qui auront
été trouvées, leur qualité et grosseur, et demeurera au greffe de

la maîtrise , pour y avoir recours , et s'en servir lors du récolement.

51. Les marchands demeureront responsables de tous les délits qui se feront à l'ouie de la cognée aux environs de leurs
ventes , estimés pour les bois de cinquante ans et au-dessus , à
cinquante perches , et à vingt-cinq perches , pour ceux depuis
cinquante ans et au-dessous, si les marchands ou les facteurs n'en
font leur rapport.

52. Le transport, passage, voiture ou flottage des bois , tant
par terre que par eau , ne pourra être arrêté sous quelque
prétexte de droits de travers, péages, pontonnages ou autres ,
par quelque particulier que ce soit, à peine de répondre de tous
les dépens, dommages et intérêts des marchands , sauf à ceux qui
prétendent avoir titre pour lever aucuns droits , de se pourvoir
pardevant le grand-maître, qui y pourvoira ainsi qu'il appartiendra.

TITRE XVI.

Des récolemens.

Art. 1. Les récolemens de toutes les ventes se feront au plus
tard six semaines après les tems des vidanges expirés , par les
maîtres particuliers, en présence de notre procureur, du garde-
marteau, greffier, sergent de la garde, arpenteur et soucheteur
qui auront fait l'arpentage et souchetage, et du lieutenant , si
bon lui semble , sans qu'il puisse prendre aucuns droits qu'en
l'absence du maître. Et à cet effet, seront les marchands adjudicataires mandés huit jours auparavant, pour convenir du jour ,
et d'autres arpenteurs et soucheteurs, pour faire nouvel arpentage et souchetage des ventes.

2. Lorsque les arpenteurs et soucheteurs, tant les premiers
que ceux qui auront été nommés à l'effet du récolement, seront
arrivés sur les lieux, les procès-verbaux d'assiette, arpentage,
balivage et souchetage qui auront été faits pour l'adjucation des
ventes, seront représentés, et reconnaîtront les arbres réservés
par les procès-verbaux et par les adjudications ; et pour cet effet,
les officiers visiteront exactement les ventes de bout en bout en
toutes les parties, les pieds corniers, parois, lisières et baliveaux,
afin de connaître si elles auront été bien coupées, usées, vidées
et nettoyées ; dont ils dresseront leurs procès-verbaux , contenant le détail des entreprises, malversations, défaut et manque-
mens qu'ils auront reconnus, et ce qui manquera des arbres
retenus et réservés par les procès-verbaux de martelage et balivage.

3. Notre procureur en la maîtrise nommera de sa part un arpenteur et soucheteur , et le marchand aussi un arpenteur et soucheteur de la sienne. Mais si le marchand faisait difficulté, ou était
refusant d'en convenir , il sera passé outre par l'arpenteur et soucheteur nommé par notre procureur , et le rapport réputé con-
tradictoire.

4. Le souchetage sera fait aux environs et dans la réponse des
ventes , en présence des marchands , s'ils veulent assister , et de

notre procureur, du garde-marteau et sergent à garde, qui dresseront leurs procès-verbaux, contenant le détail des souches qu'ils auront trouvées, des délits qui se seront commis pendant l'exploitation, arbre par arbre, avec mention de leur qualité, nature, essence et grosseur, leur défendant d'en omettre, à peine contre les soucheteurs du quadruple de la valeur des délits qu'ils n'auront pas rapportés dans leur procès-verbaux, lesquels ils seront tenus de mettre au greffe vingt-quatre heures après les avoir faits.

5. Les procès-verbaux du second souchetage seront répétés et confrontés sur ceux du premier, et la différence qui se trouvera des uns aux autres, remarquée par le menu, et en détail; auquel effet seront représentés tous les procès-verbaux de décharge qui auront été faits pour les marchands et facteurs, et observés les défauts et les malversations qui se trouveront avoir été commises pendant l'usance et exploitation de leurs ventes, dont ils n'auront été valablement déchargés.

6. Le procès-verbal de réarpentage contiendra précisément la quantité d'arpens et de perches que les arpenteurs auront trouvée en la vente réarpentée, et s'il se trouve quelque entreprise, ou outrepasse au-delà des pieds corniers, ils la mesureront, en feront la description exacte, et la distingueront dans la figure qui sera par eux dressée.

7. Après que notre procureur en la maîtrise aura pris communication des procès-verbaux faits par les officiers, arpenteurs et soucheteurs, il donnera ses conclusions par écrit sur ce qui en résultera, et les fera signifier aux marchands, qui seront tenus d'y répondre aussi par écrit dans trois jours, et le tous mis au greffe, et jugé à la première audience par le maître particulier, avec le lieutenant et le garde-marteau, sans que pour le congé de cour, les officiers puissent prendre aucunes épices, ni autres droits, que ceux qui leur seront taxés par le grand-maître, à prendre sur le sou pour livre, à peine de concussion.

8. Si par les procès-verbaux de réarpentage il se trouve de la surmesure entre les pieds corniers, le marchand sera condamné de la payer à proportion du prix principal, et des charges de sa vente; et s'il s'en trouve moins, ce qui défaudra lui sera rabattu, à proportion, sur le prix de son adjudication, ou remboursé en argent sur les ventes de l'année suivante, sans qu'il soit permis de donner récompense en bois, ni de faire compensation en espèce de surmesure avec le manque de mesure.

9. S'il se rencontre quelque outre-passe et entreprise au-delà des pieds corniers, le marchand sera condamné de payer le quadruple, à raison du prix principal de son adjudication, au cas que les bois où elle est faite soient de même essence que celui de la vente; et s'ils étaient de meilleure nature, qualité, et plus âgés, il sera tenu d'en payer l'amende et restitution au pied le tour.

10. L'adjuditaire qui ne présentera point les baliveaux, arbres de lisière, parois, tournans, et pieds corniers laissés à sa garde, sera tenu de les payer, ainsi qu'il est dit au chapitre des amendes.

11. Tous marchands adjudicataires seront tenus, à la fin de l'ex-

ploitation de leurs ventes , de rapporter les marteaux dont ils se sont servis , pour être rompus.

12. Si par le jugement qui interviendra , le congé de cour était accordé aux marchands , notre procureur en fera incessamment délivrer autant au garde-marteau , afin qu'il fasse remettre la vente en la garde du sergent ; et au cas qu'il n'y ait qu'une amende , ou peine pécuniaire , il sera tenu d'en faire délivrer des expéditions à ceux qui sont chargés du recouvrement de nos deniers ; et si le jugement portait quelque condamnation contre les marchands ou autres , il sera tenu d'en poursuivre l'exécution , sur peine d'en répondre en son nom.

TITRE XVII.

Des ventes des chablis et menus marchés.

Art. 1. S'il se trouve quelques arbres qui aient été abattus , arrachés ou rompus par l'impétuosité des vents , ou par quelques autres accidens , le sergent à garde dressera procès-verbal sur son registre , de leur qualité , nature et grosseur , et du lieu où il les aura trouvés , et observera si en tombant ils en ont rompu ou touché d'autres par leur chute , duquel il sera tenu de mettre une expédition sous son seing au greffe de la maîtrise , trois jours après , dont il tirera décharge du greffier , à peine de 50 livres d'amende.

2. Le garde-marteau et le sergent à garde veilleront à la conservation des bois chablis , et empêcheront qu'ils ne soient pris , enlevés ou ébranlés par les usagers et autres , sous prétexte de coutume et usage , quel qu'il puisse être; et en cas qu'il s'en rencontre de coupés par troncs , ou ébranchés , ils en feront leur rapport , de même que s'ils avoient été abattus sur pied , et les officiers les condamneront au pied , le tout à peine d'amende arbitraire , et d'en répondre en leurs noms.

3. Aussi-tôt que les officiers auront été avertis , ils se transporteront sur les lieux , accompagnés du garde-marteau , et du sergent avec son procès-verbal , pour voir les arbres chablis , et reconnaître si le rapport du sergent est fidèle , lesquels seront marqués de notre marteau ; à peine d'amende arbitraire , et d'en répondre en leurs privés noms.

4. Les arbres chablis ne pourront être réservés ni façonnés sous prétexte de les aménager ou débiter en autre tems pour notre profit , mais seront vendus incessamment en l'état qu'ils se trouveront , et l'adjudication faite en l'auditoire de la justice des eaux et forêts par le grand-maître , ou par les officiers de la maîtrise , à l'extinction des feux , après deux publications faites à l'audience ou marché du lieu , et aux prônes des messes par les curés de la paroisse du siège de la maîtrise , et des villes et villages des environs de la forêt; et pour cet effet , billets proclematoires seront envoyés , affiches mises , ainsi qu'il a été prescrit pour les ventes ordinaires , et le tems de vidange ne sera que d'un mois pour le plus ; à peine de nullité , et de confiscation des bois vendus.

5. Défendons au garde-marteau de marquer , et aux officiers de vendre aucuns arbres en étant , sous prétexe qu'ils auraient été

fourchés ou ébranchés par la chute des chablis ; mais voulons qu'ils
soient conservés , à peine d'amende arbitraire.

6. Incontinent après la vente des chablis, et l'adjudication des
menus marches , il en sera dressé un état , pour être délivré dans
la huitaine par le greffier au receveur des bois, s'il y en a , ou du
domaine , qui en doit faire la recette.

7. Les vacations des officiers et du greffier , tant pour la récon-
naissance et martelage , que pour l'adjudication des chablis et
arbres de délit , seront taxées par les grands-maîtres lorsqu'ils
seront sur les lieux , selon le travail , et à proportion du tems , à
prendre sur les amendes et deniers , dont le sergent collecteur
fait le recouvrement ; auquel effet ils leur représenteront leurs
procès-verbaux , ordonnances et autres actes ; et seront les deniers
du prix des bois chablis payés au receveur , et par lui au receveur-général , et compris dans son état de recouvrement , ainsi
que le prix principal de nos bois.

TITRE XVIII.

Des ventes et adjudications des panages , glandées et paissons.

Art. 1. Lorsqu'il y aura suffisamment de glands et de faînes
pour faire ventes de glandée , sans incommoder les forêts , le
maître particulier ou le lieutenant et notre procureur visiteront
la glandée , en la présence du garde-marteau et du sergent à garde,
dresseront procès-verbal du nombre des porcs qui pourront être
mis en panage dans les forêts de la maîtrise , avec un état du nombre qui y sera mis par les usagers et officiers ; et leur sera fait
taxe de leurs salaires par le grand-maître étant sur les lieux , dont
ils seront payés sur les deniers provenant des amendes et autres
deniers , dont le sergent collecteur fait le recouvrement sur leurs
simples quittances ; rapportant lesquelles avec les ordonnances ,
les sommes seront allouées par tout où il appartiendra.

2. L'adjudication se fera à l'audience avant le 15 septembre ,
à l'extinction des feux, au plus haut et dernier enchérisseur ,
après publications , ainsi qu'il est dit pour les chablis , avec charge
expresse de payer le prix ès-mains du receveur aux termes y
contenus , de bailler caution , et de souffrir par l'adjudicataire
la quantité de porcs qui aura été réglée tant pour les usagers
qu'officiers.

3. La glandée ne sera ouverte que depuis le premier octobre
jusqu'au premier février ; et ne pourront les usagers , officiers et
adjudicataires , y mettre leurs porcs en plus grand nombre que
celui compris dans l'adjudication , et après les avoir fait marquer au feu , et déposé au greffe l'original de la marque , sur
peine de 100 liv. d'amende , et de confiscation de ce qui se trouvera excéder le nombre, ou marqué de fausse marque.

4. Défendons à toutes personnes autres que ceux employés dans
l'état qui sera arrêté en notre conseil , d'envoyer ou mettre leurs
porcs en glandée dans nos forêts, s'il n'en ont le pouvoir du marchand adjudicataire , à peine de 100 liv. d'amende , et de con-

fiscation, moitié à notre profit, et l'autre moitié au profit du marchand, et demeureront les propriétaires responsables de ceux qu'ils commettront pour la garde de leurs porcs.

TITRE XIX.

Des droits de pâturage et panage.

Art. 1. Permettons aux communautés, habitans et particuliers usagers dénommés en l'état arrêté en notre conseil, d'exercer leurs droits de panage et pâturage pour leurs porcs et bêtes au-mailles, dans toutes nos forêts, bois, buissons, aux lieux qui au-ront été déclarés défensables par les grands-maîtres faisant leurs visites, ou sur les avis des officiers de maîtrise, et dans toutes les landes et bruyères dépendantes de nos domaines.

2. Les habitans usagers donneront déclaration du nombre et de la quantité des bestiaux qu'ils possèdent ou tiennent à louage, dont sera fait rôle, contenant le nom de ceux à qui ils appar-tiendront, lequel sera porté au siège de la maîtrise, pour être transcrit en un registre qui sera tenu au greffe, et paraphé du maître, et de notre procureur.

3. Les officiers assigneront à chacune paroisse, hameau, village ou communauté usagère, une contrée particulière, la plus commode qu'il se pourra, en laquelle, ès lieux défensables seulement, les bestiaux puissent être menés et gardés séparément, sans mélange de troupeaux d'autres lieux, le tout à peine de confiscation des bestiaux, et d'amende arbitraire contre les pâtres, et de pri-vation de leurs charges contre les officiers et gardes qui permet-tront ou souffriront le contraire ; et seront toutes les délivrances faites sans frais ni droits, à peine de concussion.

4. La déclaration des contrées, et de la liberté d'y envoyer en pâturage, sera publiée et registrée au greffe sans frais, avec dé-fenses aux usagers et tous autres, d'envoyer paître leurs bestiaux ès autres lieux, à peine de confiscation, et de privation de leurs usages.

5. Les coutumes, franchises, usages, pâturages et panages, se-ront réduits aux fiefs et maisons usagères seulement, suivant les états qui en ont été faits par les commissaires qui ont travaillé aux réformations, ou qui seront ci-après dressés par les grands-maîtres, aux maîtrises où il n'y a pas été pourvu. Le nombre des bestiaux sera pareillement réglé pour les grands-maîtres, eu égard à l'état et possibilité des forêts.

6. Tous les bestiaux appartenant aux usagers d'une même pa-roisse ou hameau, ayant droit d'usage, seront marqués d'une même marque, dont l'empreinte sera mise au greffe, avant que de les pouvoir envoyer au pâturage, et chacun jour assemblés en un lieu, qui sera destiné pour chacun bourg, village, ou hameau, en un seul troupeau, et conduits par un seul chemin, qui sera dé-signé par les officiers de la maîtrise, le plus commode et le mieux défendu, sans qu'il soit permis de changer, et prendre une autre route allant et retournant, à peine de confiscation des bestiaux, amende arbitraire contre les propriétaires des bestiaux, et de pu-nition exemplaire contre les pâtres et gardes.

7. Les particuliers seront tenus de mettre au cou de leur bestiaux des clochettes, dont le son puisse avertir des lieux où ils pourront s'échapper et faire dégât, afin que les pâtres y courent, et que les gardes se saisissent des bêtes écartées et trouvées en dommage hors les cantons désignés et publiés défensables.

8. Ne sera loisible à aucun habitant de mener ses bestiaux à garde séparée, ni les envoyer en la forêt par sa femme, ses enfans ou domestiques, à peine de 10 liv. d'amende pour la première fois, confiscation pour la seconde, et pour la troisième de privation de tout usage ; ce qui sera pareillement observé à l'égard des seigneurs ecclésiastiques, gentilshommes, et autre personnes indistinctement, qui jouiront du droit comme habitans, nonobstant les droits de troupeau à part, et toutes coutumes ou possessions contraires.

9. Les pâtres et gardes seront choisis et nommés annuellement.

10. Ne pourront les particuliers usagers prêter leurs noms et maisons aux marchands et habitans des villes et paroisses voisines, pour y retirer leurs bestiaux ; et s'il s'y en trouvait qui fussent ainsi retirés, ou donnés frauduleusement par déclaration, ils seront confisqués, et l'usager condamné pour la première fois en l'amende de 5o liv., et en cas de récidive, privé de tout usage.

11. Défendons à tous particuliers d'envoyer leurs bestiaux en pâturage sous prétexte de baux et congés des officiers, receveurs, ou fermiers du domaine, même des engagistes ou usufruitiers, à peine de confication des bestiaux trouvés en pâturage, et de 100 liv. d'amende.

12. S'il y avait de jeunes rejets en futaie ou taillis le long des routes ou chemins où les bestiaux passeront pour aller ès lieux destinés au pâturage, en sorte que le brout ne se pût sûrement empêcher, les officiers tiendront la main à ce qu'il soit fait des fossés suffisamment larges et profonds pour leur conservation, ou les anciens relevés et entretenus aux frais et dépens des communautés usagères, par contribution, à proportion du nombre des bêtes qu'ils enverront en pâturage.

13. Défendons pareillement aux habitans des paroisses usagères, et à toutes personnes ayant droit de panage dans nos forêts et bois, ou en ceux des ecclésiastiques, communautés et particuliers, d'y mener ou envoyer bêtes à laine, chèvres, brebis et moutons, ni même ès landes et bruyères, places vaines et vagues aux rives des bois et forêts, à peine de confiscation des bestiaux, et de 3 liv. d'amende pour chacune bête. Et seront les bergers et gardes de telles bêtes condamnés en l'amende de 10 liv. pour la première fois, fustigés et bannis du ressort de la maîtrise en cas de récidive, et demeureront les maîtres propriétaires des bestiaux, et pères de famille responsables civilement des condamnations rendues contre les bergers.

14. Les habitans des maisons usagères jouiront du droit de pâturage et panage pour les bestiaux de leur nourriture seulement, et non pour ceux dont ils feront trafic et commerce, à peine d'amende et confiscation.

15. Le maître particulier ne pourra mettre plus de huit porcs à la glandée, et le lieutenant, notre procureur et garde-marteau, chacun six ; le greffier quatre, et le sergent à garde trois ; à peine

de confiscation , le tout au cas qu'ils soient actuellement résidans , et non autrement.

TITRE XX.

Des chauffages et autres usages de bois , tant à bâtir que réparer.

Art. 1. Révoquons et supprimons tous et chacuns les droits de chauffage dont nos forêts sont à présent chargées , de quelque nature et condition qu'ils soient.

4. Les communautés et particuliers qui jouissaient du droit de chauffage , à cause de redevances et prestations en deniers ou espèces , services personnels de garde , corvées , ou autres charges , en demeureront libres et déchargés en conséquence de la présente révocation.

8. Si aucuns des officiers de nos eaux et forêts étaient convaincus d'avoir reçu ou exigé des marchands , de leurs facteurs et commis , aucun bois , sous prétexte de chauffage , ou tel autre quel qu'il soit , au préjudice de nos defenses , ordonnons au grand-maitre de les punir selon la rigueur de nos ordonnances.

10. Révoquons en outre, éteignons et supprimons tous bois d'usages à bâtir et réparer, pour quelque cause et sous quelque prétexte que la concession en ait été faite , nonobstant toutes confirmations, lettres, titres et possessions, sauf s'il se trouvait qu'ils eussent été acquis ou concédés à titre de fondation , ou dotation, ou par une possession justifiée avant l'année 1560, ou autrement, à titre onéreux , de pourvoir à l'indemnité ou décharge des intéréssés , ainsi que de raison.

11. Ne sera fait à l'avenir aucun don ni attribution de chauffage , pour quelque cause que ce soit.

TITRE XXI.

Des bois à bâtir pour les maisons royales et bâtimens de mer.

Art. 1. Ne sera fait aucune vente extraordinaire par arpent , ni par pieds d'arbres pour constructions et réparations des maisons royales , ou bâtimens de mer; mais pourra le grand-maître , charger l'adjudicataire des ventes ordinaires de nos forêts , de fournir le bois nécessaire pour ces ouvrages , en lui payant le prix , suivant l'estimation qui en sera faite par l'avis des gens à ce connaissant , sur le devis des entrepreneurs ou architectes , et conformément à l'état arrêté par le surintendant de nos bâtimens , ou par le contrôleur-général de nos finances expédié en bonne et due forme , lequel état sera inséré dans le cahier des charges , et mis au greffe de la maîtrise.

2. Si toutefois on avait besoin d'aucunes pièces de telle grosseur et longueur qu'elles ne se pussent trouver dans les ventes ordinaires, en ce cas, le grand-maître , sur les états qui en seront arrêtés en notre conseil, et letrres-patentes duement vérifiées,

en pourra marquer et faire abattre dans nos forêts, ès lieux moins dommageables; et s'il n'y en trouvait pas, les fera choisir et prendre dans les bois de nos sujets, tant ecclésiastiques qu'autres sans distinction et qualité, à la charge de payer la juste valeur qui sera estimée par experts, dont notre procureur en la maîtrise et les parties conviendront pardevant le grand-maître, lequel, au défaut ou refus, en nommera d'office.

4. Les arbres qui pourraient se trouver abattus et rompus par la chute ou vidange des pièces retenues, seront pareillement marqués de notre marteau, et de celui du grand-maître, lequel après avoir fait son procès-verbal de leur âge, tour et qualité, même de leur valeur, au rapport d'expert en la même forme ci-dessus prescrite, les délivrera à l'entrepreneur, pour en faire état à notre profit, et les enlever incessamment, sans souffrir qu'il soit commis aucun abus ni délit par les ouvriers qu'il emploira, dont il demeurera responsable.

5. Les branchages, copeaux et remanens des arbres ainsi retenus pour nos bâtimens, et de ceux qui se trouveront abattus et rompus par leur chute et passage, seront vendus au siège de la maîtrise, avec les formalités prescrites pour la vente des chablis, et le prix payé au receveur des bois ou du domaine, sans que les bucherons puissent les emporter, ni en disposer sous prétexte de fouée, ou autrement, à peine d'amende arbitraire, et de restitution du double de la valeur, dont l'entrepreneur sera pareillement responsable.

7. S'il se marquait plus de bois qu'il n'en sera besoin, l'entrepreneur ou celui qui aura la conduite de l'ouvrage, après avoir pris le nécessaire, fera et signera sur le registre du greffe de la maîtrise sa déclaration de ce qui en pourra rester, afin que la marque soit effacée, dans trois jours au plus tard, de l'excédent qui serait encore sur pied; et s'il était abattu, il sera vendu à notre profit, et le prix payé à notre receveur, pour en compter.

TITRE XXII.

Des eaux, forêts, bois et garennes, tenus à titre de douaire, concession, engagement et usufruit.

Art. 1. Défendons à toutes personnes, sans exception ni distinction de qualité, de s'immiscer en la jouissance des eaux, bois et forêts de notre domaine, tenus à titre de douaire, concession, engagement, usufruit, ou autrement, en telle manière, sous tel titre ou prétexte que ce soit, si les grands-maîtres, chacun en son département, n'ont auparavant visité les lieux, et fait procès-verbal de l'état où ils se trouvent, contenant en détail l'âge, nature et qualité des bois, l'état, l'essence et le nombre des baliveaux sur taillis distinctement par gardes ou triages, la consistance et valeur des coupes ordinaires par estimation et rapport des six dernières adjudications.

2. Voulons que le procès-verbal contienne aussi l'état des garennes, rivières, étangs, forges, fourneaux, écluses, pertuis, bondes, vannages, décharges et chaussées, avec description des

réparations

réparations qu'il y conviendrait faire, à dire d'experts, dont les douairiers, donataires, usufruitiers et engagistes conviendront avec notre procureur des eaux et forêts pardevant le grand-maître, qui fera signer le tout par les officiers de la maîtrise, et les parties intéressées, ou leur agent et procureur spécialement fondé, pour être mis et enregistré dans la quainzaine en son greffe et en celui de la maîtrise au ressort de laquelle les eaux et bois se trouveront assis.

3. Ne pourront les engagistes jouir à leur égard de l'effet de leurs contrats et adjudications, que les eaux, bois et garennes en dépendantes ne soient préalablement évaluées en la chambre des comptes, en la présence du grand-maître, ou sur les avis et procès-verbaux par lui sur ce faits, à peine de 10,000 livres d'amende et de réunion des eaux et bois engagés à notre domaine.

4. Aussi-tôt que le terme de la jouissance expirera, nouvelles visites, estimations et reconnaissances seront faites par le grand-maître, avec mêmes formalités, les engagistes, usufruitiers, ou leurs héritiers présens ou dûment appelés, de l'état et consistance de toutes les choses contenues au premier procès-verbal, pour, en cas qu'il se trouve des dégradations, dépérissement, ou changemens préjudiciables, obliger ceux qui ont possédé, leurs successeurs et ayant cause, de remettre incessamment tout' en état, et nous en indemniser au pied du tour, conformément aux ordonnances en ce qui concerne les bois ; et pour le surplus à dire d'experts, qui seront convenus ou nommés d'office.

5. Les douairiers, donataires, usufruitiers et engagistes, ne pourront disposer d'aucune futaie, arbres anciens, modernes, ou baliveaux sur taillis, même de l'âge du bois, réservés ès dernières ventes, ni des chablis, arbres de délit, amendes, restitutions, confiscations en provenant ; mais le tout demeurera entièrement à notre profit, et sera payé au receveur de nos domaines ou de nos bois, ès lieux où nous en avons établi, pour nous en compter, ainsi que des autres deniers de leurs charges, nonobstant toutes lettres vérifiées, clauses, dons, arrêts, contrats, adjudications, usages et possessions contraires.

6. Ne pourront aussi, ni leurs fermiers, procureurs agens et receveurs, prendre ou faire couper aucuns arbres anciens, modernes ou baliveaux sur taillis, par argent ou par pied, pour entretien et réparation des maisons, moulins et bâtimens dépendant du même domaine, ou sous aucun autre prétexte, qu'en vertu de lettres bien et dûment enregistrées ès cours de parlement et chambre des comptes du ressort, sur les avis et procès-verbaux du grand-maître, à peine de privation, de l'amende, et restitution au pied du tour, contre les possesseurs, et de condamnation solidaire aux mêmes amendes et restitutions, tant contre les fermiers, agens et receveurs, que contre les marchands et entrepreneurs qui les auraient exploités, et d'interdiction contre les officiers qui en feraient la délivrance, outre les mêmes amendes, restitutions, dommages et intérêts, sans modération et sans recours.

7. Feront observer en l'usance des eaux et bois dont ils jouissent dans nos domaines, les mêmes conditions et réserves qui se doivent observer en l'usance des eaux et bois que nous possédons,

Manuel Forestier. D

et seront les ventes et adjudications faites par nos officiers ès eaux et forêts, avec les formalités prescrites par la présente ordonnance, sans qu'aucun fermier ou marchand puisse s'immiscer qu'en vertu des assiettes, martelages et délivrances ainsi faites par nos officiers, à peine de 3000 livres d'amende contre chacun contrevenant et de confiscation des ventes.

TITRE XXIII.

Des bois en grurie, grairie, tiers et danger.

Art. 1. En tous les bois sujets aux droits de grurie, grairie, tiers et danger, la justice et tous les profits qui en procèdent, nous appartiennent, ensemble la chasse, paisson et glandée, privativement à tous autres, si ce n'est qu'à l'égard de la paisson et glandée, il y eut titre au contraire.

2. Les parts et portions que nous prenons lors de la coupe et usance des bois sujets aux droits de grairie, seront levées et perçues à notre profit en espèces ou argent, suivant l'ancien usage de chacune maîtrise où ils sont situés, sans qu'il soit rien changé ni innové à ce regard; et ne pourront être les bois de cette qualité vendus que par le ministère de nos officiers, et avec les mêmes formalités que nos autres bois et forêts.

3. Le tiers et danger sera levé et payé selon la coutume ancienne, qui est de distraire à notre profit sur le total de la vente, soit en espèce ou en deniers à notre choix, le tiers et le dixième, en sorte que si l'adjudication est de trente arpens pour une somme de 3oo l. nous en ayions dix arpens pour le tiers de trente, et trois pour le dixième de la même quantité, qui seront treize arpens sur trente; ou si nous le prenons en argent, 100 liv. pour le tiers de 3oo liv. et 3o livres pour le dixième de la même somme de 3oo livres.

4. S'il se trouve quelques bois dans notre province de Normandie, pour lesquels les particuliers ayent titre et possession de ne payer qu'une partie de ce droit, à savoir le tiers simplement, ou seulement le danger, qui est le dixième, voulons qu'il n'y soit rien innové à cet égard.

5. Les possesseurs des bois sujets à tiers et danger, pourront prendre par leurs mains pour leur usage, du bois des neuf espèces contenues en l'article neuvième de la charte normande du roi Louis dixième de l'année 1315, qui sont saulx, morsaulx, épines, puisnes, seur, aulnes, genêts, genévres et ronces et le bois mort en cime et racine, ou gisant.

6. Déclarons le droit de tiers et danger dans les bois de notre province de Normandie, imprescriptible et inaliénable, comme faisant partie de l'ancien domaine de notre couronne.

7. Tous bois situés en Normandie, hors ceux plantés à la main, et les morts-bois exceptés par la charte normande, seront sujets à ce droit, si les possesseurs ne sont fondés en titres authentiques et usages contraires.

8. Les droits de propriété par indivis avec autres seigneurs, et ceux de grurie, grairie, tiers et danger, ne pourront être donnés, vendus ni aliénés en tout ou partie, ni même donnés à ferme, pour telle cause et prétexte que ce soit, renouvelant, en tant

que besoin serait, la prohibition contenue à cet effet au dixième article de l'ordonnance de Moulins, sans même qu'à l'avenir tels droits puissent être engagés ou affermés; mais leur produit ordinaire sera donné en recouvrement aux receveurs des bois ou du domaine, dont ils compteront ainsi que des deniers provenant des ventes de nos forêts.

9. Les grands maîtres et officiers des maitrises particulières connaîtront de tous délits, abus et malversations qui seront commis dans les bois de cette qualité non partagés, tant pour la police, vente et conservation, que pour la justice et pour la chasse.

10. Les ventes ordinaires seront faites par le grand-maître, ou par les officiers de la maitrise, avec les mêmes formes qui se doivent observer pour l'assiette, martelage, balivage, publications, adjudication, doublement, tiercement et récolement de nos bois; et les extraordinaires par le grand maître seulement, en vertu de nos letres patentes dûment enregistrées, à peine de restitution, de privation de tous droits contre les possesseurs, amende arbitraire, et confiscation des ventes contre les marchands.

11. Il sera procédé à la vente des chablis rompus ou arrachés en la manière ordonnée pour nos bois, à la charge de nous payer sur le prix la même part qui nous appartient dans les ventes ordinaires.

12. Toutes les amendes et confiscations qui seront adjugées pour ces bois, nous appartiendront entièrement, sans que les possesseurs y puissent rien prétendre; mais il auront la même part aux restitutions, dommages et intérêts qu'ils ont droit et coutume d'avoir aux ventes.

13. Les réserves de baliveaux dans les taillis, et les mêmes peines et condamnations prescrites pour nos bois, seront faites et exécutées pour ceux tenus en grurie, grairie, tiers et danger; engoignons aux officiers d'y tenir exactement la main, et voulons que leurs droits soient pour ce payés sur le prix total des ventes, suivant la taxe qui en sera faite par le grand-maître.

14. Sera fait un registre paraphé du maître et de notre procureur de toutes les ventes, adjudications et récolemens, sur lequel tous les officiers présens signeront, avec les possesseurs et leurs procureurs, et les marchands ou léur facteurs, s'ils savent signer.

16. Ne pourront les possesseurs prendre aucun arbre vif sans la marque et délivrance du grand-maître, lequel à l'instant en fera couper et vendre à notre profit, pour la valeur et la proportion de nos droits.

17. Lorsqu'il se fera des ventes ordinaires, les possesseurs prendront leur chauffage sur leur part de la vente; mais, s'il n'y avoit pas de vente ouverte, aucun chauffage ne pourra être pris qu'en bois mort ou mort-bois des neuf espèces.

18. Les grands-maîtres visiteront chacune année tous les bois de cette qualité, se feront représenter les registres tenus et jugemens donnés sur les délits et malversations, avec l'état des ventes et récolemens, et y feront la réformation, lorsqu'elle sera par eux jugée nécessaire.

19. Les maîtres particuliers, ou leurs lieutenans, seront obligés d'y faire visite avec nos procureurs, du moins une fois l'année, les garde-marteaux de six mois en six mois, et les sergens sans

discontinuation , dont ils feront procès-verbal , chacun à leur égard , et le mettront incessamment au greffe de la maîtrise ; le tout à peine de privation de leurs charges , et de répondre en leurs noms des délits abus et malversations.

TITRE XXIV.

Des bois appartenant aux ecclésiastiques et gens de main-morte.

Art. 2. Voulons que , conformément à l'ordonnance de l'année 1573 , confirmée par celle de 1597, la quatrième partie au moins des bois dépendant des évêchés , abbayes , bénéfices , commanderies et communautés ecclésiastiques , soit toujours en nature de futaie , et s'il ne se trouvait aucune futaie en toute l'étendue de leurs bois , ou que celle qui y est à présent, fût au-dessous de la quatrième partie de la totalité , ce qui manquera sera pris dans leurs taillis jusques à la concurrence de la quatrième partie, pour être réservé à croître en futaie , dont le choix et triage sera fait par les grands-maîtres aux endroits les plus propres , et où lé fonds pourra mieux en porter , qui sera séparé du reste des taillis par bornes et limites , et réputé de pareille nature et qualité , sans qu'il soit permis d'en user ou couper aucuns arbres , que pour les bornes prescrites pour la futaie.

3. Après les réserves distraites et séparées , le surplus de nos bois taillis sera réglé en coupes ordinaires de dix ans au moins , avec charge expresse de laisser seize baliveaux de l'âge du bois en chacun arpent , outre tous les anciens et modernes , qui seront pareillement réputés futaies et comme tels réservés dans toutes les coupes ordinaires , sans qu'en aucun cas on y puisse toucher qu'en vertu de nos lettres patentes , bien et dûment vérifiées , ainsi qu'il sera dit ci-après.

4. Les ecclésiastiques , communautés , etc. , ne pourront couper aucuns arbres de futaie ou baliveau sur taillis , ni toucher au quart mis en réserve , ou rien entreprendre au-delà des coupes ordinaires et réglées , sinon en vertu de lettres-patentes bien et dûment registrées.

5. Nos lettres ne seront octroyées pour ventes de futaie, ou baliveaux réservés , qu'en cas d'incendies , ruines , démolitions , pertes et accidens extraordinaires , arrivés par forfait , guerre ou cas fortuit , et non par le fait ou faute des bénéficiers et administrateurs, qui , pour y parvenir , feront leurs remontrances au grand-maître , lequel informera des causes et de la nécessité , visitera les lieux en présence de notre procureur en la maîtrise , fera priser par experts les réparations nécessaires , et enverra au conseil ès mains du contrôleur-général de nos finances , son procès-verbal , qui contiendra au vrai la valeur , l'état et qualité des bois qu'on demandera permission de couper , ensemble le nombre et la qualité de ce qui en restera au bénéfice ou à la communauté , et son avis , lequel sera joint avec le procès-verbal aux lettres sous le contre-scel.

7. Enjoignons aux ecclésiastiques et communautés , de charger expressément leurs fermiers, économes , receveurs , marchands et

adjudicataires, de faire en leurs bois les mêmes réserves prescrites pour l'usance des nôtres ; et voulons qu'elles soient observées par les receveurs, fermiers, marchands, au nombre et en la forme ordonnée, quoiqu'ils n'y fussent pas obligés par les baux, marchés et adjudications, à peine d'amende.

9. Sera tenu l'adjudicataire d'observer en l'exploitation tout ce qui est prescrit pour celle de nos bois par la présente ordonnance, et de faire procéder au récolement aussi-tôt que le terme de vidange sera expiré, à peine d'amende arbitraire, et de demeurer chargé des délits qui se commettront dans la vente, et dans les réponses, sans recours ni modération.

TITRE XXV.

Des bois, prés, marais, landes, pâtis, pêcheries et autres biens appartenans aux communautés et habitans des paroisses.

Art. 1. Tous les bois dépendans des paroisses et communautés d'habitans seront arpentés, figurés et bornés dans six mois, à la diligence des syndics, et les procès-verbaux et figures incessamment portées aux greffiers des maîtrises. A quoi nous enjoignons à nos procureurs de tenir exactement la main.

2. Le quart de ces bois communs sera réservé pour croitre en futaie dans le meilleur fonds et lieux plus commodes, par triage et désignation du grand-maître, ou des officiers de la maîtrise par son ordre.

3. Ce qui restera, la réserve étant faite, sera réglé en coupes ordinaires de taillis, au moins de dix ans, avec marque et retenue de seize baliveaux de l'âge du bois en chacun arpent, des plus beaux brins de chêne, hêtre, ou autre de la meilleure essence, outre et par-dessus les anciens, modernes et fruitiers.

4. Si néanmoins les bois étaient de la concession gratuite des seigneurs, sans charge d'aucun cens, redevance, prestation ou servitude, le tiers en pourra être distrait et séparé à leur profit, en cas qu'ils le demandent, et que les deux autres suffisent pour l'usage de la paroisse, sinon le partage n'aura lieu ; mais les seigneurs et les habitans jouiront en commun comme auparavant ; ce qui sera pareillement observé pour les prés, marais, les îles, pâtis, landes, bruyères et grasse pâture, où les seigneurs n'auront autre droit que l'usage, et d'envoyer leurs bestiaux en pâture comme premiers habitans, sans part ni triage, s'ils ne sont de leur concession, sans prestation, redevance ou servitude.

5. La concession ne pourra être réputée gratuite de la part des seigneurs si les habitans justifient du contraire par l'acquisition qu'ils en ont faite, et s'ils ne sont tenus d'aucune charge : mais s'ils en faisaient ou payaient quelque reconnaissance en argent, corvées ou autrement, la concession passera pour onéreuse, quoique les habitans n'en montrent pas le titre, et empêchera toutes distractions au profit des seigneurs, qui jouiront seulement de leurs usages et chauffages ainsi qu'il est accoutumé.

4. Les seigneurs qui auront leurs triages ne pourront rien pré-

tendre à la part des habitans, et n'y auront aucun droit d'usage, chauffage ou pâturage, pour eux ni leurs fermiers, domestiques, chevaux et bestiaux; mais elle demeurera à la communauté franche et déchargée de tout autre usage et servitude.

7. Si dans les pâtures, marais, prés et pâtis échus aux triages des habitans, ou tenus en commun sans partage, il se trouvait quelques endroits inutiles et superflus, dont la communauté pût profiter sans incommoder le pâturage, ils pourront être donnés à ferme après un résultat d'assemblée faite dans les formes, pour une, deux ou trois années, par adjudication des officiers des lieux, sans frais, et le prix employé aux réparations des paroisses, dont les habitans sont tenus, ou autres urgentes affaires de la communauté.

8. Défendons aux seigneurs, maires, échevins, syndics, marguilliers et habitans des paroisses, sans distinction, de faire aucune coupe ou triage du quart réservé pour la futaie, et aux officiers de le permettre ou souffrir, à peine de 2000 liv. d'amende contre chacun particulier contrevenant, et en outre contre les officiers de privation de leurs charges; sauf, en cas d'incendie ou ruine notable des églises, ports, ponts, murs, et autres lieux publics, à se pourvoir pour obtenir nos lettres, ainsi qu'il est ordonné pour les ecclésiastiques.

9. L'assiette de coupes ordinaires sera faite sans frais par le juge des lieux en présence du procureur d'office, du syndic et de deux députés de la paroisse, et les pieds corniers, arbres de lisière et baliveaux marqués du marteau de la seigneurie, qui sera conservé dans un coffre à trois clefs, une pour le juge, l'autre pour le procureur-fiscal, et la troisième pour le syndic de la communauté.

10. Le juge pourra commettre pour l'assiette l'arpenteur ordinaire, ou tel autre qu'il jugera plus commode; mais le récolement se fera par l'arpenteur juré de la maîtrise, dont les salaires seront modérément taxés suivant son travail; le tout à peine de nullité, 500 livres d'amende, et d'interdiction contre le juge qui contreviendroit.

11. Les coupes seront faites à tire et aire, à fleur de terre, par gens entendus choisis aux frais de la communauté, et capables de répondre de la mauvaise exploitation, pour être ensuite distribuées suivant la coutume : et en cas de plainte ou contestation sur le partage ou distribution, le grand-maître y pourvoira en faisant ses visites.

12. Si, pour le plus grand avantage de la communauté, il était jugé à propos par le grand-maître qu'il se fît vente des coupes ordinaires, il en renverra l'adjudication au juge du lieu, qui sera tenu d'y procéder avec les formalités prescrites pour la vente de nos bois, s'il n'y avait siége de maîtrise ou grurie dans la même paroisse, auquel cas nos officiers feront la vente sans frais, et sans que les deniers puissent être employés qu'aux réparations extraordinaires ou affaires urgentes de la communauté, à peine de répétition du quadruple, et de 500 livres d'amende contre les maire, échevins, syndic ou principaux habitans qui les auront divertis.

13. Les places abrouties seront recepées aux frais de la communauté, et tenues en défends comme tous les autres taillis, jusqu'à

se que le rejet soit au moins de six ans , sur les peines réglées à
cet égard pour nos forêts.

14. Enjoignons aux habitans de préposer annuellement un ou
plusieurs gardes pour la conservation de leurs bois communs ,
faute de quoi le juge des lieux y pourvoira , et taxera d'office les
salaires qui seront payés par la communauté.

15. Les gardes feront le serment et leurs rapports par-devant les
officiers des maîtrises ou gruries , si leur résidence n'était éloignée
que de quatre lieues : mais au cas que le siége soit dans une plus
grande distance , le serment et les rapports se feront par-devant le
juge ordinaire des lieux, qui sera tenu de se conformer pour l'instruction et jugement des abus et délits , aux formes et peines prescrites pour les abus et délits commis dans nos bois.

16. Pourront nos officiers faire visites quand bon leur semblera ,
dans les bois des paroisses , pour connaître de la bonne ou mauvaise exploitation ; et s'ils y trouvaient des délits, abus , négligences ou malversations du fait des particuliers ou des officiers ,
gardes et syndics , les réprimeront par amendes et peines, suivant
la rigueur de nos ordonnances ; auquel cas ils auront leurs droits
et vacations sur les amendes et restitutions adjugées, suivant la
taxe qui en sera faite par le grand-maître.

17. La part des habitans en la pêcherie sera donnée par adjudication en l'audience ou place ordinaire à tenir les plaids , par
le juge des lieux, en présence du procureur d'office et du syndic
de la paroisse , au plus offrant et dernier enchérisseur , sans frais
ni droits , après publications aux prônes des messes paroissiales
des deux dimanches précédens, et aux deux marchés publics ,
pour être le prix de l'adjudication employé aux réparations de
l'église et autres dont les habitans peuvent être tenus , ou aux nécessités plus pressantes de la communauté.

18. Défendons à tous particuliers habitans , autres que les adjudicataires qui ne pourront être que deux en chacune paroisse , de
pêcher en aucune sorte , même à la ligne , à la main ou au pa-
nier ès eaux , rivières , étangs , fossés , marais et pêcheries communes , nonobstant toutes coutumes et possessions contraires , à
peine de 30 livres d'amende , et un mois de prison pour la première
fois , et de 100 livres d'amende , avec bannissement de la paroisse
en récidive.

19. Tous partages entre les seigneurs et les communautés seront
faits par les grands-maîtres en connaissance de cause ; sur les
titres représentés , par avis et rapports d'experts ; et se paieront les
frais par les seigneurs et par les habitans à proportion du droit
qu'ils auront en la chose partagée.

20. Les grands-maîtres et officiers de la maîtrise instruiront et
jugeront sommairement les différends qui pourraient survenir en
exécution du partage des bois , prés, pâtis , eaux communes ,
entre les seigneurs , officiers , syndics , députés ou particuliers
habitans , sans que les juges ordinaires des lieux en puissent connaître.

21. Toutes amendes et confiscations qui s'adjugeront pour les
eaux , prés, pâtis et bois communs contre les particuliers , appartiendront au seigneur haut-justicier , et les restitutions , dommages et intérêts à la communauté , excepté les cas de réformation

dans lesquels toutes amendes et confiscations nous appartiendront, et les dommages et intérêts à la paroisse.

22. Voulons que les restitutions, dommages et intéréts adjugés aux communautés pour entreprises faites, abus, ou délits commis en leurs bois, eaux et usages, soient mis ès mains du syndic, ou d'un notable habitant qui sera nommé à cet effet à la pluralité des suffrages, pour être le tout employé, comme dessus, aux réparations et nécessités publiques ; à peine de 500 livres d'amende et de restitution du quadruple contre ceux qui en auraient autrement ordonné ou disposé.

TITRE XXVI.

Des bois appartenans aux particuliers.

Art. 1. Enjoignons à tous nos sujets sans exception ni différence, de régler la coupe de leurs bois taillis au moins à dix années, avec réserve de seize baliveaux en chacun arpent, et seront tenus d'en réserver aussi dix ès ventes ordinaires de futaie, pour en disposer néanmoins à leur profis, aprèt l'âge de quarante ans pour les taillis, et de six vingt ans pour la futaie : et qu'au surplus ils observent en l'exploitation ce qui est prescrit pour l'usance de nos bois, aux peines portées par les ordonnances.

2. Permettons aux grands-maîtres et autres officiers des eaux et forêts, la visite et inspection dans les bois des particuliers, pour y faire observer la présente ordonnance, et réprimer les contraventions, sans qu'ils y exercent autre juridiction, et prennent connaissance des ventes, garde, police et délits ordinaires, s'ils n'en sont requis par les propriétaires.

3. Ne pourront ceux qui possèdent bois de haute futaie assis à dix lieues de la mer, et deux des rivières navigables, les vendre ou faire exploiter qu'ils n'en aient six mois auparavant averti le grand-maître et le contrôleur-général des finances, à peine de de 3000 livres d'amende et de confiscation des bois coupés ou vendus.

4. Les possesseurs des bois joignant nos forêts à titre de propriété ou d'usufruit, seront tenus de déclarer au greffe de la maîtrise le nombre et la qualité qu'il en voudront vendre chacune année; à peine d'amende arbitraire et de confiscation.

5. Sera libre à tous nos sujets de faire punir les délinquans en leurs bois, garennes, étangs et rivières, même pour la chasse et pour la pêche, des mêmes peines et réparations ordonnées par ces présentes pour nos eaux et forêts, chasses et pêcheries.

TITRE XXVII.

De la police et conservation des forêts, eaux et rivières.

Art. 1. Réitérons la prohibition faite par l'ordonnance de Moulins de faire aucunes aliénations à l'avenir de quelque partie que ce soit de nos forêts, bois et buissons, à peine contre les officiers de privation de leurs charges, et de 10,000 livres d'amende contre les acquéreurs, outre la réunion à notre domaine et confiscation à notre profit de tout ce qui pourrait avoir été semé, planté ou bâti sur les places de cette qualité.

2. Tous arbres de réserve et baliveaux sur taillis, seront à l'avenir réputés faire partie du fonds de nos bois et forêts, sans que les douairiers, donataires, engagistes, usufruitiers et leurs receveurs ou fermiers y puissent rien prétendre, ni aux amendes qui en proviendront.

3. Les grands-maîtres faisant leurs visites, seront tenus de faire mention dans leurs procès-verbaux de toutes les places vides non aliénées ni données à titre de cens ou d'afféage qu'ils auront trouvées dans l'enclos et aux reins de nos forêts, pour être pourvu sur leurs avis à la semence et repeuplement, ou à ce qui sera convenable à l'état de nos affaires.

4. Tous les riverains possédant bois joignant nos forêts et buissons, seront tenus de se fossoyer de fossés ayant quatre pieds de largeur, et cinq pieds de profondeur, qu'ils entretiendront en ces états, suivant l'ordonnance, à peine de réunion.

5. Nos officiers des maîtrises faisant leurs visites, feront mention dans leurs procès-verbaux de l'état des bornes et fossés entre nous et les riverains, et réparer les entreprises et changemens qu'ils reconnaîtront y avoir été faits depuis leur dernière visite, même feront mention dans leur procès-verbal de visite suivante, du rétablissement des choses dans leur premier état, et des jugemens qu'ils auront rendus contre les coupables, à peine d'en demeurer responsables solidairement en leurs privés noms.

6. Défendons à toutes personnes de planter bois à cent perches de nos forêts, sans notre permission expresse, à peine de 500 liv. d'amende et de confiscation de leurs bois, qui seront arrachés ou coupés.

11. Faisons très-expresses défenses d'arracher aucuns plants de chênes, charmes ou autres bois dans nos forêts, sans notre permission et attache du grand-maître, à peine de punition exemplaire et de 500 livres d'amende.

12. Défendons à toutes personnes d'enlever dans l'étendue et aux reins de nos forêts, sables, terres, marnes, ou argile, ni de faire de la chaux à cent perches de distance, sans notre permission expresse, et aux officiers de le souffrir, sur peine de 500 livres d'amende et de confiscation des chevaux et harnois.

13. Ne sera fait aucune délivrance de taillis ou menus bois, vert ou sec, de telle qualité et valeur qu'il puisse être, aux poudriers et salpêtriers, auxquels et aux commissaires des poudres et des salpêtres, faisons très-expresses inhibitions et défenses d'en prendre sous aucun prétexte, à peine de 500 livres d'amende pour la première fois, du double et de punition exemplaire en récidive, nonobstant édits, déclarations, arrêts, permission et concession contraires.

14. Nulle mesure n'aura lieu, et ne sera employée dans nos bois et forêts, et en ceux tenus par indivis, grurie, grairie, ségrairie, tiers et danger, apanage, engagement, usufruit, et même des ecclésiastiques, communautés et particuliers nos sujets, sans aucun excepter, que la mesure de douze lignes pour pouce, douze pouces pour pieds, vingt-deux pieds pour perches, et cent perches pour arpent, à peine de 1000 livres d'amende, nonobstant et sans avoir égard à tous usages et possessions contraires, auxquels avons

dérogé, dérogeons et voulons qu'au greffe de chacune maîtrise et autre justice il soit mis un étalon de la mesure ci-dessus prescrite.

19. Défendons aux marchands ventiers, usagers, et à toutes autres personnes, de faire cendres dans nos forêts, ni dans celles des ecclésiastiques ou communautés, aux usufruitiers et à nos officiers de le souffrir, à peine d'amende arbitraire, et de confiscation des bois vendus, ouvrages et outils, et privation de charges contre les officiers, s'il n'y a lettres patentes vérifiées sur l'avis des grands-maîtres.

21. Faisons défenses à toutes autres personnes de tenir ateliers de cendres, ni en faire façonner ailleurs que dans les ventes, ou en faire transporter que les tonneaux ne soient marqués du marteau du marchand, sur peine d'amende arbitraire et de confiscation.

22. Défendons à toutes personnes de charmer ou brûler les arbres, ni d'en enlever l'écorce, sous peine de punition corporelle : et seront les fosses à charbon placées aux endroits les plus vides et les plus éloignés des arbres et du recrû, et les marchands tenus de les repeupler et réserver, s'il est jugé à propos par le grand-maître, avant qu'ils puissent obtenir leur congé de cour, à peine d'amende arbitraire.

23. Les cercliers, vanniers, tourneurs, sabotiers, et autres de pareille condition, ne pourront tenir ateliers dans la distance de demi-lieue de nos forêts, à peine de confiscation de leurs marchandises, et de 100 livres d'amende.

24. Enjoignons aux officiers des maîtrises d'empêcher le débit du bois de délit ès villes fermées qui sont à la distance de deux lieues de nos forêts, et à cet effet leur permettons de faire perquisition dans les maisons des bois de merrain et à bâtir, qu'ils auront eu avis y avoir été portés, pour y être par eux pourvu ainsi qu'il appartiendra : et pourront les gardes de nos forêts, en présence d'un officier de la maîtrise, ou au défaut en la présence du juge ordinaire, notre procureur, ou le procureur d'office, faire les mêmes visites, dont ils dresseront leurs procès-verbaux qu'ils apporteront aux greffes des maîtrises, et seront les coupables punis suivant la rigueur de nos ordonnances.

26. Défendons à tous marchands adjudicataires de nos bois, ou ceux des particuliers joignant nos forêts, et même aux propriétaires qui les feront user, d'en donner aux bucherons et autres ouvriers pour leurs salaires, à peine de répondre de tous les délits qui se commettront dans nos forêts pendant les usances et jusques au récolement des ventes, et aux bucherons et autres ouvriers travaillant dans nos forêts, d'emporter sortant des ateliers aucun bois scié, fendu ou d'autre nature, à peine de 50 livres d'amende pour la première fois, et de punition en récidive.

27. Faisons défenses aux usagers et à tous autres d'abattre la glandée, faîne et autres fruits des arbres, les amasser ni emporter, ni ceux qui seront tombés, sous prétexte d'usages ou autrement, à peine de 100 livres d'amende.

28. Et à tous marchands de peler les bois de leurs ventes étant debout et sur pied, sur peine de 500 livres d'amende et de confiscation.

29. Ne pourront les marchands, ni leurs associés, tenir aucuns

ateliers et loges, ni faire ouvrir bois ailleurs que dans les ventes , sur peine de 100 livres d'amende et de confiscation.

30. Ceux qui habitent les maisons situées dans nos forêts et sur leurs rives , ne pourront y faire commerce , ni tenir ateliers de bois , ni en faire plus grand amas que ce qui est nécessaire pour leur chauffage, à peine de confiscation, d'amende arbitraire, et de démolition de leurs maisons.

31. Ne pourront les sergens à garde, ni autres officiers de nos forêts , tenir taverne , ni exercer aucun métier où l'on emploie du bois , à peine de destitution et de 50 livres d'amende , outre la confiscation des bois qui se trouveront en leurs maisons.

32. Faisons aussi défenses à toutes personnes de porter et allumer feu en quelque saison que ce soit, dans nos forêts , landes et bruyères , et celles des communautés et particuliers , à peine de punition corporelle et d'amende arbitraire, outre la réparation des dommages que l'incendie pourrait avoir causés , dont les communautés et autres qui ont choisi les gardes, demeureront civilement responsables.

33. Abrogeons les permissions et droits de feu, loges, et toutes délivrances d'arbres , perches , mort-bois, sec et vert en étant, sans qu'il soit permis à aucuns usagers de telle condition qu'ils soient , d'en prendre ou faire couper, et d'en enlever autre que gisant , nonobstant tous titres , arrêts et priviléges contraires , qui demeurent nuls et révoqués ; à peine, contre les contrevenans d'amende , restitution , dommages et intérêts , et de privation de droit d'usage.

34. Les usagers et autres personnes trouvées de nuit dans les forêts hors les routes et grands chemins, avec serpes, haches , scies ou cognées , seront emprisonnés et condamnés pour la première fois en 6 livres d'amende, 20 livres pour la seconde , et pour la troisième bannis de la forêt.

40. Ne seront tirés terres, sables , et autres materiaux , à six toises près des rivières navigables , à peine de 100 livres d'amende.

41. Déclarons la propriété de tous les fleuves et rivières , portant bateaux de leur fonds sans artifice et ouvrages de main dans notre royaume et terres de notre obéissance, faire partie du domaine de notre couronne; nonobstant tous titres et possessions contraires , sauf les droits de pêche , moulins , bacs et autres usages que les particuliers peuvent y avoir par titres et possessions valables, auxquels ils seront maintenus.

42. Nul, soit propriétaire ou engagiste, ne pourra faire moulins, batardeaux , écluses , gords , pertuis , murs, plants d'arbres , amas de pierres, de terres et de fascines , ni autres édifices ou empêchemens nuisibles au cours de l'eau dans les fleuves et rivières navigables et flottables, ni même y jeter aucunes ordures , immondices , ou les amasser sur les quais et rivages , à peine d'amende arbitraire. Enjoignons à toutes personnss de les ôter dans trois mois du jour de la publication des présentes : et si aucuns se trouvent subsister après ce tems , voulons qu'ils soient incessamment ôtés et levés à la diligence de nos procureurs des maîtrises, aux frais et dépens de ceux qui les auront faits ou causés, sur peine de 500 livres d'amende, tant contre les particuliers , que

contre le juge et notre procureur, qui auront négligé de le faire, et de répondre en leurs privés noms des dommages et intérêts.

43. Ceux qui ont fait bâtir des moulins, écluses, vannes, gords et autres édifices dans l'étendue des fleuves et rivières navigables et flottables, sans en avoir obtenu la permission de nous, ou de nos prédécesseurs, seront tenus de les démolir, sinon le seront à leurs frais et dépens.

44. Défendons à toutes personnes de détourner l'eau des rivières navigables et flottables, ou d'en affaiblir et altérer le cours par tranchées, fossés et canaux, à peine contre les contrevenans d'être punis comme usurpateurs, et les choses réparées à leurs dépens.

TITRE XXVIII.

Des routes et grands chemins ès forêts et marche-pieds des rivières.

Art. 1. En toutes les forêts de passage où il y a et doit avoir grand-chemin servant aux coches et carosses, messagers et rouliers de ville à autre, les grandes routes auront au moins soixante-douze pieds de largeur, et où elles se trouveraient en avoir davantage, elles seront conservées en leur entier.

2. S'il était jugé nécessaire de faire nouvelles routes pour la facilité du commerce et la sûreté publique en aucunes de nos forêts, les grands-maîtres feront leurs procès-verbaux d'alignement et du nombre, essence et valeur des bois qu'il faudrait couper à cet effet, qu'ils enverront avec leur avis à notre conseil ès mains du contrôleur général de nos finances, pour y être par nous pourvu.

5. Les arbres et bois qu'il conviendra couper dans nos forêts, pour mettre les routes en largeur suffisante, seront vendus ainsi que le grand-maître avisera pour notre plus grand profit, et ceux des ecclésiastiques et communautés leur demeureront en compensation de la dépense qu'ils auront à faire pour l'essartement.

7. Les propriétaires des héritages aboutissant aux rivières navigables laisseront le long des bords vingt-quatre pieds au moins de place en largeur pour chemin royal et trait des chevaux, sans qu'ils puissent planter arbres, ni tenir clôture ou haie plus près que trente pieds du côté que les bateaux se tirent, et dix pieds de l'autre bord, à peine de 500 livres d'amende, confiscation des arbres, et d'être les contrevenans contraints à réparer et remettre les chemins en état à leurs frais.

TITRE XXIX.

Droits de péage, travers et autres.

Art. 1. Supprimons tous les droits qui ont été établis depuis cent années sans titres sur les rivières, et défendons de les lever sous tel prétexte que ce soit, à peine d'exaction et de répétition du quadruple, au profit des marchands et passans contre les seigneurs ou leurs fermiers; voulant que toutes barrières digues, chaînes et autres empêchemens aux chemins, levées, ponts, passages, rivières, écluses et pertuis pour la perception de ces droits soient ôtés et rompus.

5. N'entendons qu'aucuns de ces droits soient réservés, même avec titre et possession, où il n'y a point de chaussées, bacs, écluses et ponts à entretenir, et à la charge des seigneurs et propriétaires.

TITRE XXX.

Des chasses.

Art. 1. Les ordonnances des rois nos prédécesseurs sur le fait des chasses, et spécialement celles des mois de juin 1601, et juillet 1607, seront observées en toutes leurs dispositions, auxquelles nous n'avons point dérogé, et qui ne contiendront rien de contraire à ces présentes.

3. Interdisons à toutes personnes sans distinction de qualité, de tems ni de lieux, l'usage des armes à feu, brisées par la crosse ou par le canon, et des cannes ou bâtons creusés, même d'en porter sous quelque prétexte que ce puisse être, et à tous ouvriers d'en frabriquer et façonner, à peine, contre les particuliers, de 100 liv. d'amende, outre la confiscation pour la première fois, et de punition corporelle pour la seconde; et contre les ouvriers, de punition corporelle pour la première fois.

4. Faisons aussi défenses à toutes personnes, de chasser à feu, et d'entrer ou demeurer de nuit dans nos forêts, bois et buissons en dépendans, ni même dans les bois des particuliers, avec armes à feu, à peine de 100 liv. d'amende et de punition corporelle, s'il y échet.

7. Ne pourront les gardes-plaines de nos capitaineries, tant à pied qu'à cheval, porter aucun arquebuse à rouet, ou fusil dans nos forêts et plaines s'ils ne sont à la suite de leurs capitaines ou lieutenans, à peine de 50 liv. d'amende, et de destitution de leurs charges.

8. Défendons à toutes personnes de prendre en nos forêts, garennes, buissons et plaisirs, aucuns aires d'oiseaux, de quelque espèce que ce soit; et en tout autre lieu, les œufs de cailles, perdrix et faisans, à peine de 100 livres pour la première fois, du double pour la seconde, et du fouet et bannissement à six lieues de la forêt pendant cinq ans, pour la troisième.

12. Tous tendeurs de lacs, tirasses, tonnelles, traîneaux, bricoles de corde et fil d'archal, pièces et pans de rets, colliers, halliers de fil ou de soie, seront condamnés au fouet pour la première fois, et en 30 liv. d'amende; pour la seconde fustigés, flétris et bannis pour cinq ans hors l'étendue de la maîtrise, soit qu'ils aient commis délits dans nos forêts, garennes et terres de notre domaine, ou en celles des ecclésiastiques, communautés et particuliers sans exception.

13. Faisons très-expresses inhibitions et defenses à toutes personnes de tirer ou chasser à bruit dans nos forêts, buissons, garennes et plaines, s'ils n'en ont titre ou permission.

18. Défendons à tous gentilshommes, et autres ayant droit de chasse, de chasser à pied ou à cheval avec chiens ou oiseaux sur terre ensemencée, depuis que le blé sera en tuyau, et dans les

vignes , depuis le premier jour de mai jusques après la dépouille ,
à peine de privation de leur droit de chasse, 5oo liv. d'amende ,
et de tous dépens , dommages et intérêts envers les propriétaires
ou usufruitiers.

19. Nul ne pourra établir garenne à l'avenir , s'il n'en a le
droit par ses aveux et dénombremens , possession ou autres titres
suffisans , à peine de 5oo liv. d'amende , et en outre d'être la
garenne détruite et ruinée à ses dépens.

T I T R E   X X X I.

De la pêche.

Art. 1. Défendons à toutes personnes , autres que maîtres pêcheurs reçus ès sièges des maîtrises , par les maîtres particuliers
ou leurs lieutenans , de pêcher sur fleuves et rivières navigables ,
à peine de 5o liv. d'amende et de confiscation du poisson , filets et
autres instrumens de pêche pour la première fois ; et pour la seconde , de 100 liv. d'amende , outre pareille confiscation , même
punition plus sévère , s'il y échet.

5. Défendons de pêcher en quelques jours et saisons que ce
puissse être , à autres heures que depuis le lever du soleil jusqu'à
son coucher , sinon aux arches des ponts , aux moulins , et aux
gords où se tendent des dideaux , auxquels lieux on pourra pêcher tant de nuit que de jour.

6. Les pêcheurs ne pourront pêcher durant le tems de frai ;
savoir , aux rivières où la truite abonde sur tous les autres poissons , depuis le premier février , jusques à la mi - mars , et aux
autres depuis le premier avril jusqu'au premier juin ; à peine pour
la première fois, de 20 liv. d'amende et d'un mois de prison, et du
double de l'amende et de deux mois de prison pour la seconde.

7. Exceptons toutefois de la prohibition contenue en l'article ,
la pêche aux saumons , aloses et lamproies, qui sera continuée en
la manière accoutumée.

8. Ne pourront aussi mettre bires ou nasses d'ozier à bout des
dideaux , pendant le tems de frai , à peine de 20 liv. d'amende ,
et la confiscation du harnais pour la première fois , et d'être privés de la pêche pendant un an pour la seconde.

9. Leur permettons néanmoins d'y mettre des chausses ou sacs,
du moule de dix-huit lignes en quarré et non autrement , sur les
mêmes peines ; mais après le tems de frai passé , ils y pourront
mettre des bires ou nasses d'osiers à jour , dont les verges seront
éloignées les unes des autres de douze lignes au moins.

10. Faisons très-expresses défenses aux maîtres pêcheurs de se
servir d'aucuns engins et harnais prohibés par les anciennes ordonnances , sur le fait de la pêche , et en outre de ceux appelés
giles , tramail , furet , épervier, chasson et sabre, dont elles ne
font point de mention , et de tous autres qui pourraient être in-
ventés au dépeuplement des rivières, comme aussi d'aller au ba-
randage , et mettre des bacs en rivière , à peine de 100 liv. d'a-
mende pour la première fois , et de punition corporelle pour la
seconde.

11. Leur défendons en outre de bouiller avec bouilles ou ra-

bots , tant sous les chevrins , racines , saules, osiers , terriers , et arches , qu'en autres lieux , ou de mettre lignes avec échets et amorces vives : ensemble de porter chaînes et clairons en leurs batelets , et d'aller à la fare ou de pêcher dans les noues avec filets , et d'y bouiller pour prendre le poisson et le frai qui a pû y être porté par le débordement des rivières , sous quelque prétexte , en quelque tems et manière que ce soit , à peine de 5o liv. d'amende contre les contrevenans , et d'être bannis des rivières pour trois ans , et de 3oo liv. contre les maîtres particuliers ou leurs lieutenans qui en auront donné la permission.

12. Les pêcheurs rejetteront en rivière les truites, carpes , barbeaux , brêmes et mouniers qu'ils auront pris , ayant moins de six pouces entre l'œil et la queue ; et les tanches , perches et gardons qui en auront moins de cinq , à peine de 100 liv. d'amende, et confiscation contre les pêcheurs et marchands qui en auront vendu ou acheté.

13. Voulons qu'il y ait en chacune maîtrise un coin , dans lequel l'écusson de nos armes sera gravé , et autour le nom de la maîtrise, duquel on se servira pour sceller en plomb les harnais ou engins des pêcheurs qui ne pourront s'en servir que le sceau n'y soit apposé , à peine de confiscation et de 20 liv. d'amende , et sera fait registre des harnais qui auront été marqués , ensemble du jour et du nom du pêcheur qui les aura fait marquer , sans que pour ce nos officiers puissent prendre aucuns salaires.

14. Défendons à toutes personnes de jeter dans les rivières aucune chaux , noix vomique , coque de levant , mommie, et autres drogues ou appas , à peine de punition corporelle.

15. Faisons inhibitions à tous mariniers, contre-maîtres, gouverneurs , et autres compagnons de rivières , conduisant leurs nefs, bateaux , besongnes , marnais , flettes ou nacelles , d'avoir aucuns engins à pêcher , soit de ceux permis ou défendus , tant par les anciennes ordonnances que par ces présentes , à peine de 100 liv. d'amende et de confiscation des engins.

16. Ordonnons que toutes les épaves qui seront pêchées sur les fleuves et rivières navigables , soient garrées sur terres , et que les pêcheurs en donnent avis aux sergens et gardes-pêche , qui seront tenus d'en dresser procès-verbal, et de les donner en garde à des personnes solvables qui s'en chargeront , dont notre procureur prendra communication au greffe , aussi-tôt qu'il y aura été porté par le sergent ou garde-pêche , et en fera faire la lecture à la première audience ; sur quoi le maître , ou son lieutenant , ordonnera que si dans un mois les épaves ne sont demandées et réclamées , elles seront vendues à notre profit , au plus offrant et dernier enchérisseur , et les deniers en provenant , mis ès mains de nos receveurs , sauf à les délivrer à celui qui les réclamera , un mois après la vente , s'il est ainsi ordonné , en connaissance de cause.

17. Défendons de prendre et enlever les épaves sans la permission des officiers de nos maîtrises , après la reconnaissance qui en aura été faite, et qu'ils aient été jugés à celui qui les réclame.

18. Faisons défenses à toutes personnes d'aller sur les mares, étangs et fossés , lorsqu'ils seront glacés , pour en rompre la glace , et y

faire des trous, et de porter flambeaux, brandons èt autres feux, à peine d'être punis comme de vol.

21. Pour le rempoissonnement de nos étangs, le carpeau aura six pouces au moins, la tanche cinq et la perche quatre; et à l'égard du brocheton, il sera de tel échantillon que l'adjudicataire voudra; mais il ne se jettera aux étangs, mares et fossés qu'un an après leur empoissonnement; ce qui sera observé pour les étangs, mares et fossés des ecclésiastiques et communautés, de même que pour les nôtres. Enjoignons aux officiers des maîtrises d'y tenir la main, sans pouvoir prétendre aucuns frais ni droits, à peine de concussion.

22. Tous les maîtres-pêcheurs de nos rivières, et ceux des particuliers qui ont droit de pêche sur les fleuves et rivières navigables, répondront pour les délits qu'ils y commettront pardevant les officiers des maîtrises, et non pardevant les juges des seigneurs, auxquels en interdisons la connaissance, et seront condamnés suivant la rigueur de nos ordonnances.

24. Permettons aux maîtres, lieutenans, et nos procureurs, de visiter les rivières, bannetons, boutiques, et étuis des pêcheurs, et s'ils y trouvent du poisson qui ne soit pas de la longueur et échantillon ci-dessus prescrite, ils feront procès-verbal de la qualité et quantité qu'ils en auront trouvé, et assigneront les pêcheurs, pour répondre du délit, le tout sans frais.

25. Si les officiers des maîtrises trouvent des engins et harnais défendus, ils les feront brûler à l'issue de leur audience, au devant de la porte de leur auditoire, et condamneront les pêcheurs sur qui ils auront été saisis, aux peines ci-devant déclarées, sans les pouvoir modérer, à peine de suspension de leur charges pour un an.

26. Toutes les amendes jugées pour raison des rivières navigables et flottables, et pour toutes nos eaux, seront reçues à notre profit par le sergent collecteur des amendes dans chacune maîtrise ou département, pour lesquelles il en sera usé comme pour celles de nos forêts, et ce qui nous en reviendra sera payé ès mains du receveur, et par lui au receveur-général, comme les autres deniers de sa charge.

TITRE XXXII.

Peines, amendes, restitutions, dommages, intérêts et confiscations.

Art. 1. L'amende ordinaire pour délits commis depuis le lever jusqu'au coucher du soleil, sans feu et sans scie, par personnes privées, n'ayant charges, usage, ateliers ou commerce dans nos forêts, bois et garennes, sera pour la première fois de 4 livres pour chacun pied de tour de chêne, et de tous arbres fruitiers indistinctement, même du châtaigner; 2 liv. 10 s. pour chacun pied de tour, de saule, hêtre, orme, tillot, sapin, charme et frêne; et 1 liv. 10 s. pour pied d'arbre de toute autre espèce vert, en étant sec, ou abattu, et sera le tout pris et mesuré demi-pied près de terre.

2. Ceux

2. Ceux qui auront éhoupé, ébranché et déshonoré des arbres, payeront la même amende au pied Le tour, que s'ils les avaient abattus par le pied.

3. Pour chacune charretée de merrain, bois quarré de sciage, ou de charpenterie, l'amende sera de 80 liv. ; pour la charretée de bois de chauffage, 15 liv. ; pour somme ou charge de cheval ou bourique, 4 liv. ; et pour le fagot ou fouée, 1 liv.

4. Pour étalons, baliveaux, parois, arbres de lisière, et autres arbres de réserve, 5o liv. ; pour pied cornier, marqué de notre marteau, abattu, 100 liv. ; et 200 liv. pour pied cornier arraché et déplacé : réduisons néanmoins l'amende pour baliveaux de l'âge du taillis au-dessous de vingt ans, à 10 liv.

5. Si les délits se trouvent avoir été commis depuis le coucher jusqu'au lever du soleil, par scie ou par feu, soit par les officiers des forêts ou des chasses, arpenteurs, layeurs, gardes, usagers, coutumiers, pâtres, poissonniers, marchands ventiers, leurs facteurs, gardes-ventes, buchérons, charbonniers, charretiers, maîtres de forges et fourneaux, tuiliers, briquetiers, et tous autres employés à l'exploitation des forêts et des ateliers des bois en provenant, l'amende sera double.

7. Demeureront les marchands, maîtres de forges, fermiers, usagers, riverains et autres occupant les maisons, fermes et autres héritages dans l'enclos et à deux lieues de nos forêts, responsables civilement de leurs commis, charretiers, pâtres et domestiques.

8. Et d'autant que les amendes au pied du tour ont été réglées selon la valeur et état des bois de l'année 1518, depuis laquelle ils sont montés à beaucoup plus haut prix, ordonnons que, conformément à l'ordonnance faite par Henri III, en l'année 1588, et aux arrêts et réglemens des mois de septembre 1601, juin 1602, et octobre 1623, les restitutions, dommages et intérêts seront adjugés de tous délits, au moins à pareille somme que portera l'amende.

9. Outre l'amende, restitution, dommages et intérêts, il y aura toujours confiscation de chevaux, bouriques et harnais qui se trouveront chargés de bois de délit, et des scies, haches, serpes, cognées, et autres outils dont les particuliers coupables et complices seront trouvés saisis.

10. Les bestiaux trouvés en délit ou hors des lieux, des routes et chemins désignés, seront pareillement confisqués ; et où les bêtes ne pourraient être saisies, les propriétaires seront condamnés en l'amende, qui sera de 20 liv. pour chaque cheval, bœuf ou vache ; 5 liv. pour chaque veau ; et 3 liv. pour mouton ou brebis ; le double pour la seconde fois, et pour la troisième le quadruple de l'amende, bannissement des forêts contre les pâtres et autres gardes et conducteurs, desquels en tout cas les maîtres, pères, chefs de famille, propriétaires, fermiers et locataires des maisons y résidant demeureront civilement responsables.

11. Il sera procédé sans délai à la vente des bestiaux pris en délit, et confisqués, au plus offrant et dernier enchérisseur, au jour de marché, à leur juste valeur, à la diligence de nos procureurs des maîtrises ; et s'il arrivait que par l'autorité des propriétaires, il ne se trouvât point d'enchérisseurs, nos procureurs en feront dresser procès-verbal par les maîtres ou leurs lieutenans ; et seront les bestiaux par eux envoyés vendre aux marchés des villes où ils trouveront plus à propos pour notre avantage et utilité.

12. Toutes personnes privées coupant ou amassant de jour des herbages, glands ou faînes, de telle nature et âge que ce soit, et les emportant des forêts, boqueteaux, garennes et buissons, seront condamnées pour la première fois à l'amende ; savoir, pour faix à col, 5 liv ; pour charge de cheval ou bourique, 20 liv. ; et pour harnais, 40 liv. ; le double pour la seconde, et la troisième bannissement des forêts, même du ressort de la maîtrise, et en tout cas confiscation des chevaux, bouriques et harnais qui se trouveront chargés.

13. Toutes personnes qui auront coupé, arraché et emporté arbres, branches ou feuillages de nos forêts, bois, et garennes, et des ecclésiastiques, communautés ou particuliers, pour noces, fêtes et confréries, seront punies de l'amende et restitution, dommages et intérêts selon le tour et qualité des bois, ainsi qu'ils le seraient en autre délit.

14. Défendons aux officiers d'arbitrer les amendes et peines, ni les prononcer moindres que ce qu'elles sont réglées par la présente ordonnance, ou les modérer ou changer après le jugement, à peine de répétition contr'eux, de suspension de leurs charges pour la première fois, et de privation en récidive.

15. Ne sera fait don, remise ou modération pour telle cause que ce soit, des amendes, restitutions intérêts et confiscation, avant qu'elles soient jugées, ni après, pour quelque personne que ce puisse être.

18. Les amendes et peines pour les omissions et délits des officiers, marchands, usagers et coutumiers, maîtres des fours, forges et fourneaux, d'ateliers et maisons, fermiers, adjudicataires, riverains, communautés, pâtres et autres ayant direction, usage, commerce et entrée dans les forêts, seront reçues par le sergent collecteur des amendes de chacune maîtrise, et les condamnations et rôles exécutés en la forme et manière prescrites par les différens chapitres de la présente ordonnance, et les condamnés contraints au paiement par toutes voies, même par emprisonnement de leurs personnes.

19. Les collecteurs des amendes seront tenus d'émarger leurs rôles de ce qu'ils recevront, et en outre d'en donner quittance, sur peine de restitution du quadruple des sommes dont ils n'auront donné quittance.

20. Demeurera le collecteur responsable des amendes, restitutions, intérêts et confiscations contenues aux rôles, faute par lui, dans trois mois après qu'ils lui auront été délivrés, de justifier des exploits de perquisitions d'insolvabilité des débiteurs, et de diligences suffisantes et valables.

24. Aura le collecteur des amendes deux sous pour livre pour ses taxations du recouvrement et recette actuelle qu'il fera.

25. Les amendes ne pourront être prescrites que par dix ans, nonobstant tous usages et coutumes contraires.

26. S'il arrivait que les officiers fussent convaincus d'avoir commis supposition ou fraude dans leurs rapports et procédures, ils seront condamnés au quadruple, privés de leurs charges, bannis des forêts, et punis corporellement comme fauteurs et prévarica

teurs, et les gardes qui auront fait le rapport, envoyés aux galères perpétuelles, sans aucune modération.

28. Toutes amendes, restitutions, dommages et intérêts, et confiscations, seront adjugées ès eaux et bois des ecclésiastiques, commanderies, maladeries, hôpitaux, communautés et particuliers, et les condamnés et redevables exécutés en la même manière que pour celles qui auront été prononcées sur le fait de nos eaux et forêts.

Loi du 29 Septembre 1791.

TITRE PREMIER.

Des bois soumis au régime forestier.

Art. 1. Les forêts et bois dépendant du ci-devant domaine de la couronne et des ci-devant apanages, ceux ci-devant possédés par les bénéficiers, corps et communautés ecclésiastiques, séculiers ou réguliers, et généralement tous les bois qui font ou pourront faire partie du domaine national, seront l'objet d'une administration particulière.

2. Les bois tenus du ci-devant domaine de la couronne, à titre de concession ou engagement, usufruit ou autre titre révocable, seront soumis à la même administration.

3. Les bois possédés en grurie, grairie, segrairie, tiers et danger ou indivis entre la nation et des communautés, y seront pareillement soumis.

4. Les bois appartenant aux communautés d'habitans, seront soumis à ladite administration, suivant ce qui sera déterminé.

5. Il en sera de même des bois possédés par les maisons d'éducation et de charité, par les établissemens de main-morte étrangers, et par l'ordre de Malte.

6. Les bois appartenant aux particuliers cesseront d'y être soumis, et chaque propriétaire sera libre de les administrer et d'en disposer à l'avenir comme bon lui semblera.

TITRE II.

Organisation de l'administration forestière.

Art. 1. Il y aura une administration centrale, sous le titre de *conservation* générale des forêts; ses membres seront au nombre de 5, et auront le titre de *commissaires de la conservation générale.*

2. Les commissaires de la conservation n'agiront qu'en vertu de délibération prise en commun, à la pluralité des suffrages, et tiendront registre de leurs délibérations, qui seront signées par les membres présens à chaque séance.

3. Ils nommeront leur président annuellement, et le même membre ne pourra être réélu qu'après un an d'intervalle.

4. Il y aura un secrétaire attaché à la conservation, lequel sera chargé de tenir les registres des délibérations, de signer les expé-

ditions , et du dépôt des papiers , sous les précautions qui seront jugées convenables.

5. Il y aura sous les ordres de la conservation générale , un nombre de conservateurs proportionné à l'étendue et à la distance relative des forêts ; dans les départemens où ils seront employés.

6. Il sera établi sous chaque conservateur un nombre suffisant d'inspecteurs , déterminé sur les mêmes bases.

7. Il sera établi sous chaque inspecteur le nombre de gardes nécessaire à la conservation des bois.

8. Le nombre et la répartition des préposés de la conservation générale , seront fixés par un décret particulier , sauf les changemens qui pourront être faits dans la suite , après avoir pris l'avis des commissaires.

9. En attendant le bornage général des bois et des coupes en dépendant , il y aura dans chaque division forestière un nombre suffisant d'arpenteurs attachés au service de la conservation.

10. Il y aura auprès des conservateurs une ou plusieurs places d'élèves , lesquels travailleront sous leurs ordres pour acquérir les connaissances propres à être admis aux emplois : le nombre en sera déterminé par la conservation générale.

11. Lorsqu'un élève aura trois ans d'activité et l'âge qui sera ci-après fixé , il pourra lui être délivré une commission de suppléant , en vertu de laquelle il sera susceptible de remplir les fonctions des inspecteurs , lorsqu'il sera délégué à cet effet.

12. Les préposés de la régie d'enregistrement dans chaque district , seront chargés du recouvrement des produits , pour en faire le versement , ainsi que des autres deniers de leur recette.

13. Les corps administratifs rempliront les fonctions de surveillance et autres qui leur sont déléguées.

T I T R E   I I I.

Nomination aux emplois , incompatibilité et révocation.

Art. 1. Tous les agens de l'administration forestière devront être âgés de vingt-cinq ans accomplis , avoir prêté le serment civique , être instruits des lois concernant le fait de leur emploi , et avoir les connaissances forestières nécessaires.

2. Les commissaires de la conservation générale seront nommés parmi les personnes ayant le plus de connaissances dans l'administration des forêts. À l'avenir , ils seront pris parmi les conservateurs ; et à compter du premier janvier 1797 , parmi ceux qui auront au moins cinq ans d'exercice en cette qualité.

3. La conservation générale nommera son secrétaire et les employés des bureaux.

4. Les conservateurs seront nommés entre trois sujets qui seront présentés par la conservation générale , et qui , pour cette fois et jusqu'au premier janvier 1797 , seront pris parmi les sujets les plus expérimentés dans la matière forestière : après cette époque , il ne pourra être présenté pour les places de conservateurs , que des inspecteurs ayant au moins cinq ans d'exercice en cette qualité.

5. La conservation générale nommera à toutes les autres places, sauf ce qui sera statué relativement aux gardes des bois mentionnés aux titres 10, 12 et 13.

6. A compter du premier janvier 1797, les inspecteurs ne pourront être nommés que parmi les élèves ayant au moins trois ans d'activité, et ils devront connaître les règles et la pratique de l'arpentage. Jusqu'à cette époque, la conservation générale dirigera ses choix comme il est dit dans l'article 4, et pourra donner des commissions de suppléant hors la classe des élèves.

7. Les gardes seront nommés parmi des personnes domiciliées dans le département où ils seront employés, ou parmi d'anciens militaires ; la conservation générale s'assurera de leur capacité, et ils devront produire un certificat de bonne conduite, délivré par le directoire de leur district.

8. Les gardes actuellement en place continueront leurs fonctions, sauf les changemens qui seront jugés nécessaires dans la distribution de leur service.

9. Les gardes, après cinq ans d'exercice, seront susceptibles d'être nommés aux places d'inspecteurs, comme les élèves, lorsqu'ils réuniront les connaissances requises.

10. Immédiatement après la nomination des commissaires de la conservation générale, le gouvernement en donnera connaissance au corps législatif ; le ministre donnera connaissance de celle des conservateurs, aux départemens dans lesquels ils devront exercer leurs fonctions ; et la conservation générale donnera, tant aux départemens qu'aux districts, l'état des inspecteurs et des gardes qui exerceront dans leurs arrondissemens : elle fera pareillement connaître aux municipalités les gardes qui devront exercer dans leur territoire.

11. Les agens de la conservation fourniront des cautionnemens en immeubles ; savoir, les commissaires jusqu'à concurrence de 40,000 livres, les conservateurs jusqu'à concurrence de 20,000 liv., les inspecteurs jusqu'à concurrence de 6,000 livres, les arpenteurs jusqu'à concurrence de 2,000 livres, et les gardes jusqu'à concurrence de 300 livres.

12. Les divers agens de la conservation prêteront serment devant le tribunal de district de leur résidence, de remplir avec exactitude et fidélité les fonctions qui leur seront confiées ; ils seront tenus de représenter au tribunal l'acte de leur nomination, celui de leur cautionnement, leur extrait de naissance et l'acte de leur serment dans le grade qu'ils auront dû remplir auparavant, ou leur commission d'élève ; s'il s'agit de passer à des fonctions de suppléant ou à la place d'inspecteur, les commissaires du gouvernement seront préalablement ouïs.

13. Toutes les places de la conservation forestière seront incompatibles avec celles de membres des corps administratifs, des municipalités et des tribunaux ; et ceux qui pourront être nommés à ces différentes places, seront tenus d'opter.

16. Nul agent de la conservation ne pourra tenir hôtellerie ni auberge, vendre des boissons en détail, faire le commerce des bois, ni exercer ou faire exercer aucun métier à bois, directement ni indirectement, à peine de destitution.

15. Nul propriétaire ou fermier de forges, fourneaux, verreries

E 3

ou autres usines à feu, ni les associés ou cautions des baux d'aucune de ces usines, ne pourront obtenir ni exercer aucune place dans la conservation forestière.

16. Un inspecteur ne pourra être employé sous un conservateur, son parent ou allié en ligne directe, ou au degré de frère ou d'oncle et neveu : il en sera de même des gardes relativement aux inspecteurs.

17. Toutes les places de la conservation seront à vie, et néanmoins les employés pourront être révoqués ainsi qu'il va être déterminé.

18. La révocation des commissaires et des conservateurs ne pourra être faite que par le *gouvernement*, sur l'avis de la conservation générale; les autres préposés, ainsi que les gardes de tous les bois soumis au régime forestier, pourront être révoqués par une simple délibération de ladite conservation. Les membres présens à la délibération ne pourront être moins de quatre.

19. Les conservateurs pourront provisoirement suspendre les gardes de leurs fonctions, et commettre à leur remplacement, à la charge d'en donner incessamment avis à la conservation générale pour statuer définitivement.

TITRE IV.

Fonctions des gardes.

Art. 1. Les gardes résideront dans le voisinage des forêts et triages confiés à leur garde; le lieu de leur résidence sera indiqué par le conservateur de l'arrondissement.

2. Ils seront tenus de faire des visites journalières dans l'étendue de leur garde, pour prévenir et constater les délits et reconnaître les délinquans.

3. Ils dresseront jour par jour des procès-verbaux de tous les délits qu'ils reconnaîtront.

4. Ils spécifieront dans leurs procès-verbaux le jour de la reconnaissance et le lieu du délit, les personnes et le nombre des délinquans, lorsqu'ils seront parvenus à les connaître; l'essence et la grosseur des bois coupés ou enlevés, les instrumens, voitures et attelages employés, la qualité et le nombre des bestiaux en délit, et généralement toutes les circonstances propres à faire connaître les délits et les délinquaus.

5. Ils suivront les bois de délit dans les lieux où ils auront été transportés, et les mettront en séquestre, mais ils ne pourront s'introduire dans les ateliers, bâtimens et cours adjacentes, qu'en présence d'un officier municipal, ou par autorité de justice.

6. Ils séquestreront, dans le cas fixé par la loi, les bestiaux trouvés en délit, ainsi que les instrumens, voitures et attelages des délinquans.

7. Ils signeront leurs procès-verbaux, et les affirmeront dans les vingt-quatre heures, pardevant le juge de paix du canton de leur domicile, et, à son défaut, pardevant l'un de ses assesseurs.

8. Lorsqu'un procès-verbal de séquestre aura été fait en présence d'un officier municipal, ledit officier y sera dénommé, et le garde prendra sa signature avant l'affirmation, à moins que

ledit officier ne sache ou ne veuille signer ; et alors il en sera fait mention.

9. Lorsqu'un garde aura saisi des bestiaux, instrumens, voitures ou attelages, il les mettra en séquestre dans le lieu de la résidence du juge de paix ; et aussi-tôt après l'affirmation de son procès-verbal, il en sera fait une expédition, qui demeurera entre les mains du greffier, pour en être donné communication à ceux qui réclameront les objets saisis.

10. Les gardes auront un registre d'ordre qui leur sera délivré par la conservation générale, et qu'ils feront coter et parapher à chaque feuillet par le président du directoire de leur district, sur lequel ils transcriront régulièrement leurs procès-verbaux selon leur date ; ils signeront chaque transcription, et inscriront en marge du procès-verbal le folio de son enregistrement.

11. Ils feront parvenir leurs procès-verbaux dûment affirmés, à leur inspecteur, au plus tard dans la huitaine de leur date, et inscriront en marge de la transcription sur leur registre, la date de l'affirmation et de l'envoi.

12. Ils constateront régulièrement, sur le même registre, les chablis ou arbres abattus par les vents dans l'étendue de leur garde, et en donneront avis à leur inspecteur. Ils veilleront à la conservation desdits arbres, ainsi qu'à celle de tous bois gisant dans les forêts.

13. Ils assisteront, à toute réquisition, les préposés de la conservation dans leurs fonctions, ainsi que les commissaires des corps administratifs dans les visites qu'ils feront dans les forêts ; ils exhiberont leurs registres, et signeront, lorsqu'ils en seront requis, les procès-verbaux qui seront dressés, ou diront la cause de leur refus.

14. En cas d'empêchement par maladie, les gardes en donneront avis à l'inspecteur, au plus tard dans les trois jours, pour faire suppléer à leur service par les gardes voisins, qui seront tenus de se conformer aux ordres qui leur seront donnés pour cet effet.

15. Les gardes ne pourront s'absenter du lieu de leur service sans nécessité, et sans la permission de l'inspecteur ; cette permission ne pourra être donnée au-delà de huit jours, que par le conservateur. Il sera suppléé au service de l'absent, comme il est dit dans l'article précédent.

TITRE V.

Fonctions des inspecteurs.

Art. 1. Les inspecteurs seront tenus de résider dans les districts où ils exerceront leurs fonctions, au lieu qui leur sera indiqué par la conservation générale.

2. Ils veilleront à l'exactitude du service des gardes, et feront suppléer ceux qui se trouveront empêchés ou absens.

3. Ils visiteront chaque mois les bois de leur inspection, et réitéreront leurs visites toutes les fois qu'il sera nécessaire.

4. Ils se feront accompagner de proche en proche, dans leurs visites, par les gardes, dont ils se feront représenter les registres :

ils vérifieront l'état des forêts , et en rendront compte, ainsi que de l'état des bornes et clôtures ; ils constateront les délits et accidens que les gardes auraient négligé de constater, pour les en rendre responsables.

5. Ils vérifieront spécialement les coupes et exploitations , rendront compte de leur état , et constateront les malversations qui pourraient y être commises.

6. Ils dresseront, lors de chaque visite , l'état exact des chablis et arbres de délit qui auront été reconnus.

7. Ils constateront annuellement l'état des glandées, et donneront leur avis sur le nombre des porcs qu'ils estimeront pouvoir être mis en panage dans les forêts.

8. Ils procéderont, chacun dans leur inspection, à l'assiette des coupes , conformément aux ordres que le conservateur leur transmettra de la part de la conservation générale.

9. Ils feront les balivages et martelages des ventes assises; pour cet effet , ils auront chacun un marteau particulier qui leur sera remis par la conservation générale, et dont ils déposeront l'empreinte, tant au secrétariat de leur département, qu'au secrétariat des directoires et au greffe des tribunaux de leurs districts respectifs (*).

10. L'inspecteur local procédera aux balivage et martelage, conjointement avec un autre inspecteur qui sera délégué à cet effet. Les deux préposés marqueront, chacun de leur marteau , les arbres qui devront l'être , sauf les baliveaux de l'âge des taillis , qui pourront n'être marqués que d'un seul marteau.

11. Les inspecteurs rempliront les formalités nécessaires pour parvenir aux ventes ; ils assisteront les conservateurs lors des adjudications, et les suppléeront lorsqu'ils en seront chargés.

12. Ils assisteront les conservateurs dans leurs opérations de recolement. Lorsque le conservateur ne vaquera pas auxdites opérations, l'inspecteur qui sera délégué pour le remplacer , sera pareillement assisté de l'inspecteur local.

13. Les inspecteurs rempliront les autres fonctions forestières qui leur seront déléguées par la conservation générale.

14. Ils dresseront des procès-verbaux particuliers de leurs visites et opérations.

15. Ils auront des registres qui leur seront délivrés par la conservation générale , et qu'ils feront coter et parapher par le président du directoire de leur district; ils y enregistreront leurs différens procès-verbaux par ordre de date. L'inspecteur local sera chargé de l'enregistrement des procès-verbaux de balivage, ainsi que de ceux de récolement ; ils signeront leurs enregistremens , et en rapporteront le folio en marge des procès-verbaux.

16. Ils auront des registres différens ; savoir , un pour ce qui regarde les bois nationaux actuellement possédés par l'état, ou concédés à titre révocable , un second pour les bois indivis , et un troisième pour les autres bois soumis au régime forestier.

17. Ils adresseront leurs procès-verbaux de visite de chaque mois à leur conservateur, dans la première quinzaine du mois

---

(*) Actuellement aux secrétariats des préfecture et sous-préfecture, et au greffe du tribunal de première instance.

suivant, et en adresseront en même tems une copie certifiée au directoire de leur district.

18. Ils déposeront les plans et procès-verbaux d'assiettes, balivage et récolement, au secrétariat du directoire du district, dans la quinzaine après la clôture des opérations, et en enverront préalablement copie certifiée aux conservateurs. Ils inscriront en marge de leurs enregistremens, la mention et la date des envois énoncés dans les deux articles précédens.

19. Les inspecteurs se chargeront sur un registre particulier, également coté et paraphé, de la réception des procès-verbaux qui leur seront envoyés ou remis par les gardes, et ils en feront mention sur les procès-verbaux.

20. Les inspecteurs seront tenus d'assister leurs supérieurs en fonctions, à toute réquisition, ainsi que les commissaires des corps administratifs, dans les descentes et vérifications que lesdits commissaires pourront faire dans l'étendue de l'inspection; ils seront tenus de leur exhiber leurs registres, s'ils en sont requis, et de signer de même les procès-verbaux qui seront dressés, ou d'exprimer la cause de leur refus.

21. Si les inspecteurs ne pouvaient vaquer à leurs fonctions pour cause de maladie, ils en donneront avis au conservateur, pour être remplacés par d'autres inspecteurs, ou par des suppléans, lesquels seront tenus de se conformer aux ordres qu'ils recevront.

22. Ils ne pourront s'absenter de leur arrondissement sans cause légitime, et ne pourront le faire plus de huit jours sans la permission du conservateur, et plus de vingt jours sans celle de la conservation générale; il sera suppléé à leur absence comme il est dit en l'article précédent.

T I T R E   V I.

Fonctions des conservateurs.

Art. 1. Les conservateurs feront leur résidence dans l'un des chefs-lieux de département de leur arrondissement, qui sera indiqué par la loi (*).

2. Ils surveilleront avec exactitude le service des préposés de cet arrondissement, et feront suppléer ceux qui ne pourront pas vaquer à leurs fonctions.

3. Ils correspondront avec la conservation générale, l'instruiront de l'ordre et de l'exactitude du service, ainsi que de tout ce qui pourra intéresser la conservation, l'exploitation et l'amélioration des bois, et transmettront et exécuteront les ordres qu'ils en recevront.

4. Ils feront au moins une visite générale par année dans l'étendue de leur arrondissement, et y feront des visites particulières toutes les fois que le bien du service l'exigera.

5. Ils se feront accompagner dans leurs visites par les inspecteurs et par les gardes, de proche en proche; ils examineront leurs registres, qu'ils se feront représenter, ainsi que les procès-

---

(*) L'arrêté du 6 pluviôse an 9, qui se trouve à la fin du présent article, détermine cette résidence.

verbaux des gardes ; ils vérifieront l'état des forêts, bornages et clôtures, les délits commis dans l'intervalle d'une tournée à l'autre, l'état particulier des assiettes, balivages et martelages, coupes et exploitations, et s'assureront si les réglemens sont observés, et si les délits, abus ou malversations ont été dûment constatés par les gardes et par les inspecteurs, chacun pour ce qui les concerne.

6. Ils rendront compte de leurs vérifications, et constateront exactement les délits, malversations, contraventions ou négligences qu'ils reconnaîtront.

7. Ils donneront aux préposés qui leur sont subordonnés tous les avis qu'ils jugeront bons être, et dans le cas où ils les trouveront en malversation ou négligence, ils en instruiront incessamment la conservation générale, pour aviser au parti convenable.

8. Les conservateurs, en procédant à leurs visites, feront l'examen, et rendront compte des changemens de coupes et aménagemens, des coupes extraordinaires, des travaux de recepage, repeuplement, desséchement ou vidange, et des autres améliorations dont les forêts leur paraîtront susceptibles ; ils s'informeront et rendront pareillement compte du prix des bois dans les principaux lieux de chaque département.

9. Ils vérifieront et indiqueront les cantons défensables dans les pâturages, et en feront publier la déclaration dans les communautés usagères.

10. Les conservateurs, à la suite de leurs visites, indiqueront aux inspecteurs l'assiette des coupes de l'année suivante, conformément aux ordres qn'ils auront reçus de la conservation générale.

11. Ils auront un marteau particulier qui leur sera remis par la conservation générale, duquel ils déposeront l'empreinte tant au secrétariat des directoires de département qu'au secrétariat des directoires et au greffe des tribunaux de district dans l'étendue de leur arrondissement, pour s'en servir dans les opérations qui le requerront.

12. Ils donneront les ordres nécessaires pour les balivages et martelages, et commettront l'inspecteur qui y procédera avec l'inspecteur local ; ils feront procéder auxdites opérations en leur présence, lorsque le bien du service l'exigera.

13. Ils indiqueront le jour des adjudications ; ils en préviendront les directoires du département et du district où les coupes seront assises, et donneront les ordres nécessaires pour les affiches et publications.

14. Ils dresseront les cahiers des charges et conditions des adjudications, et en feront remettre copie au secrétariat du district où elles devront être passées, pour que les marchands et enchérisseurs puissent en prendre connaissance ; ils feront viser lesdits cahiers par le procureur-syndic et par un membre du directoire du district.

15. Ils assisteront aux enchères et adjudications, et ne laisseront allumer les feux que lorsque la mise à prix leur paraîtra se rapprocher de la valeur des bois à adjuger.

16. Ils feront incessamment procéder aux adjudications des chablis et arbres de délit gisant dans les forêts, ou saisis sur les délinquans, et à celle des panages et glandées.

17. Ils pourront commettre les inspecteurs de leur arrondisse-

ment pour les adjudications énoncées en l'article précédent et autres semblables menus marchés, mais ils ne pourront être substitués pour les ventes ordinaires ou extraordinaires que par commission de la conservation générale, hors les cas pressans de nécessité, où ils pourront se faire suppléer par l'inspecteur local.

18. Ils feront, antant qu'ils le pourront, les récolemens des ventes usées, assistés de l'inspecteur local qui aura fait l'assiette ; et lorsqu'ils n'y vaqueront pas, ils commettront l'inspecteur qui devra les remplacer, ainsi que l'arpenteur qui sera chargé des opérations des réarpentages au nom de la conservation générale.

19. Ils seront tenus de commettre, pour le récolement, un autre inspecteur que celui qui aura assisté l'inspecteur local lors des balivage et martelage, et ils commettront pareillement, pour le réarpentage, un autre arpenteur que celui qui aura procédé à l'assiette.

20. Les conservateurs donneront leur consentement à la délivrance des congés de cour ou décharges d'exploitation, lorsqu'ils trouveront que les adjudicataires auront satisfait à leurs obligations.

21. Ils vaqueront à toutes les commissions particulières dont ils seront chargés par la conservation générale.

22. Ils dresseront des procès-verbaux circonstanciés des visites et opérations dont ils sont chargés.

23. Ils auront, pour chaque département, des registres qui leur seront remis par la conservation générale ; ils les feront coter et parapher par le président du directoire du département ; ils y enregistreront leurs procès-verbaux par ordre de date, et rapporteront en marge de chaque procès-verbal le folio de son enregistrement. Ces registres seront au nombre de trois, ainsi qu'il est dit en l'article 16 du titre précédent.

24. Ils adresseront, tous les trois mois, à la conservation générale, les résultats des visites des inspecteurs de leurs arrondissemens, avec l'état des ventes de chablis et arbres de délit qui auront eu lieu d'un trimestre à l'autre, et feront partiellement les mêmes expéditions au directoire de chaque département.

25. Au plus tard, dans les deux mois de la clôture de leurs visites, les conservateurs en adresseront les procès-verbaux à la conservation générale, et en expédieront des copies certifiées aux directoires de département, pour ce qui concernera chacun d'eux. Ils inscriront la date de ces envois en marge des enregistremens prescrits par l'article précédent. ∗

26. Dans le mois de la clôture des adjudications, ils en dresseront l'état, contenant l'indication et la contenance des coupes, la quantité des arbres vendus ou réservés, les nom, surnom et demeure des adjudicataires, avec le montant du prix des ventes, et les termes dans lesquels il doit être payé. Ils adresseront un double certifié de cet état, à la conservation générale, et un pareil double à chaque directoire de département, pour ce qui le concernera.

27. Incessamment après les récolemens, ils dresseront l'état des surmesures ou défauts de mesures qui se seront trouvés dans les ventes, et en enverront expédition certifiée, tant à la conservation générale qu'aux directoires de département et de district, et aux préposés chargés des recouvremens, chacun pour ce qui le concerne.

28. Ils assisteront, lorsqu'ils en seront requis, les commissaires de la conservation générale dans l'exercice de leurs fonctions, ainsi que les commissaires des administrations de département, dans les descentes et visites qu'ils feront dans les forêts du département; ils signeront de même, s'ils en sont requis, les procès-verbaux qui seront dressés, ou exprimeront la cause de leur refus.

29. Ils ne pourront s'absenter sans cause légitime, et qu'en vertu d'une permission de la conservation générale.

TITRE VII.

Fonctions des commissaires de la conservation générale.

Art 1. Les commissaires de la conservation seront tenus à la résidence, sauf les tournées et inspections générales dont il sera ci-après parlé.

2. Ils veilleront à l'exécution des lois forestières et à l'exactitude du service dans toutes les parties; ils donneront, pour cet effet tous les ordres et commissions nécessaires.

3. La conservation générale déléguera annuellement un ou deux de ses membres, pour faire, ensemble ou séparément, les visites et tournées qui seront jugées convenables.

Ces tournées auront pour objet tout ce qui peut intéresser l'exactitude et la fidélité du service, et l'avantage des propriétés forestières; elles auront lieu pendant quatre mois chaque année, et plus lorsqu'il sera nécessaire.

4. Les commissaires de la conservation se feront accompagner dans leurs tournées par tels préposés sur les lieux que bon leur semblera, sans nuire à l'activité du service.

5. Ils vérifieront spécialement les sujets de plaintes qui auront été adressés à la conservation, ou qui leur seront portés sur les lieux; ils recevront les renseignemens des corps administratifs, qui pourront, quand ils le jugeront à propos, nommer des commissaires pris dans leur sein pour être présens à leurs visites et opérations, et leur faire telles observations et réquisitions qu'ils jugeront convenables.

6. Ils dresseront des procès-verbaux circonstanciés de leurs visites, qu'ils remettront sous les yeux de la conservation à leur retour. Si, dans le cours de leurs tournées, ils reconnaissaient des malversations ou des opérations vicieuses, ils en référeront sur-le-champ à la conservation, pour ordonner ce qu'elle jugera convenable; et cependant ils pourront provisoirement suspendre la suite desdites opérations.

7. La conservation générale ordonnera annuellement les coupes qui devront avoir lieu dans les divers départemens de la république, conformément aux aménagemens ou à l'ordre existant. La quantité desdites coupes, dans chaque département, sera mise sous les yeux du corps législatif, avec un aperçu des produits présumés.

8. La conservation examinera et proposera les changemens qui lui paraîtront utiles dans l'ordre des coupes ou aménagemens; et

lorsque lesdits changemens auront été approuvés par le corps législatif, elle sera tenue de s'y conformer.

9. Si, pendant l'intervalle des sessions du corps législatif, il survenait des besoins imprévus de bois de construction ou de chauffage qui exigeassent des coupes extraordinaires, la conservation pourra y pourvoir, de l'ordre spécial du pouvoir exécutif, et il en sera rendu compte à la prochaine session de la législature.

10. La conservation proposera chaque année les projets du bornage, clôture, recepage, repeuplement, desséchement, vidange et autres travaux nécessaires ou utiles à l'amélioration des bois; elle joindra à ses projets l'état des dépenses par aperçu, et fera exécuter les travaux lorsqu'ils auront été décrétés par le corps législatif.

11. Elle dressera pareillement chaque année l'état des produits effectifs des coupes et adjudications de l'année précédente, l'état de situation des travaux en activité, et celui des dépenses ordinaires et extraordinaires qui auront eu lieu : ces différens états seront remis sous les yeux du corps législatif.

12. Il sera remis de même chaque année, sous les yeux du corps législatif, le résultat des visites des conservateurs, et un double des procès-verbaux de visite des commissaires de tournée.

13. Les commissaires de la conservation générale ne pourront s'absenter sans un congé de la conservation, approuvé par le ministre; ils ne pourront être moins de trois présens aux délibérations ordinaires.

T I T R E   V I I I.

Fonctions des corps administratifs et des municipalités, relativement à l'administration forestière.

Art. 1. Les corps administratifs et les municipalités sont chargés, chacun dans leur territoire et selon l'ordre de leur institution, de veiller à la conservation des bois, et de fournir main-forte pour cet effet, lorsqu'ils en seront requis par les préposés de la conservation.

2. Les officiers municipaux assisteront, sur les réquisitions qui leur en seront faites, aux perquisitions des bois de délit dans les ateliers, bâtimens et enclos adjacens où lesdits bois auraient été transportés.

3. Les corps administratifs pourront, quand bon leur semblera, visiter les bois nationaux et autres soumis au régime forestier, dans l'étendue de leur territoire, pour s'assurer de l'exactitude et de la fidélité des préposés, dresser des procès-verbaux, et les envoyer avec leurs avis et observations, soit à la conservation générale, soit au pouvoir exécutif ou au corps législatif, pour prendre les mesures qui seront jugées convenables.

4. Les directoires de district de la situation des bois, procéderont aux adjudications des ventes, ainsi qu'à celles des travaux relatifs à l'entretien ou amélioration desdits bois, et ils pourront commettre les municipalités des lieux pour les menus marchés dont le montant ne paraîtra pas devoir s'élever au-dessus de la somme

de 200 livres : quant aux adjudications des travaux qui s'étendront dans plusieurs districts , il y sera procédé par-devant le directoire du département.

5. Les directoires qui auront procédé aux adjudications , recevront les cautions et certificateurs de cautions des adjudicataires , en présence et du consentement du procureur-syndic et du préposé de la régie des droits d'enregistrement , chargés du recouvrement. Quant aux adjudications pour lesquelles les municipalités auraient été commises , les cautions et leurs certificateurs seront reçus du consentement du procureur de la commune.

6. Les directoires de district accorderont les congés de cour ou décharges d'exploitation , d'après le consentement des conservateurs , et en dresseront acte au bas des procès-verbaux de récolement déposés en leurs secrétariats.

TITRE IX.

De la poursuite des actions forestières.

Art. 1. La poursuite des délits et malversations commis dans les bois nationaux , et des contraventions aux lois forestières , sera faite au nom et par les agens de la conservation générale.

2. Les actions seront portées immédiatement devant les tribunaux du district de la situation des bois.

3. Néanmoins les juges de paix pourront donner main-levée provisoire des bestiaux , instrumens , voitures et attelages séquestrés par les gardes dans leur territoire , en exigeant bonne et suffisante caution jusqu'à concurrence de la valeur des objets saisis , et en faisant satisfaire aux frais de séquestre.

4. Si les bestiaux saisis n'étaient pas réclamés dans les trois jours de la séquestration , lesdits juges en ordonneront la vente à l'enchère , au marché le plus voisin , après en avoir fait afficher le jour vingt-quatre heures à l'avance ; et les deniers de la vente resteront déposés entre les mains de leur greffier , sous la déduction desdits frais de séquestre , qui seront modérément taxés.

5. Les inspecteurs seront chargés de la poursuite des délits constatés par les procès-verbaux des gardes.

6. Les conservateurs seront chargés de la poursuite des malversations dans les coupes et exploitations , et de celle des contraventions aux lois forestières.

7. Les actions auxquelles pourra donner lieu la responsabilité des agens de la conservation , seront poursuivies par elle.

8. Les actions en réparation de délits seront intentées , au plus tard , dans les trois mois où ils auront été reconnus , lorsque les délinquans seront désignés par les procès-verbaux ; à défaut de quoi elles seront éteintes et prescrites. Le délai sera d'un an , si les délinquans n'ont pas été connus.

9. Il sera donné copie des procès-verbaux aux prévenus ; les assignations indiqueront le jour fixe de l'audience , qui sera la première après la huitaine ; et faute , par les assignés , de comparaître au jour indiqué , il sera statué par défaut , sans autre délai ni formalité.

10. Les oppositions aux jugemens rendus par défaut, ne seront reçues que pendant la huitaine, à dater de leur signification, et à la charge par les opposans de se présenter à la première audience après leur opposition, sans autre formalité.

11. L'instruction sera faite à l'audience; il ne pourra être fourni que de simples mémoires sans frais, sauf les cas où il s'éleverait des questions de propriété.

12. Si dans une instance en réparation de délit, il s'élève une question incidente de propriété, la partie qui en excipera, sera tenue d'appeler le procureur-général-syndic du département de la situation des bois, et de lui fournir copie de ses pièces dans la huitaine du jour où elle aura proposé son exception; à défaut de quoi il sera provisoirement passé outre au jugement du délit, la question de propriété demeurant réservée.

13. Les procès-verbaux feront preuve suffisante dans tous les cas où l'indemnité et l'amende n'excéderont pas la somme de cent livres, s'il n'y a pas inscription de faux, ou s'il n'est pas proposé de cause valable de récusation (*).

14. Si le délit est de nature à emporter une plus forte condamnation, le procès-verbal devra être soutenu d'un autre témoignage.

15. Les procès-verbaux des inspecteurs et des autres préposés de la conservation générale, ne seront pas soumis à l'affirmation (**).

16. S'il y a appel des jugemens obtenus par les préposés de la conservation, il lui en sera incessamment rendu compte; et cependant le préposé qui aura agi en première instance, proposera, s'il y a lieu, les exclusions réservées aux intimés par la loi sur l'organisation judiciaire, et défendra sur l'appel en attendant l'avis de la conservation.

17. Les préposés de la conservation ne pourront interjeter eux-mêmes aucun appel sans son autorisation; et après cette autorisation, l'appel sera suivi par le préposé qui aura fait les poursuites de première instance.

18. Il en sera usé pour les cas de requête civile comme pour les instances d'appel.

19. Aucun préposé ne pourra se désister de ses poursuites ni acquiescer à aucune condamnation prononcée contre la conservation générale, sans son autorisation.

20. Les instances en cassation seront instruites et jugées avec la conservation générale.

21. Les frais seront avancés par chacun des préposés chargés de la poursuite, et leur seront remboursés comme il sera dit ci-après.

22. Les registres des agens de la conservation ne seront pas sujets au timbre (***). Leurs procès-verbaux et les actes de procédures faits à leur diligence, ainsi que les jugemens par eux obtenus, seront soumis à l'enregistrement; mais les droits ne seront portés en recette que pour mémoire, sauf à les comprendre dans les dépens auxquels les délinquans seront condamnés.

(*) *Voyez*, sous le mot CHASSE, l'article 10 de la loi du 30 avril 1790.

(**) La loi du 3 thermidor an 4 a dérogé à cet article. (*Voyez* AFFIRMATION).

(***) L'article 24 de la loi du 13 brumaire an 7, bulletin 237, numéro 2136, fait défenses aux juges de prononcer aucun jugement, et aux administrations publiques de prendre aucun arrêté sur un registre non écrit sur papier timbré.

23. Lorsque les jugemens obtenus au nom de la conservation auront été signifiés, ils seront remis au receveur du droit d'enregistrement, pour faire le recouvrement des condamnations prononcées.

24. Le même receveur remboursera les frais avancés par les préposés de la conservation, ainsi que ceux qui pourraient être adjugés contre elle d'après la liquidation qui en aura été faite par le tribunal.

25. Chaque mois, les inspecteurs enverront aux conservateurs et au directoire de leur district, l'état des procès-verbaux qui leur auront été remis par les gardes, dans l'intervalle d'un mois à l'autre, avec celui des poursuites qu'ils auront faites et des jugemens qui auront été rendus ; et lorsqu'ils laisseront des procès-verbaux sans poursuites, ils en exprimeront les motifs.

26. Tous les trois mois, les conservateurs dresseront l'état des procès-verbaux, poursuites et jugemens qui auront eu lieu dans leur arrondissement, et adresseront ces états, tant à la conservation générale qu'au directoire des départemens pour ce qui les concernera.

27. Il sera annuellement rendu compte au corps législatif des frais de poursuite occasionnés par les délits, malversations ou contraventions, et des recouvremens qui auront eu lieu.

TITRE X.

De l'administration des bois nationaux, ci-devant aliénés à titre de concession, douaire, engagement, usufruit ou échange non consommé.

Art. 1. Les bois énoncés au présent titre, seront régis par la conservation générale, ainsi que les autres bois nationaux, sous les seules restrictions ci-après.

2. Les possesseurs auront la nomination des gardes, à la charge de les choisir parmi les personnes ayant les qualités requises par l'article premier du titre 3 ; mais leur choix devra être confirmé par la conservation générale, et ils ne pourront les destituer sans son consentement spécial.

3. Les directoires de département, sur la réquisition de la conservation générale, et sous la surveillance du pouvoir exécutif, régleront au besoin le nombre des gardes nécessaires à la conservation desdits bois, et le traitement qui devra leur être fourni par les possesseurs.

4. A défaut, par lesdits possesseurs, de choisir des sujets capables de remplir les places de gardes dans la quinzaine où elles seront vacantes, la nomination sera déférée à la conservation.

5. Il est réservé auxdits possesseurs de vendre, gré à gré, exploiter ou faire exploiter les bois dont les lois et réglemens leur donnent la jouissance, en se conformant d'ailleurs, par eux ou leurs préposés, à tout ce qui est prescrit pour l'usance des autres bois nationaux.

TITRE XI.

TITRE XI.

De l'administration des bois possédés en gruerie, ou par indivis avec la nation.

Art. *unique*. Les bois en gruerie, ou indivis avec la nation, seront régis par la conservation générale, ainsi que les bois nationaux.

TITRE XII.

De l'administration des bois appartenant aux communautés d'habitans.

Art. 1. Les communautés d'habitans seront tenues de pourvoir à la conservation de leurs bois, et d'entretenir à cet effet le nombre de gardes nécessaires.

2. Si une communauté négligeait d'établir un nombre suffisant de gardes, ou de leur fournir un traitement convenable, le nombre et le traitement seront réglés par le directoire du district, à la réquisition et sur l'avis de l'inspecteur.

3. Les communes auront le choix de leurs gardes parmi les personnes ayant les qualités requises par l'article premier du titre 3 ; mais leur choix devra être approuvé par le conservateur, et elles ne pourront les destituer sans le consentement de la conservation. Le choix sera fait par le conseil général de la commune.

4. A défaut, par les communes, de faire la nomination de leurs gardes dans la quinzaine de la vacance des places, la nomination sera déférée à la conservation.

5. Lesdits gardes fourniront un cautionnement, et prêteront serment, ainsi que ceux des bois nationaux.

6. Ils se conformeront à tout ce qui est prescrit par le titre 4 du présent décret, si ce n'est qu'après avoir affirmé leurs procès-verbaux concernant les délits ordinaires de pâturage ou de maraudage ou vol de taillis, ils les déposeront au greffe du juge de paix, et en avertiront le procureur de la commune pour faire les poursuites requises, conformément aux lois de police ; mais ils adresseront à l'inspecteur tous leurs procès-verbaux concernant les délits commis dans les quarts de réserve, et les vols de futaie.

7. La conservation et l'exploitation des bois des communautés d'habitans sera surveillée ainsi qu'il va être expliqué.

8. Lesdits bois seront visités par les préposés de la conservation, savoir, par les inspecteurs au moins deux fois chaque année, et une fois par les conservateurs ; ils seront pareillement visités au besoin par les commissaires de la conservation générale. Ces visites auront le même objet que dans les bois nationaux, et elles seront pareillement constatées.

9. Les coupes ordinaires ne seront mises en exploitation que d'après le procès-verbal d'assiette, balivage et martelage de l'inspecteur local, conformément aux divisions de coupes et aménagemens.

Diction. Forestier. Part. I.   F

10. Les communautés qui, pour leur plus grand avantage, jugeraient à propos de vendre leurs coupes ordinaires au lieu de les partager en nature, ne pourront le faire qu'en vertu de la permission du directoire du district, rendue sur l'avis de l'inspecteur, et visée par le directoire du département.

11. Aucune coupe de futaie sur taillis ou de quart de réserve, ne pourra être faite qu'en vertu de la permission du pouvoir exécutif, qui ne sera accordée que pour cause de nécessité, et sur l'avis des corps administratifs et de la conservation générale. Il sera procédé aux assiettes, balivages et martelages desdites coupes, ainsi que dans les bois nationaux.

12. Aucune coupe ordinaire ou extraordinaire ne pourra être vendue que par-devant le directoire du district, en la forme qui aura lieu pour les ventes de bois nationaux. Il sera procédé aux adjudications à la diligence du procureur de la commune, et en présence du maire ou d'un autre officier municipal.

13. Les deniers provenant des ventes extraordinaires seront versés par l'adjudicataire entre les mains du trésorier du district, pour être employés, sur l'avis du directoire du district, ordonnancé par celui du département, conformément aux dispositions qui auront permis lesdites coupes.

14. Les coupes ordinaires et extraordinaires seront sujettes au récolement : et les adjudicataires ou entrepreneurs devront obtenir leur congé de cour, ou décharge d'exploitation. Il suffira que le récolement des coupes ordinaires soit fait par l'inspecteur local.

15. Les habitans ne pourront enlever leur chablis qu'en suite de la visite et reconnaissance de l'inspecteur.

16. Ils ne pourront mettre leurs bestiaux en pâturage que dans les cantons reconnus et déclarés défensables dans le procès-verbal de visite du conservateur.

17. Les travaux de recepage, repeuplement et autres nécessaires à l'entretien et amélioration, seront ordonnés par le pouvoir exécutif, d'après les procès-verbaux des préposés de la conservation, et sur l'avis des corps administratifs, qui entendront préalablement les communes intéressées.

18. La poursuite des délits commis sur la futaie et dans les quarts de réserve, et celle des malversations dans les coupes et exploitations, seront faites par les préposés de la conservation, suivant ce qui est dit au titre 9 ; sauf aux habitans à fournir les instructions qu'ils jugeront convenables, et à se prévaloir des restitutions et indemnités qui seront prononcées contre les délinquans.

19. Toutes les opérations des préposés de la conservation générale dans les bois des communautés, seront faites sans frais, sauf les vacations des arpenteurs qui seront employés ; mais les adjudicataires des coupes tant ordinaires qu'extraordinaires, seront tenus de payer entre les mains des préposés de la régie d'enregistrement, les deux sous pour livre du prix de leur adjudication, outre et par-dessus icelui ; et moyennant ce, les vingt-six deniers pour livre ci-devant établis, sont et demeurent supprimés.

TITRE XIII.

De l'administration des bois possédés par les maisons d'éducation et de charité, les établissemens de main-morte étrangers.

Art. *unique*. Toutes les dispositions du titre précédent s'appliqueront à l'administration desdits bois, si ce n'est que les possesseurs n'auront pas besoin de la permission prescrite par l'article 10 pour la vente des coupes ordinaires, et que les poursuites et autres fonctions attribuées aux procureurs des communes ou officiers municipaux, appartiendront aux syndics, procureurs, économes, administrateurs ou autres préposés desdites maisons ou établissemens.

TITRE XIV.

Responsabilité.

Art. 1. Les gardes seront responsables de toutes négligences ou contraventions dans l'exercice de leurs fonctions, ainsi que de leurs malversations personnelles.

2. Par suite de cette responsabilité, les gardes seront tenus des indemnités et amendes encourues par les délinquans, lorsqu'ils n'auront pas duement constaté les délits ; et le montant des condamnations qu'ils subiront, sera retenu sur leur traitement, sans préjudice à toute autre poursuite.

3. Les inspecteurs seront responsables de leurs faits personnels, ainsi que des malversations, contraventions et négligences des gardes qu'ils n'auraient pas constatées.

4. Par suite de cette responsabilité, les inspecteurs seront solidairement tenus des condamnations encourues par les gardes, sauf leur recours contre ceux-ci.

5. Ces conservateurs seront également responsables de leurs faits personnels, ainsi que des malversations, contraventions ou négligences des inspecteurs qu'ils n'auraient pas constatées.

6. Par suite de cette responsabilité, ils seront solidairement tenus des condamnations encourues par les inspecteurs, sauf leur recours contre ces derniers.

7. Les commissaires de la conservation générale seront responsables de leurs faits personnels, et spécialement de toute négligence à faire exécuter les lois dans les différentes parties du régime forestier.

8. Les erreurs de mesure, lorsqu'elles excéderont un arpent sur quarante, seront à la charge de ceux qui auront fait l'arpentage.

9. Les corps administratifs et les municipalités seront responsables du dommage souffert, à défaut par eux d'accorder la main-forte nécessaire pour la conservation des bois, lorsqu'ils en seront requis ; et les officiers municipaux requis d'assister aux perquisitions des bois de délit, seront responsables de tout refus illégitime.

TITRE XV.

Art. 4. (*) Il sera incessamment fait une loi sur les aménagemens, ainsi que pour fixer les règles de l'administration forestière ; et jusqu'à ce, l'ordonnance de 1669 et les autres règlemens en vigueur continueront à être exécutés en tout ce à quoi il n'est pas dérogé par les décrets de l'assemblée nationale : et néaumoins les formes prescrites pour l'adjudication des biens nationaux, seront substituées, dans la vente des bois, à celles ci-devant usitées.

Extrait du décret concernant le nombre, la répartition et le traitement des agens de la conservation générale.

Art. 5. Les commissaires de la conservation générale qui iront en tournée, recevront, outre leur traitement annuel, le remboursement de leurs frais de voyage, à raison de vingt quatre livres par jour.

11. En cas d'absence des conservateurs ou des inspecteurs, il leur sera fait déduction d'une partie proportionnelle de leur traitement, pour accroître à la somme dont il va être parlé.

12. Il sera remis annuellement une somme de cinquante mille livres à la disposition de la conservation, pour être distribuée en gratifications aux suppléans, lorsqu'ils seront employés en vertu de commission particulière, sans que lesdites gratifications puissent excéder la somme de cent vingt livres par mois de travail : ce qui restera sera distribué aux inspecteurs qui auront été employés à des travaux extraordinaires, ou qui auront rempli leur service avec plus d'activité.

15. La moitié du produit des amendes, déduction faite de tous frais de poursuite et recouvrement, sera laissée à la disposition de la conservation, pour être distribuée, à titre de gratification, aux gardes qui auront le mieux rempli leur service. L'état de cette répartition et celui des gratifications énoncées en l'article 12, seront rendus publics et envoyés dans les départemens.

16. Il sera retenu sur le traitement des gardes, de quoi leur fournir un surtout bleu de roi, sur lequel ils porteront un médaillon de drap rouge, avec cette inscription en couleur jaune : *Conservation des forêts nationales*, et le nom du district.

17. Toutes concessions ou attributions de bois de chauffage, de pâturages, et de tous autres droits ou jouissance dans les forêts ou biens nationaux, ou dans les coupes ou produits des ventes, pour raison de l'exercice d'aucunes fonctions forestières, sont abolies, sans qu'aucun agent de la conservation générale puisse s'en prévaloir sous aucun prétexte, à peine de prévarication.

(*) Les trois premiers articles sont relatifs à la suppression de l'ancienne administration.

Loi du 16 nivôse an 9, relative à l'organisation d'une nouvelle administration forestière. (B. 62 , n°. 454.)

Art. 1. La partie administrative des bois et forêts sera séparée de la régie de l'enregistrement, et confiée à cinq administrateurs qui résideront à Paris.

2. Les administrateurs auront sous leurs ordres , des conservateurs , des inspecteurs , des sous-inspecteurs , des gardes généraux , des gardes particuliers , et des arpenteurs , dont le nombre , l'arrondissement , la résidence et le traitement , seront déterminés par le gouvernement.

3. Le nombre des conservateurs ne pourra excéder trente ; celui des inspecteurs , deux cents ; celui des sous-inspecteurs , trois cents ; celui des gardes principaux , cinq cents ; et celui des gardes particuliers , huit mille.

4. Le traitement annuel des agens forestiers , autres que les arpenteurs , sera fixe : il ne pourra excéder ; savoir :

Celui des administrateurs , dix mille francs ;

Celui des conservateurs , six mille francs ;

Celui des inspecteurs , trois mille cinq cents francs ;

Celui des sous-inspecteurs , deux mille francs ;

Celui des gardes principaux , douze cents francs ;

Et celui des gardes particuliers , cinq cents francs.

5. Les arpenteurs recevront , à titre de rétribution et pour tous frais , deux francs par hectare de bois dont ils auront fait le mesurage , et un franc cinquante centimes aussi par hectare de bois dont ils auront fait le récolement.

6. Les dépenses locales de l'administration forestière ne pourront excéder cinq millions , y compris la dépense de semis , plantations et améliorations , et celle de cinquante mille francs pour encouragemens.

7. Les fonctions attribuées par les lois actuelles aux divers agens forestiers , seront remplies par les agens ci-dessus dénommés.

Ils n'entreront en exercice qu'après avoir prêté serment , et fait enregistrer leur commission au tribunal civil de leur résidence.

8. Il sera fait un fonds pour les retraites , par une retenue sur les traitemens. Les retenues et les retraites seront réglées conformément à ce qui est prescrit pour la régie des domaines et enregistrement.

9. Les agens actuels de l'administration forestière cesseront leurs fonctions , au moment où ceux établis par la présente entreront en activité ; ils leur remettront , souf bref inventaire , les marteaux , plans , titres et papiers de l'administration dont ils sont dépositaires.

10. Toutes dispositions de lois et règlemens sur les bois et le régime forestier auxquelles il n'est pas dérogé par la présente , continueront d'être exécutées jusqu'à ce qu'il en ait été autrement ordonné.

Le nombre , les arrondissemens et la résidence des *conservateurs* des bois et forêts , ont été réglés

F

par un arrêté du 6 pluviôse an 9 (B. 65 , n°. 498),
ainsi qu'il suit :

Première Conservation.

Résidence du conservateur. . . . . . . Paris.

Son arrondissement, départemens de. . { Seine.
Seine-et-Oise.
Eure-et-Loir.
Seine-et-Marne.

Deuxième conservation.

Résidence du conservateur. . . . . . Troyes.

Son arrondissement. . . . . { Aube.
Marne.
Yonne.

Troisième conservation.

Résidence du conservateur. . . . . . Rouen.

Son arrondissement. . . . . { Seine-Inférieure.
Eure.

Quatrième conservation.

Résidence du conservateur. . . . . . Caen.

Son arrondissement. . . . . { Calvados.
Orne.
Manche.

Cinquième conservation.

Résidence du conservateur. . . . . . Rennes.

Son arrondissement. . . . . { Ille-et-Vilaine.
Loire-inférieure.
Finistère.
Morbihan.
Côtes-du-Nord.

Sixième conservation.

Résidence du conservateur. . . . . . Angers.

Son arrondissement. . . . . { Maine-et-Loire.
Mayenne.
Sarthe.

Septième conservation.

Résidence du conservateur. . . . . . Orléans.

Son arrondissement. . . . . { Loiret.
Loir-et-Cher.
Indre-et-Loire.

Huitième conservation.

Résidence du conservateur. . . . . . . Bourges,

Son arrondissement. . . . . . . { Cher.
Nièvre.
Indre.

Neuvième conservation.

Résidence du conservateur. . . . . . . Poitiers,

Son arrondissement. . . { Vienne.
Deux-Sèvres.
Vendée.
Charente-Infér.

Dixième conservation.

Résidence du conservateur. . . . . . . Moulins.

Son arrondissement. . . . . . { Puy-de-Dôme.
Cantal.
Creuse.
Allier.
Vienne (Haute).
Corrèze.

Onzième conservation.

Résidence du conservateur. . . . . . Bordeaux.

Son arrondissement. . . . . . { Gironde.
Dordogne.
Charente.
Lot-et-Garonne.
Lot.

Douzième conservation.

Résidence du conservateur. . . . . . Pau.

Son arrondissement. . . . . . { Pyrénées (Hautes).
Pyrénées (Basses).
Gers.
Landes.

Treizième conservation.

Résidence du conservateur. . . . . . . Toulouse.

Son arrondissement. . . . . . { Garonne (Haute).
Tarn.
Arriège.

Quatorzième conservation.

Résidence du conservateur. . . . . . . Montpellier.

Son arrondissement. . . . . $\left\{\begin{array}{l}\text{Hérault.}\\\text{Aude.}\\\text{Pyrénées-Oriental.}\\\text{Aveyron.}\end{array}\right.$

Quinzième conservation.

Résidence du conservateur. . . . . . . Nîmes.

Son arrondissement. . . . . . $\left\{\begin{array}{l}\text{Gard.}\\\text{Ardèche.}\\\text{Lozère.}\\\text{Vaucluse.}\end{array}\right.$

Seizième conservation.

Résidence du conservateur. . . . . . . Aix.

Son arrondissement. . . . . . $\left\{\begin{array}{l}\text{Bouches-du-Rhône.}\\\text{Var.}\\\text{Alpes (Basses).}\\\text{Alpes (Hautes).}\end{array}\right.$

Dix-septième conservation.

Résidence du conservateur. . . . . . . Grenoble.

Son arrondissement. . . . . . $\left\{\begin{array}{l}\text{Isère.}\\\text{Drôme.}\\\text{Alpes-Maritimes.}\\\text{Mont-Blanc.}\\\text{Léman.}\\\text{Ain.}\\\text{Loire.}\\\text{Rhône.}\end{array}\right.$

Dix-huitième conservation.

Résidence du conservateur. . . . . . Dijon.

Son arrondissement. . . . . . $\left\{\begin{array}{l}\text{Côte-d'Or.}\\\text{Saône-et-Loire.}\\\text{Marne (Haute).}\end{array}\right.$

Dix-neuvième conservation.

Résidence du conservateur. . . . . . . Besançon.

Son arrondissement, ... $\left\{\begin{array}{l}\text{Doubs.}\\\text{Saône (Haute).}\\\text{Jura.}\end{array}\right.$

Vingtième conservation.

Résidence du conservateur. . . . . . Colmar.

Son arrondissement. . . . . . $\left\{\begin{array}{l}\text{Rhin (Haut).}\\\text{Rhin (Bas).}\end{array}\right.$

Vingt-unième conservation.

Résidence du conservateur. . . . . . . Nanci.

Son arrondissement. . . . . . { Meurthe.
Meuse.
Vosges.

Vingt-deuxième conservation.

Résidence du conservateur. . . . . . . Metz.

Son arrondissement. . . . . . { Moselle.
Forêts.
Ardennes.

Vingt-troisième conservation.

Résidence du conservateur. . . . . . . Liège.

Son arrondissement. . . . . . { Ourthe.
Meuse-Inférieure.
Sambre-et-Meuse.

Vingt-quatrième conservation.

Résidence du conservateur. . . . . . . Bruxelles.

Son arrondissement. . . . . . { Dyle.
Jemmape.
Escaut.
Lys.
Deux-Nèthes.

Vingt-cinquième conservation.

Résidence du conservateur. . . . . . . Douai.

Sou arrondissement. . . . . . { Nord.
Pas-de-Calais.

Vingt-sixième conservation.

Résidence du conservateur. . . . . . . Amiens.

Son arrondissement. . . . . . { Somme.
Oise.
Aisne.

Vingt-septième conservation.

Résidence du conservateur. . . . . . . Ajaccio.

Son arrondissement. . . . . . { Liamone.
Gole.

Un second arrêté du même jour, même bulletin, n°. 499, est ainsi conçu :

La loi du 16 nivôse dernier sera exécutée dans les quatre départemens de la rive gauche du Rhin. Il sera nommé un conservateur, qui résidera à Coblentz, et aura pour arrondissement les départemens du Mont-Tonnerre, la Sarre, la Roer et Rhin-et-Moselle.

(*Voyez* CONSERVATION DES FORÊTS).

AFFÉAGE. On nommait *afféage* ou *afféagement*, l'aliénation que faisait un seigneur d'une portion de terres nobles de son fief, pour être tenue en roture, à la charge d'une redevance ; c'était une espèce de démembrement.

AFFECTATION. L'effet des affectations est d'assurer à un établissement, pendant un tems donné, l'exploitation d'une quantité de bois déterminée, à un prix convenu. L'origine des affectations ne remonte pas à des tems aussi reculés que le droit d'usage, et elles ne sont pas aussi multipliées. Les premières ont eu lieu dans les ci-devant provinces de Lorraine et de Franche-Comté. La prévoyance a recherché et favorisé des établissemens sans lesquels des forêts entières n'auraient été d'aucun produit. Il a fallu les encourager ; mais l'abus, dans certaines occasions, a été porté très-loin. Il y a eu des prix fixés à cinq centimes le stère ; les forges de Moderhosen et de Reischshoffen ont offert l'exemple de cette énorme disproportion. A la vérité, cette transaction n'existe plus ; mais, en général, les affectations présentent une grande différence entre la valeur des bois qui en font l'objet, et le prix qu'en paient ceux au profit desquels elles ont été faites ; il en est d'utiles à conserver, il en est d'autres qui appellent la réforme ; et il ne doit en être fait que lorsqu'elles présentent la possibilité d'une convenance proportionnée dans le prix des bois.

AFFICHES. Les adjudications de bois sont annoncées par des affiches dans lesquelles sont rappelées les conditions principales de la vente. La minute en est signée par l'inspecteur forestier et le receveur du domaine national de l'arrondissement ; elle est déposée au secrétariat de la sous-préfecture. Ces affiches sont apposées, à la diligence du receveur, au moins quinze jours à l'avance, dans le chef-lieu de département, dans celui de l'arrondissement, et dans les communes de la situation des bois. Le procès-verbal de réception d'enchères fait mention des certificats d'apposition d'affiches, signés du maire de la commune. (*Voyez* ADJUDICATION, et sous le mot CONSERVATION FORESTIÈRE, l'instruction du 7 prairial an 9).

AFFIRMATION. L'article 7 du tire 4 de la loi du 29 septembre 1791, et l'article 1 de celle du 23 thermidor an 4 (B. 66, n°. 601) portent que les gardes forestiers doivent signer et affirmer leurs procès-verbaux dans les vingt-quatre heures, devant le juge de paix du canton de leur domicile, et, à son défaut, devant l'un de ses assesseurs. La régie des domaines a écrit à cet égard une circulaire le 9 nivôse an 5.

Modèle d'affirmation.

Ce jourd'hui   heures d   devant nous
s'est présenté   lequel nous a affirmé la vérité du rapport ci-dessus, et nous en a requis acte, que nous lui avons accordé conformément à la loi.
Fait à   le

AFFOUAGE. C'est le droit qu'ont les usagers d'une forêt d'y prendre leur bois de chauffage. (*Voyez* USAGE et USINES).

AGARIC. L'agaric ; *agaricus L.* est un genre de plantes de la famille des champignons, dont plusieurs espèces croissent sur les bois vifs ou morts, et particulièrement lorsqu'ils sont vieux et imbibés d'une humidité étrangère à la sève. Ces fausses parasites ne doivent cependant pas être regardées comme la cause du dépérissement des arbres. Leur substance est compacte, sèche et dure. C'est avec l'*agaric du chêne* qu'on fait l'amadou, en séparant la substance calleuse et ligneuse qui recouvre la superficie , prenant celle du milieu qui est molle , d'un gris-brun , la réduisant en morceaux , qu'on fait bouillir dans une lessive d'eau nitrée , et séchant , pilant et faisant bouillir de nouveau dans la lessive pour la laisser ensuite bien sécher. La qualité astringente de cet agaric le fait employer pour étancher le sang.

AGATIS. On nomme ainsi le dégât fait par des bêtes.

AGE. L'âge requis par la loi du 29 septembre 1791 pour les agens de l'administration forestière est de 25 ans accomplis.

AGE DU BOIS. On distingue dans les bois l'âge pendant lequel ils croissent, celui pendant lequel ils ne croissent plus , et celui pendant lequel ils dépérissent et meurent.

L'ordonnance de 1667 emploie plusieurs fois l'expression de *l'âge du bois* , ou *du bois de l'âge* , pour désigner l'âge des bois que l'on coupe. *L'âge de consistance* d'un arbre est celui où il ne croît plus. Un chêne est , en général , regardé comme en âge de consistance à cent ans. Les cercles que présente la coupe transversale des arbres fournissent un moyen approximatif pour reconnaître leur âge. On peut aussi tirer à cet égard des inductions assez précises de la grandeur de l'angle que décrivent les branches. La plantule qui s'élance des feuilles séminales donne une tige droite qui ne pousse aucunes branches latérales pendant la première année. Celles qui paraissent à la seconde année , décrivent un angle de 10 et ensuite de 20, 30 et 40 degrés. Lorsque l'angle des branches est de 40 à 50 degrés, l'arbre est dans toute sa force ; de 50 à 60, il se soutient et se charge de rameaux très-courts , qui indiquent une végétation ralentie. Quand les angles s'abaissent à 70 degrés, l'arbre décline , les branches du sommet se dessèchent et meurent , et rarement ces branches parviennent au parallélisme avec le 90°. degré.

Cet affaissement des branches, qui a pour cause principale l'augmentation de leur poids en raison de leur alongement, peut servir à fixer l'époque à laquelle il convient d'abattre les arbres, si l'on veut, par une coupe faite à propos, se procurer le plus de bois et le meilleur bois possible. Cette époque éprouve des variations causées par le climat, la situation, l'exposition, la nature du terrain, la profondeur du sol, et la qualité de la futaie. Il y a des bois qui, par le défaut du terrain, dépérissent si promptement, qu'on est obligé de les mettre en taillis; mais en général, dans un sol de cinq décimètres de profondeur, les arbres peuvent vivre de 40 à 60 ans. Quand la profondeur du sol est de 8 à 9 décimètres, leur vie peut être de 60 à 80 ans; et si cette profondeur est d'un mètre trois décimètres, de 80 à 100 ans.

Dans un mauvais terrain, les taillis ne croissent plus après 9 ans; dans un médiocre, après 15 à 20; et dans un bon fonds, ils profitent pendant 30, 40 ans, et même un plus grand nombre d'années. (*Voyez* Accroissement, Coupes, Dépérissement, Retour, Taillis).

AGENS FORESTIERS. (*Voyez* Administration forestiere, Conservation des forêts).

AIGREMORE. Nom que les artificiers donnent à tous les charbons de bois tendres qui sont propres à faire de l'artifice, tels que ceux des bois de saule, de coudrier, de tilleul.

AIGUILLON. Les aiguillons se distinguent des *épines*, en ce qu'ils sont peu adhérens aux branches et qu'on peut les en détacher sans rien déchirer de la plante.

AIR. L'air est un des principaux moyens que la nature emploie pour opérer l'accroissement des plantes. Il les pénètre et favorise l'ascension des sucs nourriciers. Ni les semences, ni les œufs ne peuvent éclore dans le vide ; les graines mêmes ne poussent point lorsqu'elles sont enterrées trop avant.

Si l'air est indispensable à la végétation , ce n'est pas toutefois un courant d'air qu'il faut à un arbre : ce mouvement violent le dessèche , emporte l'humidité de l'air environnant que la partie inférieure de la feuille doit pomper , et dérange leur situation horizontale. Des arbres placés ainsi restent maigres et profitent plus difficilement. Au contraire , les arbres situés dans les vallons ou terrains abrités s'élèvent, s'élargissent et croissent rapidement , parce que leurs branches et leurs feuilles sont plongées dans un air plus tranquille , et pompent abondamment son humidité.

AIRE. C'est le nom qu'on donne aux nids des oiseaux de proie , qui se font ordinairement dans les rochers. V. *tire et aire.*

AIS. Bois de sciage , long et peu épais , planche de sapin , de chêne ou autres arbres , qui sert à faire des bateaux , des planchers , des cloisons. On nomme *aisseau* , *aissy* (ais scié) ou *bardeau* , un petit ais ou planche très-mince , de la grandeur d'une tuile , et qui la remplace pour les couvertures.

AISSELLE. On donne ce nom à l'angle ou sinus qui se forme par l'union , soit de deux branches , soit du pédicule d'une feuille avec la tige. Il y a des boutons et des fleurs qui naissent dans les aisselles des feuilles.

ALATERNE. Cet arbrisseau , que Linné a rangé dans sa Pentandrie-monogynie, sous le nom de *Rhamnus alaternus* , croît dans les départemens méridionaux, à la hauteur d'environ trois mètres ; il est toujours vert , très-rameux , et forme d'assez jolis buissons. Ses branches sont revêtues d'une écorce unie et verdâtre ; ses feuilles sont alternes , pétiolées , ovales, dures, lisses, dentées en leur bord ; ses fleurs odorantes, en entonnoir, sont axillaires, d'un vert jaunâtre, presque sessiles, ramassées en petits bouquets ; les fruits qui leur succèdent sont des baies succulentes, noires quand elles sont mûres.

Les alaternes s'élèvent assez facilement de graines, et ils deviennent ainsi plus hauts et plus droits que ceux qui sont élevés de marcottes. Le bois de cet arbrisseau, qui a de la ressemblance avec celui du chêne vert, s'emploie pour les ouvrages d'ébénisterie.

ALIBOUFIER. L'aliboufier officinal, *styrax officinale* (Décandrie monogynie de Linné) est de la grandeur d'un olivier, et croît dans les départemens méridionaux de la France : il ressemble au coignassier par son tronc, son écorce et ses feuilles, qui sont vertes en-dessus, blanches et cotonneuses en-dessous ; ses fleurs monopétales sont blanches, odorantes, et naissent cinq ou six ensemble par bouquets ou grappes fort courtes, qui terminent les rameaux. Son fruit est une baie recouverte d'une peau blanchâtre et cotonneuse, qui contient deux noyaux. En France, il découle peu de résine de cet arbre, mais dans la Syrie et la Cilicie, il produit en grande quantité celle connue dans le commerce sous le nom de *styrax solide* ou *storax calamite*, qui s'emploie en médecine comme cordial, vulnéraire et détersif.

Il croît naturellement en Amérique un aliboufier, *styrax americana*, dont on cultive des individus en France.

ALIÉNATION. Dès le milieu du siècle dernier, Colbert a annoncé que la France *périrait faute de bois*. Cette terrible prédiction n'a pas empêché que l'aliénation des forêts ne fût pendant long-tems mise en question. Il aurait été également dangereux de les affermer. Les seuls biens susceptibles d'être affermés sont ceux dont les productions se renouvellent chaque année. Un fermier n'hésite pas pour confier à la terre des richesses qu'elle lui rendra dans peu avec usure ; il est assuré de jouir du fruit de ses travaux ; et si une inconséquence absurde , une sordide avarice le portait à en négliger la culture , à en forcer la fécondité, du moins les pertes qui en résulteraient au propriétaire ne seraient pas irréparables. Mais le bois , qui , de tous les biens que la terre nous donne , est le plus lent à se reproduire , qui pendant un demi-siècle offre à peine l'espoir de deux récoltes , qui dans son enfance exige des soins , des dépenses dont un fermier ne peut recueillir le fruit dans le cours de son bail, ne peut être mis en ferme.

Enfin la loi du 16 nivôse an 9 a fait cesser les craintes à cet égard , et l'on ne peut aliéner actuellement que celles des forêts qui ont été déclarées aliénables à raison de leur peu d'étendue ou de leur distance des autres bois, ainsi qu'on le verra sous le mot *vente*. Il aurait même été à desirer qu'on eût adopté à cet égard les restrictions proposées le 16 ventôse an 7 , par la commission du conseil des cinq-cents , et d'après lesquelles 1°. les forêts contenant plus de cinquante hectares, 2°. les bois qui , offrant une moindre superficie , ne sont pas éloignés des autres forêts nationales ou communales de deux kilomètres au moins, 3°. les bois au-dessous de 50 hectares, distant des grandes masses de plus de deux kilomètres, et faisant , avec d'autres bois nationaux ou communaux , situés à une moindre distance , un ensemble de soixante-quinze hectares , n'auraient pas été susceptibles d'aliénation.

ALIGNEMENT. Quand on veut former des avenues , on les trace ordinairement en alignemens réguliers , à moins que le terrain ne s'y oppose , et pour cet effet on se sert de jalons. Si les arbres ont une courbure , on met leur face droite dans le sens de l'alignement.

ALISIER.

ALISIER. On trouve dans nos forêts l'alisier blanc ou commun, l'alisier à feuilles larges et l'alisier torminal, *Cratægus aria*, *C. latifolia*, *C. torminalis* (Icosandrie digynie de Linné). La première espèce est communément un arbrisseau de trois à cinq mètres, qui s'élève en arbre jusqu'à la hauteur de dix à 14 mètres lorsqu'on le cultive. La seconde est un assez grand arbre, très-rameux, ayant l'écorce grisâtre et le bois blanc, mais assez dur. La troisième est un arbre médiocre, rameux, et dont l'écorce est rougeâtre. Les fleurs de ces trois espèces sont blanches et disposées en corymbe, les feuilles sont pétiolées, alternes, dentées et cotonneuses en-dessous ; mais dans la première espèce les feuilles sont ovales et le coton plus remarquable ; dans la deuxième, les feuilles sont plus arrondies avec des angles médiocres ; dans la troisième, elles sont un peu en cœur à leur base, et ont sept angles, dont les inférieurs sont fort grands, ce qui les fait ressembler aux feuilles de quelques érables. Les baies de la première espèce, d'un rouge éclatant dans leur maturité, sont bonnes à manger ; celles de la seconde sont d'un jaune rougeâtre et d'un goût amer ; et celles de la troisième espèce, dont la couleur est la même lorsqu'elles approchent de leur maturité, deviennent d'un brun obscur quand elles mollissent. Ces baies renferment quatre semences dans deux loges ; elles se nomment *alises* : on ne les mange que lorsqu'elles sont devenues molles ; c'est un fruit astringent. La racine donne une teinture noirâtre.

L'alisier se plaît dans les terres fortes qui ont beaucoup de fond ; ses semences lèvent d'elles-mêmes dans les bois sous les gros arbres. On peut le multiplier en semant la graine aussitôt qu'elle est mûre ; si on lui donnait le tems de se sécher, elle pourrait être une année entière sans lever. On peut encore faire des marcottes d'alisier, en choisissant pour cela le jeune bois ; ces marcottes n'acquièrent pas avant deux années des racines suffisantes pour qu'on puisse les transplanter.

On espace les alisiers à cinq ou six mètres dans des terrains gras ; leurs branches s'étendent beaucoup et procurent un ombrage agréable. Comme ces arbres ne s'élèvent qu'à une médiocre hauteur, ils ne conviennent ni dans les grandes avenues, ni dans les grandes futaies, mais dans les taillis et dans les petites allées des parcs. On en laisse peu en baliveaux, leur accroissement étant aussi lent que celui du charme.

Le bois d'alisier est fort dur mais sans couleur. Les charpentiers en font des alluchons et des fuseaux dans les rouages des moulins, les menuisiers en montent leurs outils, les tourneurs l'emploient à divers usages; on fait des flûtes, des fifres avec les jeunes branches.

L'alisier de *Virginie* demande de grands soins quand on l'élève de semences en Europe ; mais quand il est devenu bien ligneux, il résiste aux plus grands froids ; il réussit bien mieux en marcottes. (*Voyez* Amélanchier).

ALLÉE. (*Voyez* Avenue).

ALLIANCE. (*Voyez* Incompatibilité).

ALTERNE. On dit que les feuilles sont *alternes*, lorsqu'elles naissent seule à seule de divers points de la tige, à des distances à-peu-près égales, et sur-tout si leur position ou leur direction a lieu sur les deux côtés opposés de la tige. C'est le contraire des feuilles *opposées* qui partent de points correspondants.

AMANDE. On donne ce nom à la semence de certains arbres qui est enfermée dans un noyau ligneux, et revêtue d'une ou plusieurs membranes, comme celles de l'abricotier, du cerisier, du coudrier, de l'amandier, etc. Les amandes dont la substance farineuse contient de l'huile, sont ordinairement blanches, solides, luisantes, et ont une forme plus ou moins alongée. Les fruits que produisent les amandiers sont des amandes douces ou amères.

AMANDIER. L'amandier commun, *amygdalus communis* (Icosandrie monogynie L.) est un arbre d'environ huit mètres de hauteur, ayant le tronc raboteux, couvert d'une écorce cendrée, le bois dur, roussâtre ; des rameaux grêles, longs, flexibles ; des feuilles alternes, lancéolées, pointues, dentées à leur bordure, portées sur des pétioles longs d'environ trois centimètres, et d'ailleurs assez ressemblantes à celles du pêcher : ses fleurs blanches, en rose, sont sessiles, solitaires ou géminées ; elles s'épanouissent dès le mois de ventôse, et font place à un fruit ovale, applati sur les côtés, qui est spongieux et velu jusqu'à ce qu'il ait pris une certaine consistance, et devient ensuite coriace et sec : l'enveloppe extérieure, qu'on nomme écale ou brou, se sépare elle-même du noyau quand le fruit est mûr.

Il y a plusieurs espèces d'amandier ; elles se plaisent dans un terrain sec et chaud ; leurs fruits ne mûrissent point parfaitement dans le nord de la France. L'amandier se multiplie par les semences ; son bois est dur et sert pour la marqueterie, et pour monter les outils des charpentiers et des menuisiers. Ses feuilles forment une excellente nourriture pour les troupeaux, et les engraissent en très-peu de tems.

AMÉLANCHIER. L'amélanchier ou alisier à feuilles rondes, *Cratœgus rotundi folia*, (Icosandrie digynie de Linné) ne s'élève qu'à la hauteur d'un à-deux mètres : il croît dans les bois montagneux et parmi les rochers, dans les départémens méridionaux, dans les Alpes et dans les Pyrénées. Ses rameaux sont couverts d'une écorce d'un rouge brun, ses feuilles sont pétiolées, ovales, arrondies, dentées en leurs bords, légèrement cotonneuses en-dessous dans leur jeunesse, et glabres des deux côtés dans leur parfait développement.

Ses fleurs, blanches et grandes, sont remarquables par leurs pétales alongés, presque linéaires et obtus ; elles naissent par grappes courtes aux extrémités des branches et des petits rameaux des côtés ; il leur succède des baies d'un bleu noirâtre, de la grosseur de celles du genévrier commun, succulentes, d'une saveur douce, et qui renferment ordinairement dix petites semences assez semblables à des pepins. (*Voyez* ALISIER).

AMÉNAGEMENT. On ne doit pas employer pour la régénération des forêts un moyen unique. L'aménagement est l'art d'assortir les différentes familles des arbres, de les faire vivre ensemble sans se nuire, d'en combiner le repeuplement, la coupe et la réserve, sur la nature du sol, l'essence du bois qui y croît, l'usage auquel il est propre, les besoins des consommateurs, et la facilité des débouchés.

La perfection d'un aménagement consiste à être d'accord avec la nature et à satisfaire à tous les besoins ; rien de ce qui tient à la culture des arbres et à la régénération des forêts ne lui est étranger.

Chaque essence dominante dans une forêt, ou celle qui lui convient le mieux, semble mériter une attention particulière. Le hêtre se trouve assez fréquemment placé à côté du chêne ; il ne serait cependant pas convenable de les traiter de la même manière.

Le frêne, l'érable, l'orme, le platane veulent être distingués du saule, du tremble, du peuplier, du tilleul, de l'aune, du bouleau, et de tous ceux qu'on range dans la classe du bois blanc ou bois mort, et d'une végétation hâtive et précipitée. Dans ceux-ci, les crus ont encore des nuances qui exigent une exploitation plus ou moins rapprochée. Les fruitiers, parmi lesquels le châtaignier et le marronnier tiennent un rang distingué, invoquent des exceptions.

On trouve, dans les différentes sortes de bois, des espèces qui ne peuvent jamais donner de futaies, parce qu'après quelques années de végétation, elles ont acquis le *maximum* de leur accroissement.

Pour bien régler un aménagement dans les différentes parties du territoire de la république, il faudrait reconnaître et constater ; 1°. l'état actuel des forêts ; 2°. la nature du sol, leur position, leur aspect, et leur distance des ports de mer, des routes, des canaux, des rivières flottables ou navigables, et des grandes communes les plus voisines ; 3°. l'ordre usité pour leur exploitation ; 4°. leur aménagement actuel ; 5°. les changemens à y introduire ; 6°. l'essence du bois qui y domine et celle qui y convient ; 7°. les ressources qu'elles peuvent offrir au commerce et aux constructions civiles, militaires et navales ; 8°. l'âge auquel il convient de fixer la coupe du taillis, de manière à présenter des baliveaux d'une belle espérance ; 9°. l'étendue des terres vaines et vagues, celle des terrains marécageux ou dégarnis, et de ceux dont les productions sont languissantes, abrouties ou mal venues ; 10°. les moyens les plus économiques de repeuplement, recepage ou desséchement ; 11°. les droits d'usage et d'affectation dont elles sont grevées, et les titres en vertu desquels ils sont exercés. Peut-être même serait-il essentiel de rechercher si l'on ne pourrait pas diviser les bois résineux en classes de dix ans en dix ans. (*Voyez* Bois résineux, Coupe).

Le climat, la situation, l'exposition, la nature du sol occasionnent de grandes différences dans la qualité du bois. Ceux qui viennent dans les pays chauds, sur les montagnes et dans les terrains secs situés au midi, croissent bien plus lentement, et sont beaucoup plus petits que ceux qui viennent dans les pays tempérés, dans des vallons ou dans un bon terrain. Les bois blancs, qui ont une sève plus active et plus abondante, croissent et grossissent au moins de moitié plus promptement que les bois durs ; mais aussi ils existent moins long-tems.

Lorsque les bois sont situés dans un terrain bas et humide où l'eau séjourne plusieurs mois de l'année, les souches ne produisent du bois qu'autant qu'elles sont élevées au-dessus de la superficie de l'eau : il arrive alors qu'on ne peut les exploiter qu'après que l'eau est retirée : d'où il résulte que c'est presque toujours en tems de sève que ces bois sont accessibles pour les couper, et par conséquent en saison prohibée. Il est donc nécessaire, en pareille circonstance, de faire des fossés ou rigoles, pour dessécher ces fonds submergés, afin de pouvoir receper et vivifier ces souches dans un tems convenable et permis, si l'on veut que le bois ne s'y détruise pas : si cependant on ne pouvait réussir à les garantir de l'eau stagnante, il faudrait alors y planter des aunes, des saules ou des marsaux, qui sont les espèces de bois qui viennent dans de pareils terrains.

Les chênes, les hêtres, les aunes, les saules, les trembles, les peupliers et les platanes, deviennent de grands arbres, lorsqu'on ne les étête pas ; ce n'est qu'à force de les émonder qu'ils se creusent et se pourrissent : il en est de même des chênes et des ormes lorsqu'on les ébranche fréquemment.

Les taillis de chêne ou demi-futaie, et les jeunes bois en bons fonds croissent en hauteur d'environ trente-deux centimètres chaque année, jusqu'à soixante ans, sur-tout lorsque le terrain est propre aux espèces qui y sont plantées : après cet âge, ils s'élèvent très-peu ; mais ils grossissent pendant long-tems d'environ 14 millimètres par chaque année.

Les baliveaux, de l'essence réservée dans un taillis de trente, trente-cinq et quarante ans, étant plus forts et mieux enracinés que ceux de vingt et vingt-cinq ans, sont plus durs et plus élevés ; parce qu'ayant été plus long-tems pressés par les taillis, ils ont acquis plus de hauteur sans branches, au lieu que les baliveaux d'un taillis de dix, quinze et vingt ans, sont, pour la plupart, fluets, faibles, tortueux, branchus, et deviennent pommiers aussitôt : d'ailleurs, en étendant leurs branches, ils empêchent le recru du taillis par leur ombrage, retiennent l'humidité qui augmente les accidens de la gelée, et ruinent à la fin le fonds du bois. La même chose arrive quand on abat les futaies reproduites de vieilles souches, parce qu'un gros arbre ne pousse de jeunes rejets qu'entre son écorce et son bois : d'où il suit que la souche meurt et que les grosses racines tournent en pourriture.

D'après l'ordonnance de 1669, on est dans l'usage de laisser vingt baliveaux par hectare de futaie et trente-deux par hectare de taillis. Dans les bois des ci-devant ecclésiastiques, on en laissait ordinairement 50, outre tous les arbres plus anciens dont ils ne pouvaient disposer, afin de tenir les forêts toujours en état de futaies ; mais ces baliveaux ainsi laissés çà et là dans les bois taillis lors des coupes, même dans les meilleurs fonds, n'ont pas toujours profité et monté en haute futaie, comme on l'avait espéré : n'étant plus pressés par le taillis, ils cessaient de croître en hauteur et ne profitaient qu'en grosseur. Les baliveaux ainsi réservés dans les ventes dont le fonds n'est pas bon, ne sont plus susceptibles d'accroissement au bout de la deuxième coupe du taillis : il arrive même qu'avant ce tems la plus grande partie se couronne et dépérit. Les taillis plantés en bons fonds sont les seuls qui puissent croître en haute-futaie, et procurer des bois de marine.

Peut-être serait-il plus convenable de ne laisser dans les taillis que les arbres de lisières, les pieds-corniers, avec quelques chênes au milieu et dans l'intérieur, pour servir d'étalons et au repeuplement des places vagues qui s'y trouvent. Il serait encore essentiel de ne laisser croître en futaies que les lisières de taillis autour des ventes, ou dans la partie où le fonds est le meilleur, au lieu de réserver des baliveaux épars, comme c'est l'usage accoutumé. Cependant s'il se trouvait quelques chênes anciens, bien vifs et bien venant dans un taillis en bon fonds, il serait intéressant de les y conserver jusqu'à huit seulement par hectare, afin de se procurer des bois précieux et de ressource pour la construction et pour la marine, comme cela se pratique dans plusieurs forêts d'Allemagne, et dans quelques parties de la France, où ces lisières forment de superbes futaies. (*Voyez* Réserve).

Lorsqu'on s'occupe de l'aménagement des bois et forêts, il faut avoir soin de régler les coupes à l'âge le plus convenable et le plus avantageux, suivant la qualité du fonds et l'essence du bois, de faire receper les bois abroutis, et repeupler les places vaines et vagues qui se trouvent dans l'enclos et aux rives des bois et forêts.

Un taillis de chêne est bien plus estimé que toute autre espèce de bois; il y a tel taillis qui produit le double d'un autre et quelquefois plus. Un taillis de vingt-cinq, trente et trente-cinq ans, est beaucoup plus avantageux que celui qui ne serait que de dix, quinze et vingt ans. Cependant ceux qui se trouvent dans de bons fonds, sont plus forts a vingt ans, que ne le sont à vingt-cinq, trente et trente-cinq ans, ceux qui sont en mauvais terrain; ce qui fait qu'il y a certains bois qu'il convient d'abattre fort jeunes, et d'autres que l'on doit laisser sur pied plus long-tems, suivant les circonstances. L'essence du bois, sa propriété et l'usage auquel on le destine dans le pays où il est plus ou moins rare, déterminent souvent à l'abattre plutôt qu'il ne devrait l'être : néanmoins il y a des taillis de toutes sortes de bois, plantés dans de si mauvais fonds, qu'ils cessent de croître au bout de dix ans, quoiqu'ils aient poussé avec vigueur pendant les premières années après l'exploitation. Il n'y aurait qu'à perdre en laissant subsister ces taillis plus long-tems : mais il n'en est pas de même des taillis plantés en bon fonds ; on ne doit abattre ceux-ci que beaucoup plus tard par plusieurs considérations. Un taillis un peu élevé, étouffe la bruyère qui se trouve dessous, et qui, en se pourrissant, devient un engrais pour le terrain, ainsi que les feuilles provenant du taillis : dans un taillis de vingt-cinq ans, et à plus forte raison quand il est plus âgé, il se trouve beaucoup de brins de chênes qui, indépendamment des baliveaux, produisent une grande quantité de glands, propres à repeupler le bois dans les clairières ; un tel taillis est d'ailleurs moins exposé aux gelées du printems et de l'hiver, qu'un autre moins élevé et moins âgé ; et en abattant souvent un taillis trop jeune, on fatigue cruellement les racines, qui alors n'ont pas assez de force pour résister aux coups de la cognée, ce qui les ébranle, les équisse et fait un tort considérable au recru, sur-tout lorsqu'on abat les taillis à neuf, dix et onze ans, comme on le fait dans beaucoup d'endroits où le bois est rare.

Il est donc intéressant de mettre les taillis en coupes réglées, suivant la qualité du bois, son exposition, sa situation et la nature du sol. Par exemple, dans un excellent fonds, un taillis doit être réglé à quarante ans, s'il n'est destiné à croître en futaie ; dans un fonds moins riche, à trente-cinq ans ; dans un assez bon fonds, à trente ans ; dans les terrains inférieurs en qualité, à vingt-cinq et vingt ans ; dans les terrains médiocres, à quinze ans, et dans les mauvais, à dix ans.

Pour bien établir ces coupes, il faut avoir une connaissance parfaite du local, et avoir bien consulté les différentes natures du sol ; car il y a du détriment pour un gros propriétaire, à régler toutes les coupes au même âge. En supposant qu'il établisse ses coupes à dix ans, dans un fonds où le bois est susceptible d'accroissement jusqu'à vingt ans et même trente, ce bois qui, à dix ans produit ordinairement cent francs l'hectare , en produirait bien sûrement 300 à vingt ans, et 600 francs à trente ans, s'il profite toujours; en sorte que , plus il pourra vieillir, plus la progression sera forte.

Les coupes réglées à vingt-cinq ans , valent donc mieux que celles qui le sont à vingt ; et à trente ans elles sont encore plus avantageuses, lorsque la bonté du fonds le permet : de manière que si l'on réglait à trente ans, les taillis que l'on coupe à vingt, le revenu serait du double. (*Voyez* COUPE).

Lorsque les limites d'une forêt ont été reconnues, la première opération à laquelle les agens préposés à sa conservation doivent se livrer , est son *aménagement*. Ce travail se fait par un procès-verbal destiné à constater la nature de la forêt, les espèces de bois qui y dominent , leurs différentes qualités ; à désigner le quart juste de la totalité de cette forêt, pour être tenu en réserve (à moins qu'il ne soit trouvé convenable de tout diviser en assiettes) à fixer les limites de cette réserve, pour laquelle on fait choix des meilleurs cantons et de ceux qui sont les plus propres à fournir une ressource pour l'Etat. Les trois quarts restant sont divisés en vingt-cinq parts égales, qu'on nomme *assiettes ordinaires*, pour être exploitées annuellement. (*Voyez* les articles 36 , 37 et 38 du § 2 de la section 2 de l'instruction du 7 prairial an 9, sous le mot CONSERVATION DES FORÊTS).

Procès-verbal d'aménagement.

L'an　　　　　le　　　　　　　nous conservateur des forêts
du　　　　　arrondissement , accompagné du C.
inspecteur à la résidence de　　　　　　　et de
　　　　　arpenteur , nous sommes transportés dans la forêt
de　　　　　avec　　　　　et　　　　　gardes
spécialement chargés de veiller à sa conservation de cette forêt,
et nous avons procédé à sa visite ainsi qu'il suit :
Nous avons reconnu 1°. que le canton de　　　　　est confiné
au levant, par　　　　　au couchant, par
au nord , par　　　　　et au midi, par
qu'il est peuplé de　　　　　(exprimer si c'est un taillis ou
une futaie, et quel est leur âge) où le　　　　　(énoncer l'es-

présenté que les habitans ont été réintégrés par jugement rendu
en dernier ressort au tribunal d'appel séant à   (s'il
pèce du bois , comme hêtre, chêne, etc.) domine, et que le sol est
propre (ou peu propre) à la culture de ce bois.

2°. Que le canton de   est confiné, etc.', qu'il est
peuplé de   essence de   que le sol en est
              (exprimer s'il est pierreux , sabloneux , et enfin
quelle est sa consistance).

3°. Que le canton de   etc. , etc.

La nuit étant survenue , nous nous sommes retirés et avons ajourné la suite des opérations à demain   heures de   .

Le lendemain   jour de   à   heures du
matin , étant retournés dans la même forêt , nous avons continué
les opérations ci-dessus , et avons reconnu que le canton de
              est confiné ,   etc. , qu'il est peuplé de
              et que le sol   etc.

Que le canton de   etc. , etc.

La nuit ne permettant plus de continuer nos opérations , nous
en avons ajourné la suite à   . heures d   .

Et le   nous étant transportés dans la même forêt , à
              heures du matin   attendu que la reconnaissance des
divers cantons dont la forêt est composée , se trouve terminée ,
nous avons ordonné à l'arpenteur de procéder au mesurage et à la
distraction du *quart* de la totalité de la forêt qui doit être tenu en
réserve , de placer cette réserve dans les cantons de
et de diviser le surplus en 25 parts égales , par première et dernière , pour être exploité en *assiettes ordinaires*.

Cette opération ayant été exécutée , nous avons fait placer à
l'angle du   deux bornes dont l'une à l'aspect du
et l'autre à l'aspect de   lesquelles font entre elles une
ouverture d'angle de   Nous étant ensuite transportés à
l'angle du   distant de   nous avons fait placer
deux bornes , dont l'une à l'aspect de   et l'autre à celui
de   lesquelles font entre elles une ouverture d'angle de
              (on relate ainsi les bornes mises à tous les angles ,
jusqu'à ce qu'on soit parvenu à celle par la plantation de laquelle
l'opération a commencé) toutes lesquelles bornes nous avons fait
accompagner de témoins en tuiles brisées (ou autres matières).

L'arpenteur ayant indiqué sur le terrain , par des piquets , les
points où aboutissent les   assiettes qui composent cette
forêt , nous avons fait tracer à l'extrémité de chacune , des fosses
en forme de T. de la grandeur prescrite par l'ordonnance de 1669.

On procède de la même manière à l'aménagement
d'un *bois de commune* ; mais le préambule du procès-
verbal est susceptible de quelques différences.

L'an   le   nous inspecteur des forêts pour
l'arrondissement de   à la résidence de   nous
étant transporté sur la demande des habitans de   dans le
bois de   accompagné du C.   maire de cette
commune   (ou de l'adjoint, ou des deux ensemble)
et de   arpenteur   , et   garde-fores-
tier , demeurant à   le C.   maire, nous a re-

s'agit d'un partage , d'une transaction ou de tout autre titre établissant la propriété , on les énonce , en faisant mention des formes légales dont est revêtue l'expédition) que déjà il a été procédé au mesurage du bois dont il s'agit ; et que , pour se conformer aux dispositions de l'ordonnance de 1669 , ils nous invitaient à en faire *l'aménagement.*

En conséquence de laquelle réquisition nous avons parcouru successivement les divers cantons du bois dont il s'agit , et avons reconnu que celui de　　　　　　est confiné　　　　ete. , etc.

Le reste du procès-verbal est conforme au modèle ci-dessus ; on le termine par enjoindre aux habitans de se conformer, pour son exécution, à l'ordonnance de 1669 et aux lois subséquentes. (*Voyez* Assiette, Futaie).

Le nettoiement des *tranchées* et des *fossés* , l'entretien des *bornes*, les *réparations , améliorations, plantations , semis*, etc. , sont des opérations auxquelles il est convenable de procéder par adjudications au rabais devant le préfet ou le sous-préfet , à la diligence de l'inspecteur forestier et du receveur du domaine national. Les conditions concertées entre le receveur du domaine et l'inspecteur, doivent préalablement être visées par le conservateur, et approuvées par le préfet du département.

AMENDE. Le titre 32 de l'ordonnance de 1669 , traite des amendes, restitutions, etc. (*Voyez* Administration Forestiere).

Les anticipations dans les coupes de bois , la construction de fosses à charbon au-delà du nombre fixé , ou dans les lieux non désignés par les agens forestiers, l'enlèvement de glands et autres productions des forêts , de terres , pierres ou minerais , sans autorisation, etc., donnent lieu à des amendes. (*Voyez*, pour la nature de celles auxquelles exposent les divers délits forestiers, le mot Peines).

Quoique les juges ne puissent , dans aucun cas, modérer l'amende , dans certains tribunaux on se croyait autorisé , d'après la loi du 20 messidor an 3 , (*Voyez* le mot Gardes - champetres) à ne plus se

conformer aux dispositions de l'ordonnance de 1669,
et toutes condamnations d'amende et de restitution y
étaient à l'arbitrage des juges; d'où il arrivait qu'un
baliveau de l'âge, pour lequel l'ordonnance de 1669 a
fixé une amende de 50 francs, ne donnait souvent
lieu qu'à une condamnation de 6 francs, sous le prétexte que telle était la valeur actuelle de l'arbre coupé ;
cette jurisprudence abusive ayant été dénoncée au
ministre de la justice, ce ministre a écrit le 11 prairial an 8 à l'accusateur public près du tribunal criminel à Dijon, une lettre dont voici l'extrait :

L'article 609 du code des délits et des peines, qui
maintient provisoirement l'exécution de la loi du 20
messidor an 3, impose aux tribunaux l'obligation d'appliquer les peines que prononce l'ordonnance de 1669;
or le moyen de concilier ces deux lois consiste à se
régler sur les dispositions de l'ordonnance de 1669,
pour constituer et caractériser le délit et établir la peine,
et à se conformer aux dispositions de l'article 10 de la
loi du 20 messidor, pour déterminer, d'après la valeur
actuelle des bois, la quotité de la restitution et de
l'amende. Le seul but de cet article est de rétablir
entre les peines que détermine l'ordonnance de 1669,
et la valeur actuelle des bois, une juste proportion,
que la progression énorme du prix des bois, depuis
plus d'un siècle, a fait disparaître. Ainsi les juges peuvent bien, en vertu de la loi du 20 messidor an 3,
rendue à une époque où le papier-monnaie était en
circulation, prononcer, dans le cas de vol ou d'enlèvement de bois dans les forêts nationales, des amendes ou restitutions plus fortes que celles fixées par
l'ordonnance de 1669 ; mais ils ne peuvent les prononcer moindres. C'est ici le cas de rappeler les dispositions des articles 14 et 15 du titre 32 de cette ordonnance, qui défendent expressément aux juges d'arbitrer les amendes et peines, ni de les prononcer moin-

dres, ou de les modérer ou changer, pour quelque cause que ce soit.

Quant au mode de recouvrement des amendes, un arrêté du 1 nivôse an 5 (*Bulletin* 97. n°. 917.) a enjoint aux commissaires du gouvernement près des tribunaux, de remettre dans les trois jours qui suivraient la prononciation d'un jugement portant peine d'amende ou de confiscation, un extrait de ce jugement aux receveurs du droit d'enregistrement établis dans l'arrondissement, pour les mettre en état de faire les diligences nécessaires à l'effet d'opérer le recouvrement des condamnations prononcées article 1 et 2.

Les dispositions de cet arrêté ont été interprêtées par celui du 16 du même mois (*Bulletin* 99, n°. 941) lequel est ainsi conçu :

Art. 1. Le délai de trois jours, dans lequel l'art 1. de l'arrêté du Directoire exécutif, du 1 nivôse présent mois, oblige ses commissaires près les tribunaux de remettre aux receveurs du droit d'enregistrement un extrait des jugemens portant peine d'amende ou de confiscation, n'est applicable qu'aux jugemens rendus par les tribunaux de police contre lesquels il n'y a point de déclaration de recours à cassation.

2. A l'égard des jugemens de ces tribunaux contre lesquels il a été fait, dans les trois jours, une déclaration de recours à cassation, les extraits n'en seront remis aux receveurs du droit d'enregistrement, que dans les trois jours qui suivront soit la réception du jugement confirmatif du tribunal de cassation, soit la déchéance du recours à cassation, par l'effet du défaut de consignation d'amende dans les dix jours fixés par l'article 449 du code des délits et des peines, pour la remise au greffe, de la requête en cassation, à laquelle la quittance de consignation d'amende doit être jointe, aux termes de l'article 17 de la loi du 2 brumaire an 4.

3. Quant aux jugemens des tribunaux correctionnels, les extraits n'en seront remis aux receveurs du droit d'enregistrement, que dans les trois jours qui suivront soit l'expiration du délai fixé pour l'appel de ces jugemens, et ce, dans le cas seulement où il n'en aura pas été appelé, soit la réception des jugemens confirmatifs rendus par les tribunaux criminels, lesquels, suivant l'esprit des articles 205, 440 et 443 du code des délits et des peines, ne doivent, en cas de déclaration de recours à cassation, être adressés aux commissaires du directoire exécutif près les tribunaux correctionnels pour être mis à exécution, qu'après avoir été eux-mêmes confirmés par le tribunal de cassation, ou après que la déchéance du recours à cassation est encourue par le défaut de consignation d'amende, ainsi qu'il est dit à l'article précédent.

La moitié du produit des *amendes*, déduction faite de tous frais de poursuite et de recouvrement, doit, aux termes de l'article 15 du décret annexé à la loi du 29 septembre 1791, être laissée à la disposition de l'administration forestière, pour être distribuée, à titre de *gratification*, aux *gardes* qui ont le mieux rempli leur service.

AMENTACÉ. On nomme ainsi les fleurs ordinairement uni-sexuelles, qui sont disposées en *chaton*.

AMI. (*Voyez* COMMAND).

ANATOMIE DES PLANTES. Les plantes se divisent en tronc et en extrémités inférieure et supérieure. Le *tronc*, ou la tige, est composé de l'*écorce*, de l'*aubier*, du *bois* et de la *moelle*; les extrémités inférieure et supérieure sont formées des mêmes parties à-peu-près que le tronc; les premières offrent des *racines* bulbeuses, tubéreuses ou fibreuses, qui se multiplient par les chevelus et les cayeux; les secondes consistent dans des *branches* ou rameaux qui se forment annuellement par les jeunes pousses et présentent des bourgeons, des boutons, des feuilles, des fleurs et des fruits. Les organes de la *génération* des plantes sont renfermés dans les fleurs : on nomme *étamines* les organes mâles, et *pistils* les organes femelles. Le plus souvent les plantes sont *hermaphrodites*, c'est-à-dire que les fleurs contiennent des organes mâles et femelles; plusieurs sont *monoïques*, et ont des fleurs mâles et des fleurs femelles séparées sur le même pied; d'autres sont *dioïques*, et portent des fleurs mâles et femelles sur des individus différens. Les plantes se reproduisent par des *semences* ou graines, et par des *bourgeons*, *des drageons*, *des boutures*, *des marcottes*, *des provins* et *des greffes*.

Les fluides principaux qui animent la plante sont l'*air*, dans divers états, l'*eau* ou la *lymphe*, la *sève*, le *suc propre* et les *sucs gommeux* et *résineux*.

ANCIEN. Les baliveaux se distinguent en anciens et modernes, et fort souvent l'on retranche le mot baliveaux pour dire seulement les *anciens* et les *modernes*.

ANDELLE. Bois à brûler, très-droit et sans nœuds, quelquefois mêlé de charme, mais presque toujours en entier de hêtre, plus court d'environ 32 décimètres que le bois ordinaire. Il prend son nom de la rivière d'Andelle.

ANIMAUX. (*Voyez* BESTIAUX, CHASSE).

ANTHÈRE. Les anthères sont des espèces de bourses qui renferment le *pollen* ou la *poussière fécondante*, destinée à féconder l'ovaire, (*Voyez* PISTIL).

AOUTER. Ce terme s'emploie pour désigner l'action du mois d'août sur les fruits par rapport à la maturité, et sur le bois par rapport aux couches ligneuses qui, à cette époque, fortifient les bourgeons de l'année.

APÉTALE. On nomme apétales les fleurs qui n'ont point de corolle.

APPEL. Les articles 16 et suivans du titre 9 de la loi du 29 septembre 1791, exposent la manière de procéder en cas d'appel de jugemens obtenus par les préposés de l'*Administration forestière*. (*Voyez* ce mot).

ARBOUSIER.

ARBOUSIER. L'arbousier , aussi nommé fraisier en arbre, *arbutus unedo* (décandrie monogynie de Linné) est un grand arbrisseau toujours vert, qui croît naturellement dans les départemens méridionaux de la France ; ses feuilles sont alternes, simples , entières , lisses , fermes , dentées en scie , ayant de la ressemblance avec celles du laurier ; ses fleurs blanches sont monopétales, en grelot, elles sont disposées en grappes à l'extrémité des rameaux, ainsi que les fruits, qui sont des baies rondes , pleines de suc , divisées en cinq loges, qui renferment des semences osseuses. Ces fruits, qui demeurent sur l'arbre jusqu'à ce que la nouvelle fleur soit venue, sont d'abord jaunes, et d'un beau rouge après leur maturité. Les merles , les grives et les enfans en sont très-friands ; mais ils sont astringens et indigestes.

Au midi de la France on transporte les jeunes plants après la chute des fruits, avec leurs racines et leur motte ; mais dans le nord, il vaut mieux en semer la graine, qu'on a eu soin de laver et de conserver jusqu'au printems dans un sable fin et sec.

On pourrait employer les feuilles et l'écorce pour tanner le cuir. Le bois , qui est blanc, est propre à certains ouvrages , et fait de bon charbon. Il y a une espèce de cochenille qui se tient auprès de la racine , à la partie de la tige recouverte de terre ou de mousse; on pourrait tirer une belle couleur de cet insecte en le mettant sécher au four avant sa métamorphose.

ARBRE. Les arbres sont des plantes d'une consistance ligneuse , plus ou moins solide, qui portent des bourgeons , s'élèvent à une grande hauteur et vivent long-tems , quelques-uns même plusieurs siècles.

Ils se reproduisent par les semences, par les boutures, les marcottes ou provins, les greffes, les rejetons, les racines.

Outre les usages multipliés des arbres dans l'économie domestique et les arts et métiers, ils sont d'une grande utilité relativement à leurs effets sur le sol ; ils empêchent, par l'entrelacement de leurs racines, les éboulemens des montagnes ; ils arrêtent et fixent la terre végétale sur des rochers, dans les crevasses desquels leurs semences ont germé ; ils améliorent les terres maigres, élèvent les terrains marécageux par le détritus qu'ils y déposent, en absorbent l'humidité par la prodigieuse transpiration des jeunes rameaux et des feuilles ; les nuages soutirent les parties aqueuses, qu'ils rendent ensuite aux terrains privés de ce moyen de fécondation, et c'est ainsi aux arbres que l'on doit l'entretien des sources, qui s'épuisent et se dessèchent dans les lieux qu'on a dépouillés de leurs forêts.

Les arbres *toujours verts* ne conservent pas pour cela les mêmes feuilles ; mais ils ne laissent tomber les anciennes que long-tems après que les nouvelles ont pris leur entier accroissement. Un arbre toujours vert greffé sur un autre qui perd ses feuilles, les lui fait conserver. Le laurier-cerise greffé sur le mûrier, et l'yeuse sur le chêne, ont constaté ce phénomène.

Dans les palmiers toujours verts, les feuilles de chaque année repoussent en dehors les feuilles de l'année précédente ; et ce sont les bases des anciennes feuilles desséchées qui constituent toute leur écorce.

Les principaux arbres *forestiers* sont le chêne, l'orme, le charme, le hêtre, le châtaignier, l'érable, le bouleau, le cornouiller, le tilleul, le pin, le sapin, etc. Mais on ne s'est pas borné à la description de ces arbres, et l'on a donné celle de la plupart des espèces qui, sans pouvoir être rangées parmi les arbres considérés proprement comme fruitiers ou de simple agrément, sont susceptibles de culture en pleine terre.

Les signes extérieurs auxquels on reconnaît la bonne

qualité d'une arbre, sont un port droit sans nœuds ni trous, une écorce claire, fine, unie et luisante tant aux branches qu'au tronc; les branches de la cime bien élevées au-dessus des autres; la pousse de la dernière sève d'une longueur considérable; les feuilles nombreuses, vertes, vives et étoffées, dont la chute est tardive. Les signes de défectuosité sont, au contraire, une écorce terne, galeuse, qui se fend et se sépare d'elle-même en travers, de distance en distance, ou qui peut s'enlever sans effort, avec la main, sur-tout vers le pied; de grandes taches blanches ou rousses qui font soupçonner des gouttières, des écoulemens d'eau ou de sève, par l'effet desquels le bois s'est pourri intérieurement; l'existence d'une grande quantité de mousse, de lichens, qui annoncent ordinairement la vieillesse de l'arbre; les chancres, les cicatrices des branches, les nœuds pourris, les loupes, les excroissances, les bourrelets; la présence d'un grand nombre de vers, manifestée par les visites fréquentes des pics; les gerçures, les branches de la couronne ou chapeau, mortes ou languissantes; la couleur pâle des feuilles, et leur chute précoce.

En matière forestière il y a plusieurs expressions consacrées à déterminer l'état, la nature et l'emploi des arbres.

On nomme, en général, arbres et bois *de délits*, ceux qui ont été coupés en contravention; arbres de *brin*, ceux qui sont de belle venue, dont la tige est haute et droite; arbres *faux-ventés*, ceux qu'à force de cordages ou autres machines, on a déchaussés pour les faire tomber; arbres de *réserve*, proprement dits, les baliveaux qu'on laisse à chaque coupe pour repeupler les bois (les pieds-corniers, leurs témoins, les arbres de lisière ou parois, que l'arpenteur laisse autour des ventes pour en marquer les limites, sont aussi des arbres de réserve); arbres de *lumière*, ceux qui se trouvent directement au milieu des brisées, et que les arpenteurs laissent pour faciliter leurs opérations : (ces arbres sont marqués sur les deux faces qui regardent chaque pied-cornier ; quelquefois on les perce, mais il est rare que les arpenteurs en fassent usage) ; arbre d'*assiette*, celui qui indique l'endroit par où les officiers forestiers ont fait assiette d'une vente, lequel est aussi un arbre de réserve ; arbres *fruitiers*, ceux qui portent des fruits, et qu'on doit réserver lorsqu'ils sont sains et vifs ; arbres *empruntés*, ceux que l'arpenteur marque sur pied-cornier, quoiqu'ils ne soient pas directement dans les angles des ventes à couper ; arbres de *lisière* ou *parois*, ceux qu'on laisse sur les lignes entre les pieds-corniers, et que l'on marque du côté qui regarde la vente, tant du marteau de l'arpenteur que du marteau national ; arbres en *état*, ceux qui sont encore sur pied ; arbres à *laie* ou de *repeuplée*, les jeunes plants qu'on laisse pour repeupler les taillis, lorsqu'on en fait la coupe ; *pieds-corniers*, des arbres qu'on marque dans les angles : (ceux qui sont dans les angles rentrans se nomment pieds-corniers tournans, et sont marqués sur chaque face qui regarde la vente à droite et à gauche) ; *témoins*, des arbres empruntés dans les ventes voisines, à défaut d'en trouver de propres sur les limites de celle qui est mesurée pour être adjugée ; arbres *couronnés*, ceux dont les branches de la cime sont mortes ; arbres *fruitiers*, ceux qui portent des fruits, comme les pommiers, les poiriers, les néfliers, les alisiers, les mérisiers : ces arbres sont réservés de droit.

On appelle arbres de *haute-futaie* ou de *haut-vent*, ceux qu'on laisse s'élever jusqu'à ce qu'ils ne croissent plus, comme l'orme, le chêne, le pin, et qui font l'ornement des grands bois, des avenues, des parcs ; arbres de *plein vent* ou en *plein air*, les arbres fruitiers qu'on laisse parvenir à toute leur hauteur ; arbres de *demi-vent* ou de *demi-tige,* ceux dont on borne la tige à un mètre ou un mètre et demi ; arbres *nains,* ceux qui se tiennent naturellement fort bas , ou à l'élévation desquels on s'est opposé par différens procédés. (*Voyez* BOIS).

Les arbres épars sur les fossés ou sur d'autres parties des héritages des particuliers, lorsqu'ils sont situés en dedans de la ligne de gruerie , ne peuvent être abattus , sans que les propriétaires en aient préalablement fait leur déclaration à l'administration forestière , et en aient obtenu la permission. (*Voyez* RIVERAINS).

ARBRISSEAU. On nomme arbrisseau un arbre de petite taille, dont les jeunes branches produisent ou portent des boutons; il diffère de l'arbre en ce que celui-ci n'a qu'une tige haute, chargée de branches, et que le tronc de l'arbrisseau se sous-divise en plusieurs tiges branchues qui forment un buisson; on le distingue des plantes herbacées vivaces, en ce que sa tige ne meurt pas jusqu'à la racine, en automne ; rarement l'arbrisseau s'élève au-delà de trois à quatre mètres. L'aubépin est un arbrisseau.

ARBRE DE JUDÉE. (*Voyez* GAINIER).

ARBRE DE VIE. (*Voyez* THUYA).

ARBUSTE. L'arbuste ou sous-arbrisseau est plus petit que l'arbrisseau, dont il est distingué par un caractère particulier. En automne , l'arbre et l'arbrisseau poussent, dans les aisselles des feuilles, des boutons qui se développent au printems, et s'épanouissent en feuilles et en fleurs ; l'arbuste, au contraire, attend le renouvellement de la sève pour produire des boutons , et le même printems les voit naître et s'épanouir. Le groseillier , la bruyère sont des arbustes

ARCHIVES. (*Voyez* l'art. 2 du titre 1ᵉʳ. de l'instruction insérée sous le mot CONSERVATION DES FORÊTS).

ARE. Dans le nouveau système métrique, l'unité des mesures agraires se nomme *are,* et répond à un carré qui a dix mètres ou un décamètre de côté. L'are

H 3

se divise en cent *centiares* ou mètres carrés. On nomme *hectare*, une surface de cent ares, ou dix mille mètres carrés. L'*hectare* et l'*are* remplacent l'*arpent* et la *perche* dont ils sont à-peu-près le double. Le rapport de l'arpent à la perche est centésimal, comme celui de l'hectare à l'are.

Un arpent vaut cinquante-un ares sept centiares ; deux arpens sont représentés par un hectare, deux ares, quatorze centiares.

Voici une table de conversion des *arpens* en *hectares* jusqu'au nombre de 500 arpens. Des 4 décimales qui suivent les hectares, c'est-à-dire qui se trouvent après le point, dans la colonne des hectares, les deux premières sont des *ares*, et les deux dernières des *centiares* : ainsi la seconde ligne, correspondante à 2 arpens, s'exprime par un hectare, deux ares, quatorze centiares.

Arpens.	Hectares.	Arpens.	Hectares.
1	0, 51 07	19	9. 70 37
2	1. 02 14	20	10. 21 45
3	1. 53 22	21	10. 72 51
4	2. 04 29	22	11. 23 58
5	2. 55 36	23	11. 74 65
6	3. 06 43	24	12. 25 72
7	3. 57 50	25	12. 76 80
8	4. 08 58	26	13. 27 87
9	4. 59 65	27	13. 78 94
10	5. 10 72	28	14. 30 01
11	5. 61 79	29	14. 81 08
12	6. 12 86	30	15. 32 16
13	6. 63 93	31	15. 83 23
14	7. 15 00	32	16. 34 31
15	7. 66 08	33	16. 85 38
16	8. 17 16	34	17. 36 45
17	8. 68 23	35	17. 87 53
18	9. 19 30	36	18. 38 60

Arpens.	Hectares.			Arpens.	Hectares.		
37	18.	89	67	71	36.	26	13
38	19.	40	74	72	36.	77	20
39	19.	91	81	73	37.	28	27
40	20.	42	88	74	37.	79	34
41	20.	93	95	75	38.	30	41
42	21.	45	02	76	38.	81	48
43	21.	96	09	77	39.	32	55
44	22.	47	16	78	39.	83	62
45	22.	98	24	79	40.	34	69
46	23.	49	31	80	40.	85	76
47	24.	10	38	81	41.	36	83
48	24.	51	45	82	41.	87	90
49	25.	02	52	83	42.	38	97
50	25.	53	59	84	42.	90	04
51	26.	04	67	85	43.	41	12
52	26.	55	74	86	43.	92	19
53	27.	06	81	87	44.	43	26
54	27.	57	88	88	44.	94	33
55	28.	08	95	89	45.	45	41
56	28.	60	03	90	45.	96	49
57	29.	11	10	91	46.	47	56
58	29.	62	17	92	46.	98	62
59	30.	13	14	93	47.	49	69
60	30.	64	32	94	48.	20	76
61	31.	15	39	95	48.	61	84
62	31.	66	46	96	49.	02	91
63	32.	17	54	97	49.	53	98
64	32.	68	62	98	50.	05	06
65	33.	19	69	99	50.	56	13
66	33.	70	76	100	51.	07	20
67	34.	81	83	200	102.	14	40
68	34.	72	90	300	153.	21	59
69	35.	23	97	400	204.	28	79
70	35.	75	04	500	255.	35	99

Cette table servant à convertir les arpens en hectares, sert également à convertir les *perches* en *ares*.

Une perche carrée vaut 51 centiares 4 millièmes; mais, comme en fait de mesures agraires, on n'emploie pas de divisions au-dessous des centiares, les 4 millièmes se négligent; et l'usage est de ne pas compter la colonne des millièmes quand elle est composée de chiffres inférieurs à 50, et de compter un centiare de plus quand les chiffres surpassent ce nombre.

Dans la table suivante, où les *hectares* sont réduits en *arpens*, des trois decimales qui suivent les arpens, les deux premières représentent des *perches*, et la dernière des *dixièmes* de perche.

Hect.	Ares.	Per.	10	H.	A.	P.	10e.	H.	A.	P.	10e.	H.	A.	P.	10e.
1	1	95	8	7	13	70	6	40	78	32	1	100	195	80	2
2	3	91	6	8	15	66	4	50	97	90	1	200	391	60	4
3	5	87	4	9	17	62	2	60	117	48	1	300	587	40	6
4	7	83	2	10	19	58	0	70	137	06	1	400	783	20	8
5	9	79	0	20	39	16	0	80	156	64	1	500	979	01	0
6	11	74	8	30	58	74	1	90	176	22	2				

Voici des tables pour la conversion des *ares* en *perches* et des *perches* en *ares*.

Ares en Perches, et dixièmes de Perche.						Perches en Ares et Centiares.					
Ares.	Perch	10es.	Are.	Per.	10es.	Perch.	Ars.	Cent.	Perch.	Ares.	Cent.
1	1	9	20	39	2	1	0	51	20	10	21
2	3	9	30	58	7	2	1	02	30	15	32
3	5	9	40	78	3	3	1	53	40	20	43
4	7	8	50	97	9	4	2	04	50	25	54
5	9	8	60	117	5	5	2	55	60	30	64
6	11	7	70	137	1	6	3	06	70	35	75
7	13	7	80	156	6	7	3	58	80	40	86
8	15	7	90	176	2	8	4	09	90	45	96
9	17	6				9	4	60			
10	19	6	100 ar. = 1 hect.			10	5	11	100 p. = 1 arp.		

S'il s'agissait d'établir les rapports de valeur existant entre l'arpent et l'hectare, il suffirait, pour les calculer, de faire attention aux rapports d'étendue, qui sont pour ces deux mesures de un à deux.

ARGILE. L'argile est une terre pesante, compacte, dont la couleur varie ; pure, elle nuit à la végétation ; convenablement mélangée avec du sable, des cailloux ou d'autres substances, qui la rendent plus perméable, à l'eau, elle est très-productive, (*Voyez* GLAISE, TERRAIN).

ARME. Les *épines* et les *aiguillons* sont les armes des plantes. (*Voyez* ces mots, *voyez* aussi UNIFORME).

ARMER. On appelle armer un arbre, l'opération qui consiste à le garnir d'épines par le pied, pour empêcher les bestiaux de s'y frotter, et d'en offenser l'écorce. Les arbres d'une pépinière ayant l'écorce tendre et délicate, parce qu'ils ont toujours été à l'ombre, il faut, quand on les transplante, avoir soin d'en entortiller la tige avec des cordons de paille, pour ne point les exposer tout-à-coup aux fortes gelées, ni aux grandes ardeurs du soleil.

ARPENT. L'arpent d'ordonnance ou des eaux et forêts était composé de cent perches carrées, de vingt-deux pieds de côté. D'après le nouveau système métrique, le terrain doit s'évaluer en hectares, ares et centiares. (*Voyez* ARE).

ARPENTEUR. L'art. 9 du titre 2 de la loi du 29 septembre 1791, porte que jusqu'au bornage général des bois et des coupes qui en dépendent, il y aura dans chaque division forestière un nombre suffisant d'arpenteurs attachés au service de la conservation.

L'art. 5 de la loi du 16 nivôse an 9, (*Bulletin 62*, N°. 454.) fixe la rétribution des arpenteurs à deux francs par hectare de bois dont ils auront fait le mesurage, et un franc cinquante centimes pour ceux dont ils auront fait le récolement; cette rétribution est acquittée sur le produit des ventes. Décret annexé à la loi du 29 septembre 1791, art. 13.

Les erreurs de mesure, lorsqu'elles excèdent un demi-hectare sur vingt, doivent être à la charge de ceux qui ont fait l'arpentage. Même loi, titre 14, art 8, et titre 15, art. 10 de l'ordonnance de 1669.

Voici en quoi consistent les diverses opérations con fiées aux arpenteurs, relativement aux bois et forêts

L'assiette et le mesurage devant précéder le bali vage et martelage des coupes, les arpenteurs, sur l'éta qui leur est remis par les inspecteurs, du nombre de ventes à asseoir dans les différens cantons de leur arrondissement, s'y transportent, et font le mesurage en présence du garde du lieu où les ventes se trouvent situées, sans pouvoir marquer pour les coupes plus ou moins d'hectares qu'il ne leur a été prescrit; ils font des fossés d'angles, s'il n'y en a pas, et des *brisées*, (*voyez* ce mot) pour servir de passage aux portes-chaînes, etc. ils font aussi des fossés de distance en distance, sur les lignes lorsque les pièces sont longues et qu'elles se trouvent dans l'intérieur des massifs dont les coupes ne sont point séparées par des fossés de division, bornes ou allées, etc.

Ils doivent désigner et marquer de leur marteau, le plus près de terre que faire se peut, les pieds-corniers, parois et arbres de lisière qu'ils ont choisis; ils les indiquent sur le plan figuré qu'ils tracent de chaque coupe, et sur le procès-verbal qui est signé des gardes des triages où ils opèrent; ils désignent en outre le côté de ces arbres sur lequel ils ont fait des faces pour recevoir la marque du marteau national, de celui de l'inspecteur et du leur; il y est aussi fait mention des arbres qu'ils ont empruntés dans les assiettes voisines pour servir de pieds-corniers, de leur âge, essence et grosseur, de leurs distances respectives, et des coupes où ils se trouvent. Les arbres de lisière et de parois sont marqués du marteau national et de celui du géomètre sur une face, à la différence des pieds-corniers, qui le sont sur les faces correspondantes aux autres pieds-corniers.

Les arpenteurs doivent se servir au moins de l'un des pieds-corniers de l'ancienne vente, et observer toutes les circonstances propres à faire reconnaître les arbres reservés lors du récolement. (*Voyez* Assiette, Mesurage).

L'ordonnance de 1669, titre 15, art. 10, a enjoint aux arpenteurs, sous peine d'interdiction et d'amende arbitraire, d'être exacts dans leurs opérations, et de ne pas donner lieu aux réclamations des adjudicataires, pour *manque de mesure* dans les coupes de bois. Les arpenteurs sont rendus responsables des erreurs du même genre, par l'art. 8 du titre 14 de la loi du 29 septembre 1791. La régie a rappelé ces injonctions par une circulaire du 15 thermidor an 7, et elle a observé par une autre circulaire du 5 thermidor an 8, que les manques de mesure devaient être constatés lors du récolement, non-seulement par les agens forestiers, mais encore en présence de l'arpenteur qui avait fait le premier arpentage, comme étant intéressé à défendre son ouvrage, et à empêcher le préjudice qu'une seconde opération, faite avec peu de soin, pourrait occasionner à la République.

Après l'exploitation des ventes, les arpenteurs en font contradictoirement le *réarpentage* : ensuite les agens forestiers procèdent au *récolement*, et dressent procès-verbal de la quantité d'hectares et d'ares qu'ils ont trouvée dans la vente réarpentée : s'il a été fait quelque entreprise ou outre-passe au-delà des pieds-corniers, ils la mesurent et en font la description exacte, qu'ils distinguent dans la figure qui doit être par eux dressée; et s'ils observent une moindre mesure, ils en font également mention, afin qu'il en soit tenu compte à l'adjudicataire.

Le réarpentage terminé, les arpenteurs doivent remettre leurs procès-verbaux et les plans des ventes réarpentées, à l'inspecteur forestier, pour y avoir recours lors du récolement.

Les agens forestiers ne sont tenus d'assister les arpenteurs que pour la reconnaissance des limites, la séparation des coupes, la direction des tranchées, et la plantation des bornes; les arpenteurs peuvent procéder seuls à toutes les autres opérations, de la régularité desquelles ils sont responsables. (*Voyez* sous le mot ADMINISTRATION FORESTIÈRE, le titre 11 de l'ordonnance de 1669; *Voyez aussi* ASSIETTE, MESURAGE).

ARRACHIS. Ce terme s'emploie pour désigner l'action par laquelle on arrache des plants d'arbres; il est défendu, sous peine d'une forte amende, d'arracher aucun arbre, ou de lever aucun plant dans les forêts. (*Voyez sous le mot* ADMINISTRATION FORESTIERE, les art. 18 du titre 3, 11 du titre 27, et 13 du titre 32 de l'ordonnance de 1669).

Quoique la conservation des souches soit ordonnée dans l'abattage légal des bois, il y a peu à espérer d'une grosse et vieille souche dont les racines sont usées et ne peuvent produire que de faibles jets, et l'expérience démontre que les hautes-futaies abattues ne forment plus que des bois de mauvaise essence, ou même des landes. Il vaudrait peut-être mieux, comme on l'a observé ailleurs, que l'adjudicataire des futaies fût chargé d'arracher les arbres, d'essarter et dresser le terrain, et de le repeupler, avec la garantie qu'il serait bien fourni de jeunes arbres, a la cinquième année.

ARRIERE-PANAGE. Ce terme désigne le tems pendant lequel on laisse les bestiaux dans une forêt après l'expiration de celui du panage.

ARRONDISSEMENS. L'administration forestière est divisée, pour les bois de la république, en Europe, en 28 arrondissemens, déterminés par les arrêtés du 6 pluviôse an 9, *Bulletin* 65, n°s. 498 et 499. (*Voyez* CONSERVATEURS.)

ARROSEMENT. Les arrosemens doivent être de nature à ne point affaisser la terre ; trop fréquens ou trop abondans , ils déchaussent ou ébranlent les jeunes arbres , pourrissent même les racines et les tiges ; cependant, si l'aspersion des graines ou d'un jeune plant nouvellement levé, doit être faite sous forme d'une pluie très-légère, on peut verser l'eau par torrens sur le pied des arbres que l'on transplante ; elle entraîne la terre, la colle autour des racines, et remplit les vides qui se trouveraient entre elles ; il est convenable de mettre ensuite aux pieds des arbres nouvellement plantés, de long fumier, de la fougère ou des feuilles sèches, afin d'y conserver la fraîcheur, et de former, pour les arrosemens subséquens, une sorte de crible à travers duquel l'eau filtre doucement dans la terre.

En été, c'est sur-tout le soir qu'il faut arroser, et en géneral les arrosemens doivent être faits à des heures où, suivant l'exposition du terrain, le soleil ne soit pas dans le cas de frapper trop tôt après.

Dans les pays de montagnes, on conduit l'eau dans le terrain par des rigoles ; c'est ce qu'on nomme arroser *par immersion.*

ARSIN. On appelle ainsi les arbres qui ont été charmés, ou auxquels on a mis le feu pour les faire périr, ce qui est prohibé par l'art. 22 du titre 27 de l'ordonnance de 1669. (*Voyez* CHARMER.)

ARTISON. C'est le nom d'un petit ver qui naît dans le bois, et le perce comme un foret. On dit du bois rongé et percé de trous, par ces vers, qu'il est *artisonné, artuisonné* ou *artusonné.*

ASPIRATION. (*Voyez* INTUS-SUSCEPTION.)

ASSIETTE. L'assiette d'une coupe de bois est la désignation de l'endroit de la forêt destiné à subir cette coupe ; c'est ce qu'on appelle *asseoir la vente.*

Au jour indiqué pour procéder à cette opération

l'agent en chef annonce la quantité d'hectares dont l'assiette doit être composée; il montre à l'arpenteur le lieu, les bouts et les côtés de la vente; il marque de son marteau deux arbres qui doivent servir aux deux extrémités opposées de pieds-corniers, et de guide à l'arpenteur. Le procès-verbal de cette opération doit contenir la dénomination des personnes présentes, la désignation des essences de bois qui composent la vente, et des tenans et aboutissans, pieds-corniers, parois, tournans, témoins empruntés, avec mention de leur espèce, de leur grosseur et de la distance dont ils sont les uns des autres; en voici la formule :

Procès-verbal d'assiette.

Le etc., nous inspecteur de l'arrondissement de nous sommes rendu, accompagné de sous-inspecteur de garde principal et de arpenteur, dans la forêt de triage de à l'effet d'y établir l'assiette de la vente qui doit être exploitée l'année prochaine, laquelle vente contiendra hectares de bois taillis de l'âge de composés de (désigner les principales espèces de bois, avec mention de leur état de vigueur ou des abroutissemens qui y ont eu lieu). Cette vente aura pour limites, au nord, la vente en usance de l'année dernière; au midi, le corps de la forêt; à l'orient, etc. à l'occident, etc. et pour indication plus positive de l'étendue à mesurer, deux chênes de l'âge de (ou autres arbres à leur défaut) existant, l'un au nord, sur la lisière de la précédente vente, et l'autre au midi ont été par nous frappés d'un coup de notre marteau, pour servir de pieds-corniers et de guide au géomètre, qui tracera sur leur alignement et sur celui de la précédente coupe, deux lignes parallèles entre lesquelles se trouvera renfermée l'étendue de hectares que doit contenir la vente dont le plan figuratif nous sera remis par l'arpenteur, pour être annexé au présent procès-verbal, qui a été signé par

Une expédition de ce procès-verbal est remise à l'arpenteur, qui mesure la vente en carré parfait, en parallélogramme, ou de telle autre manière que le permet la situation des lieux; cet arpenteur trace ensuite des *laies* pour parvenir au *mesurage* de la vente, et désigner ainsi des limites que les adjudicataires ne puissent franchir. Personne n'a le droit de s'approprier les menus bois et les broussailles qu'il a fallu couper pour former ces routes et tranchées. (*Voyez* Mesurage).

Les agens forestiers doivent faire passer aux receveurs des domaines nationaux du chef-lieu de l'arrondissement, une expédition des procès-verbaux d'assiette des coupes à adjuger dans l'année.

Quand des besoins quelconques exigent une coupe plus considérable que celles qui se font régulièrement, on procède à une *assiette extraordinaire* ; cette dénomination sert aussi à désigner une assiette arriérée par défaut d'exploitation, et qu'une commune destine à être vendue, pour en employer le prix à l'acquittement de ses dettes, ou à d'autres objets d'utilité publique ; il faut, à cet effet, obtenir l'autorisation du conseil de préfecture; et quand il s'agit d'une délivrance de *futaies anciennes et dépérissantes*, ou de la vente partielle ou totale du *quart de réserve*, on ne peut y procéder qu'en vertu d'une permission donnée par le gouvernement, sur l'avis du préfet et de l'administration forestière. (*Voyez* sous le mot Coupe, l'arrêté du 8 thermidor an 4; *voyez* aussi Aménagement, Balivage).

ASSIGNATION. Les prévenus de délits forestiers sont traduits devant les tribunaux de première instance ; il leur est donné copie des procès-verbaux, en tête des *assignations*, qui indiquent le jour fixe de l'audience, qui est la première après la huitaine ; et si les assignés ne comparaissent pas au jour indiqué, il est statué par défaut. (*Voyez* pour la suite de l'instruction les art. 10 et suivans du titre 9 de la loi du 29 septembre 1791, sous le mot Administration Forestiere).

ASSISES. On nommait ainsi des séances extraordinaires tenues par les juges supérieurs dans des sièges inférieurs dépendans de leur jurisdiction.

ASSOCIATION. Le nombre d'associés pour chaque vente ne peut excéder celui de quatre, y compris l'adjudicataire, qui est tenu de déclarer ses associés, et d'en faire insérer les noms au procès-verbal.

Les adjudicataires ne peuvent faire d'associations secrètes ou de monopoles, à peine de déchéance de leur adjudication, et d'amende.

ATELIER. L'art. 29 du titre 27 de l'ordonnance de 1669 fait défenses aux marchands de bois de tenir des ateliers pour ouvrer le bois ailleurs que dans les ventes.

ATRONCHEMENT. Ce terme s'applique à l'action de scier, par le pied, un arbre qui a été coupé, afin qu'en rejoignant les deux parties, on puisse reconnaître les auteurs du vol.

ATTROUPEMENS. Une proclamation du 3 novembre 1789, a défendu d'entrer dans les forêts et bois, par attroupement ou particulièrement, pour y commettre des délits.

AVANCEMENT. (*Voyez* sous le mot ADMINISTRATION FORESTIERE, le mode qu'avait établi la loi du 29 septembre 1791, pour l'avancement des élèves et des agens forestiers d'un grade inférieur).

AVANCES. (*Voyez* FRAIS).

AUBEPIN. L'aubépin, connu vulgairement sous nom *d'épine blanche*, *aube-épine*, *noble-épine*, est le *cratœgus oxyacantha* de Linné, (Icosandrie-digynie). Ses feuilles sont d'un vert luisant, et découpées comme celles du persil; a des bouquets de fleurs blanches *rosacées*, qui s'épanouissent en floréal, succède un fruit rond, rouge, qui mûrit en automne, et dont les grives sont friandes; cet arbrisseau ne craint ni le chaud ni le froid; on en fait de bonnes haies. Il se multiplie de graine ou de rejetons enracinés; son bois, armé de piquans, occupe le premier rang après le buis, pour la dureté et l'égalité; on en fait grand cas pour les ouvrages du tour.

AUBERGE. Nul agent de l'administration forestière ne peut, sous peine de destitution, tenir hôtellerie ni auberge,

auberge, ni vendre des boissons en détail. (Loi du 29 septembre 1791, titre 3, art. 14).

AUBIER. Il se forme, chaque année, entre l'écorce et le bois des arbres, une nouvelle couche ligneuse, qui est d'abord blanche et tendre; on la nomme aubier. Cette zône ou ceinture enveloppe le bois parfait, et n'en diffère que par sa couleur, sa pesanteur et sa densité; elle est composée de vaisseaux lymphatiques, ou fibres ligneuses, du tissu cellulaire qui, partant de la moelle, vient se perdre dans l'écorce, en suivant une marche horizontale, de vaisseaux propres, d'utricules et de trachées. Le but de la nature, en formant cette zône, est de la faire insensiblement passer à l'état de bois, au moyen des ascensions et descensions successives de la sève. Ainsi l'aubier, qui est une production du liber, produit à son tour le bois.

L'aubier est d'autant plus épais que l'arbre est vigoureux; il est fort sujet aux vers, il se pourrit aisément à l'humidité, et se réduit en poudre dans des endroits fort secs; les poutres, les lattes et les solives doivent en conséquence être sans aubier; quand il s'en rencontre dans le merrain, on a lieu de craindre que le vin ne se conserve pas dans les futailles. En exploitant les bois, on réserve souvent les parties d'aubier pour en faire des échalas; mais bien des vignerons n'en veulent point.

Il est possible de diminuer la quantité d'aubier dans les arbres que l'on veut abattre, en coupant les halliers et arbustes qui entretiennent la fraîcheur à leur pied, et en enlevant, au commencement du printems, une zône de l'écorce, à environ un mètre au-dessus des racines; la sève étant ainsi interceptée, l'aubier devient plus dense et plus solide.

AVELINIER. (*Voyez* AMANDIER).

AVENUE. A moins que le terrain ne le permette pas, on doit aligner les avenues lorsqu'on en fait la plantation; si les arbres ont une courbure, on met leur face droite dans le sens de l'alignement. C'est sur-tout pour les avenues qu'on doit régler le choix des arbres sur la nature du terrain, vu les difficultés et les dépenses qu'occasionneraient des fouilles et des transports de terre considérables; lorsque la qualité du terrain ne s'y oppose pas, l'on doit préférer, pour les avenues, les arbres de la plus grande taille, dont le port élevé et majestueux forme une belle décoration, et qui donne de bon bois quand on les abat.

Les arbres doivent être convenablement espacés: lorsqu'ils sont plantés trop loin les uns des autres, ils forment des files mal garnies, dont l'aspect est désagréable au moment où il périt quelques pieds; quand les plantations sont trop rapprochées, les arbres se nuisent par leurs racines, qui se dérobent mutuellement la nourriture, et par leurs branches qui s'entrelacent. Les chênes, les ormes, les châtaigniers doivent être à une distance réciproque d'environ dix mètres; les peupliers d'Inde, les bouleaux, les aunes, les sorbiers, les cyprès, qui étendent peu leurs branches, peuvent être mis à trois mètres de distance les uns des autres, et les tilleuls, les peupliers de Canada, qui poussent des branches latérales à quatre mètres. L'espace entre les platanes, les hêtres, les marronniers d'Inde, les pins, les sapins, doit être de huit mètres.

Quant à la largeur des avenues, elle doit être proportionnée à leur étendue, et augmenter en raison de leur longueur.

Lorsque l'on veut faire des avenues un objet d'agrément, on tâche de diriger toutes les branches sur un même plan, en éventail, dans l'alignement de la file d'arbres; mais en bornant toutefois l'élagage aux branches saillantes qui nuiraient à la vue, et en laissant d'ailleurs les arbres prendre en liberté leur port élevé et majestueux.

AULNE. (*Voyez* AUNE).

AUMAILLES. (*Voyez* BETES AUMAILLES).

AUNAIE. On nomme *aunaie* ou *aunette* un lieu planté d'aunes. Le principal emploi des aunes est la construction des sabots. Pour faire un gros sabot d'homme, les tronçons doivent avoir, au moins, neuf centimètres de tour sur deux décimètres de longueur. Un arbre qui n'a que cette grosseur, et huit mètres de hauteur, comme cela se trouve fréquemment dans les aunaies les plus garnies, ne produit que trente paires de sabots. Une aunaie d'un demi-hectare, bien garnie, peut contenir un millier d'aunes de cette taille, lorsqu'ils sont sur souches dans un bon fonds, et ce millier d'aunes rend plus de deux cents grosses de sabots de douze douzaines chacune. Les fabricans prennent ordinairement dix francs de façon par grosse, dont le prix commun est de trente-deux francs, en confondant les sabots d'homme, de femme, et d'enfans.

AUNE. L'aune commun, ou bouleau glutineux, *betula alnus*, (Monoécie tétrandrie de Linné) est un les arbres qui végète le mieux dans les terres marécageuses et sujètes aux inondations. Il s'élève droit, assez haut et quelquefois jusqu'à quinze à vingt mètres. Ses feuilles sont alternes, simples, entières, ovales, dentées en scie ; la surface inférieure est velue et relevée de nervures saillantes ; elles sont gluantes et portées sur de longs pétioles. Les fleurs, qui s'épanouissent en messidor, naissent des aisselles des feuilles et sont portées sur des pédoncules rameux ; elles sont à chaton, les mâles et les femelles sur le même pied, mais séparées : les fleurs femelles deviennent ensuite un cône écailleux dont la forme approche de celle d'une petite pomme de pin.

Quoiqu'on puisse multiplier l'aune par le semis, la bouture est plus commode et plus expéditive, et elle

réussit aussi bien que celle des peupliers et des saules.
Il suffit, pour établir une aunaie, de lever du plant
tout enraciné entre les rejetons qui sortent du maître
pied de l'arbre , de tendre un cordeau pour tracer
des alignemens distans de six à sept décimètres, de
creuser des rigoles de trois décimètres de profondeur,
et d'y ranger le plant en l'espaçant de quatre à cinq
décimètres. On le recouvre aussitôt en dos d'âne, et
l'on en coupe la tige à deux doigts de terre pour l'obliger à pousser plusieurs jets.

On peut même , à défaut de plants enracinés,
multiplier l'aune avec des branches fortes et bien nour-
ries qu'on enterre dans toute leur longueur , et dont
on recouvre l'extrémité supérieure de huit ou dix centimètres de terre. Les racines d'aune arrachées et re-
plantées, reprennent aussi, pourvu qu'on leur laisse
déborder le sol de deux à cinq centimètres.

La taille des aunes se fait au mois de floréal : on en
détache l'écorce, qui est d'un gris brun en dehors et
jaunâtre en dedans ; elle remplace la noix de galle,
et les tanneurs, les chapeliers , les teinturiers en font
usage pour teindre les cuirs et le feutre en noir commun. Les pêcheurs en colorent leurs filets ; elle peut
aussi teindre la corne et les os dans les ouvrages de
coutellerie. Dans l'automne ou l'hiver qui suit l'écorcement , on exploite le taillis , et l'année d'après on
décharge les souches des jets qui épuiseraient inuti-
lement la plante.

L'aune peut être employé à faire des points de vue
dans les endroits marécageux ; on en forme aussi des
arbres de tige, des palissades, des massifs et des
taillis qu'on exploite au bout de six ou sept ans , époque
à laquelle il fournit des échalas, des perches , des
échelles légères ; on s'en sert aussi pour cheviller et
barrer les tonneaux. Les tourneurs , les ébénistes, les
saboliers , recherchent les gros troncs, dont on fait

des sabots, des talons, etc.; ce bois prend bien le noir et alors il imite l'ébène. On en fait encore des planches et des pilotis qui durent autant que ceux du chêne, pourvu qu'ils soient toujours dans l'eau ou dans la glaise bien humide.

Le bois d'aune est recherché pour chauffer le four; on en brûle aussi dans quelques appartemens, et s'il ne donne pas beaucoup de chaleur, il fait un feu agréable quand il est bien sec. (*Voyez* BOULEAU, BOURDAINE).

AVORTEMENT. Si, par un accident quelconque, les semences ne sont point fécondées par la poussière des étamines, elles avortent.

AUTORITES ADMINISTRATIVES. Le titre 8 de la loi du 29 septembre 1791 détaille les fonctions attribuées à ces autorités, concurremment avec *l'administration forestière*. (*Voyez* CE MOT).

AZEROLIER. L'azerolier, *cratœgus azarolus*, (Icosandrie digynie de Linné) a des feuilles trifides, semblables à celles de l'aubépin, mais plus grandes. Ses fleurs sont en grappes rosacées; le fruit, qu'on nomme pommette, est rond, plus petit que la nefle, avec une couronne formée par les pointes du calice; d'abord vert, il devient rouge en mûrissant; il renferme trois osselets; sa saveur est aigrelette. On cultive cet arbrisseau en Italie et dans les départemens méridionaux de la France: il croît plus vîte que l'aubépin et s'élève davantage: ses fleurs font un joli effet dans le printems, et ses fruits attirent le gibier dans les remises où l'on en a planté.

AXILLAIRE. Ce terme s'emploie, en parlant de la fleur, du fruit, et d'autres parties des plantes, pour désigner leur position dans les aisselles des feuilles ou des branches, dans l'angle formé par la réunion d'une branche avec la tige, ou d'un pétiole avec un rameau.

B.

BAGUENAUDIER. Le baguenaudier commun ou faux séné , *colutea arborescens*, (Diadelphie décandrie de Linné) est un arbrisseau qui vient naturellement en Italie et dans les départemens méridionaux de la France. Il est très-rameux et s'élève sur plusieurs tiges à la hauteur de trois ou quatre mètres , sous la forme d'un buisson médiocrement touffu et assez agréable à voir. L'écorce de ses tiges est d'un gris brun, et celle de ses rameaux plus claire et assez unie. Ses feuilles sont alternes, ailées avec une impaire, et composées de 9 à 11 folioles ovales , arrondies , un peu échancrées à leur sommet, vertes et glabres en-dessus et d'un vert glauque en dessous. Les fleurs, papilionacées et disposées en grappes peu garnies , naissent en floréal , et reparaissent en vendemiaire aux aisselles des feuilles supérieures : elles sont jaunes, et ont une ligne rougeâtre , courbée en forme de cœur à la base de leur étendard. Il y en a une variété à fleurs purpurines ; le fruit, qui mûrit au commencement de fructidor , est une gousse très-enflée et vésiculeuse, qui se rompt avec bruit quand on la prend entre les doigts , et contient plusieurs graines réniformes attachées par des pédicules à deux nervures longitudinales.

Cet arbrisseau, qui est propre à décorer les bosquets , les remises et les massifs, peut être multiplié de semences et de rejetons. Les gousses servent de nourriture aux volailles, aux chevaux, aux vaches ; on en donne aussi aux brebis pour les engraisser et leur faire avoir du lait.

BAIE. Fruit mou, succulent, charnu, d'une forme ordinairement arrondie ou ovale , renfermant une ou plusieurs semences au milieu d'une pulpe. L'arbre ou l'arbuste qui porte ces fruits se nomme *baccifère*.

BALANÇON. Espèce de bois de sapin , débité en

petit, dont il se fait un grand commerce dans les dépar-
mens méridionaux.

BALIVAGE. Le *balivage*, le *martelage*, le *récolement* sont les trois opérations qui assurent la conservation des forêts et leur reproduction. La première consiste dans le choix des brins de taillis les plus propres
à croître en futaies ; la seconde est la réserve des baliveaux des coupes précédentes qui promettent de fournir encore une plus longue carrière, et la désignation
de ceux qui, ne donnant plus aucune espérance d'accroissement, sont destinés à être exploités ; la troisième
est le contrôle de l'exploitation.

Quand l'assiette et le mesurage des ventes sont ter-
minés, les agens forestiers, munis de l'état et des
figures à eux remis, du registre portatif et du marteau
national, se transportent successivement sur toutes les
pièces, et procèdent au balivage et au martelage des
ventes assises. L'opération du balivage consiste à désigner le nombre de *baliveaux* qui doivent rester en
réserve sur chaque hectare de bois lors des coupes,
pour les laisser croître en futaie. L'usage est d'en retenir
trente-deux par hectare dans les taillis mis en coupe,
et vingt dans les futaies.

Les réserves de baliveaux se font, aux termes de
l'article 11 du titre 15, et de l'article 3 du titre 25
de l'ordonnance de 1669, en chênes, hêtres, ou
autres arbres de la meilleure essence, tels que le châtaignier, l'orme, le charme, le frêne.

Le nombre et le placement des baliveaux doivent
être subordonnés aux localités et à l'essence propre et
dominante dans la partie de forêt qui s'exploite. Il se
trouve souvent des parties où il devient inutile, même
nuisible d'y laisser des baliveaux ; tels sont les lieux
aquatiques, fangeux ou marécageux, ordinairement
peuplés de saules ou d'aunes, qui acquièrent leur grosseur en quinze ou vingt années, et dépérissent si on les

I 4

laisse plus long-tems. Dans de semblables portions de bois, les baliveaux ne feraient que nuire à la repousse.

Si dans une forêt qui ne serait peuplée que de hêtres, on laissait trop de baliveaux taillis et futaies outre les fruitiers, qui souvent excèdent le tiers ou la moitié des arbres de la forêt, sur-tout où le cerisier abonde, on gênerait considérablement les recrus ; l'ombrage des rameaux de cet arbre est très-préjudiciable, et quand il est gros il est exclusif.

D'un autre côté, il est des positions qui, dégagées de tout ombrage, seraient exposées à être brûlées par l'ardeur du soleil : telles sont les vallées et les montagnes où un peu de terre végétale couvre des monceaux de pierres.

La régie a observé par une circulaire du premier prairial an 8, que du choix des baliveaux de réserve dépendait essentiellement l'approvisionnement de la marine et des arts en bois de service.

On avait dans quelques ci-devant maîtrises l'habitude de *marquer* plus d'arbres pour *réserve*, qu'il n'en était porté dans les procès-verbaux d'assiette. Cet usage était susceptible d'abus, soit parce qu'il donnait aux adjudicataires la facilité de laisser un médiocre baliveau pour un meilleur, soit parce qu'il les autorisait à prétendre que tout ce qui excédait le nombre d'arbres exprimé dans le procès-verbal d'assiette leur appartenait, soit parce qu'il pouvait devenir un moyen de séduction entre l'adjudicataire et l'agent forestier.

La régie des domaines a en conséquence recommandé aux agens forestiers, par une circulaire du 4 fructidor an 8, de ne porter dans leur procès-verbal d'assiette que le nombre exact de baliveaux par eux réservés, et d'annoncer que si la marque se trouvait appliquée sur d'autres, ils seraient réputés ne pas faire partie des adjudications.

Au reste, tout cela suppose la conservation du mode prescrit par l'ordonnance de 1669 pour la conservation des baliveaux ; mais il serait à desirer qu'on y fît, sinon par-tout, au moins dans les lieux convenables, les changemens indiqués sous le mot *réserve*.

Une loi du 29 floréal an 3 (B. 149, n°. 864) a fixé les droits à percevoir par les ci-devant officiers des maîtrises pour les balivages et martelages ; mais les agens forestiers autres que les arpenteurs ayant maintenant un traitement fixe , il n'y a plus de droits particuliers pour le *balivage*, qui est fait par les inspecteurs et sous-inspecteurs en exécution des ordres donnés par le conservateur. Loi du 29 septembre 1791 , titre 5 , articles 9 , 10 , et titre 6 , article 12. (*Voyez* ADMINISTRATION FORESTIERE , AMÉNAGEMENT , ASSIETTE , RÉSERVE).

Le martelage et le balivage se font ordinairement par une seule opération. Le procès-verbal doit énoncer l'essence , la qualité et la grosseur des pieds corniers , tournans et parois réservés , la quantité d'empreintes apposées , la distance des unes et des autres , la quantité de baliveaux martelés , leur essence et leur grosseur. (*Voyez* MARTELAGE).

Procès-verbal de martelage et de balivage.

L'an   de la république française, le
jour de   nous, inspecteur forestier, (ou sous-inspecteur) résidant à   d'après la réquisition faite par le conservateur de cet arrondissement, de procéder au martelage et balivage de la vente ordinaire de la forêt de
conformément à l'assiette et au mesurage qui en ont été faits pour la présente année le   par   arpenteur , nous sommes transportés avec   arpenteur, au bord de cette forêt, où nous avons trouvé   garde-général, et   garde particulier.

Nous avons d'abord remarqué un chêne de   mètres de grosseur, que nous avons reconnu, à son empreinte, pour celui désigné comme premier pied-cornier lors de l'assiette, et nous avons appliqué le marteau national au-dessus de cette empreinte.

Nous dirigeant de cet arbre vers   le long de la laie qui sépare la vente en usance, de celle de la présente année, jusqu'au bout de la forêt, nous avons trouvé un autre chêne de pareille grosseur, et distant du premier de   nous avons reconnu, à la marque de cet arbre', qu'il était le second pied-cornier désigné lors de l'assiette, et nous y avons appliqué deux coups du marteau national; savoir : l'un à la face qui regarde le précédent, l'autre   et de plus un coup de notre marteau.

Suivant ensuite la lisière de la forêt, nous avons trouvé, à la distance de   un arbre (spécifier l'essence) de   mètres de grosseur, que l'arpenteur a désigné pour tournant, et nous y avons appliqué deux coups du marteau national et du nôtre.

Nous dirigeant le long de la laie faite par l'arpenteur pour distinguer la vente des autres bois de la forêt, nous avons trouvé, à la distance de   du dernier pied-cornier, un (désigner l'essence de l'arbre) de   mètres de grosseur, servant de paroi ;

Plus à   un chêne de   mètres de grosseur. etc. etc. (on fait appliquer sur ces arbres un coup du marteau national, à la face qui regarde la vente).

Parvenus au bout de cette laie, nous avons trouvé un chêne de   mètres de tour, désigné pour pied cornier, et nous lui avons appliqué deux coups du marteau national.

Ces opérations terminées, nous avons parcouru la vente pour procéder au choix et au martelage des baliveaux à y réserver. (On fait l'énumération de tous les arbres, avec désignation de l'essence et de la grosseur). Nous avons marqué au pied, d'un coup du marteau national, tous ces arbres, qui devront être représentés au moment du récolement, par l'adjudicataire de la vente, à peine de payer pour chacun de ceux qui auraient été abattus, les amendes et restitutions portées par la loi.

Après quoi nous avons clos le présent procès-verbal, et avons signé.

Les agens forestiers qui procèdent au martelage et au balivage, dressent en même-tems un autre procès-verbal qui contient l'estimation de la vente pour l'ouverture des enchères.

Une minute de ces procès-verbaux est déposée aux archives de l'administration forestière, et il en est délivré des copies au préfet, au sous-préfet, au receveur des domaines et bois de l'arrondissement, et à qui de droit. (*Voyez* sous le mot CONSERVATION DES FORÊTS, l'instruction du 7 prairial an 9).

BALIVEAU. Les baliveaux sont des arbres qui n'ont pas été coupés en même-tems que les bois taillis, et qui ont été choisis pour les laisser croître en futaie.

On les nomme en quelques endroits *arbres lais* et *étalons*.

Le choix des baliveaux se fait en raison de leur nature, de leur essence et de leur âge.

Sous le premier rapport, les brins de *semence* provenant de graines qui ont germé·d'elles-mêmes dans les taillis, sont les meilleurs ; leur écorce est plus verte, plus lisse et plus claire ; et, en les faisant incliner de côté et d'autre, on reconnaît qu'ils sont garnis d'un pivot. Les brins de *pied* sont ·produits par de grosses racines latérales et traçantes, et les brins de *souches* sortent d'une souche commune, et sont visiblement implantés sur le tronc. Ces derniers forment les baliveaux de la plus mauvaise qualité. Parmi les premiers, ce qui doit déterminer le choix des forestiers, c'est, outre l'écorce lisse et nette, une croissance vigoureuse, une tige sans défaut, et des branches latérales d'un angle de vingt degrés, une plus grande ouverture étant une preuve de l'insuffisance des principes alimentaires à la végétation, ou de l'existence de quelques maladies.

Quant à la préférence que méritent les baliveaux à raison de leur *essence*, le chêne doit occuper·le premier rang ; ensuite le châtaignier, l'orme, le hêtre ; et au défaut de ceux-ci, le frêne, et ceux des bois blancs qui viennent le mieux, relativement au sol et aux expositions.

Sous le raport de l'*âge*, on distingue les baliveaux en baliveaux de l'*âge du taillis*, en baliveaux *modernes* et en baliveaux *anciens*.

Les premiers sont ceux du taillis à exploiter, et que les adjudicataires sont tenus de laisser en réserve.

Les baliveaux *modernes* sont des baliveaux de deux ou trois âges : dans les taillis de vingt ans, un moderne peut avoir quarante ou soixante ans ; dans ceux de vingt-cinq ans, cinquante ou soixante-quinze, et dans ceux de trente ans, soixante ou quatre-vingt-dix.

Les baliveaux modernes se choisissent parmi les plus vigoureux de ceux qui ont été réservés de l'âge, lors des deux premières exploitations.

Les baliveaux *anciens* sont ceux qui ont plus de trois âges du taillis dans lequel ils se trouvent, c'est-à-dire qui ont atteint ou passé cent ans : on choisit ceux dont le tronc est bien droit et bien élevé, qui portent leurs branches ramassées vers la tige, et dont la tête est bien garnie.

Les baliveaux, subitement privés de leur abri, ne résistent pas toujours aux intempéries des saisons, et dans tous les cas, les branches latérales, poussant fortement de tous les côtés, s'inclinent et décrivent promptement l'angle de quarante à cinquante degrés, qui est celui de l'arbre dans toute sa force. Alors le tronc grossit et cesse de croître avant d'être parvenu à la moitié de la hauteur à laquelle il aurait dû atteindre. Les baliveaux nuisent d'ailleurs aux taillis, en ce que leurs branches latérales couvrent de leur ombre toutes les souches qui les avoisinent, les privent des influences atmosphériques nécessaires à la végétation, et entretiennent une humidité que l'action interrompue de l'air et du soleil ne peut dissiper, et qui augmente l'effet des gelées du printems sur les taillis.

Voyez sous le mot *réserve* l'indication de deux méthodes pour remplacer l'usage vicieux pratiqué à l'égard des baliveaux.

Les baliveaux sur pied sont réputés *immeubles* : lorsqu'ils sont abattus, on ne les considère plus que comme *meubles.*

BANDOULIÈRE. (*Voyez* Uniforme).

BARDEAU. On appelle *bardeau, aisseau, aissette,* une espèce de merrain dont on couvre des maisons au lieu d'ardoises : on doit choisir ces petites planches sans aubier, pour prévenir la pourriture ; ce nom se donne aussi à de petits trains. (*Voyez* Flottage).

BARRE. Planter à la barre , c'est faire un trou avec une cheville de fer pour y introduire une bouture ; on *se* sert de cette cheville pour les plantards de saule et de peuplier ; cette méthode se nomme aussi *planter à la fiche.*

BARRIERES. Les agens forestiers doivent tirer quittance des droits qu'ils paient aux barrières, dans les voyages entrepris pour l'exercice de leurs fonctions ; le remboursement leur en est fait par le receveur des domaines, avec celui des autres frais et avances, d'après l'état accompagné de pièces justificatives qu'ils font viser par le sous-préfet, et le mandat que le préfet leur délivre en conséquence. La régie a écrit à cet égard , le 24 prairial an 7, une circulaire dans laquelle sont rappelées les lois des 22 septembre 1790 , et 15 août 1792. (*Voyez* FRAIS).

BATIMENS. Il n'est pas permis de *bâtir* à une distance moindre que de deux kilomètres des lisières des forêts.

Les arbres reservés pour *batiment* ne doivent être délivrés, aux communes ou aux particuliers , que d'après un arrêté du préfet, pris sur l'avis du sous-préfet, et le devis d'un expert, nommé par ce dernier ; quand la délivrance est autorisée, l'inspecteur ou le sous-inspecteur la fait en présence du maire , en apposant une troisième marque à la racine ; cette délivrance ne peut, en aucun cas, comprendre que la partie des arbres propre aux constructions ; les cimaux et remanences sont vendus au profit de la commune.

BATIMENS NATIONAUX. (*Voyez* LOGEMENS).

BATTUE. (*voyez* CHASSE.)

BAUX. Les baux de biens d'émigrés comprenant des parties de forêts , à l'exception de ceux destinés à alimenter les bouches à feu, ont été annullés par une loi du 8 septembre 1793. Il a été déclaré par une autre loi du 15 fructidor an 4, que cette disposition ne concernait que les baux par adjudication, faits par les corps administratifs, postérieurement au 9 février 1792, et non les baux conventionnels d'une date authentique et antérieure, qui étaient maintenus.

Une loi du 8 pluviôse an 2 a maintenu provisoirement les baux des biens et forêts dans la propriété desquels les communes étaient rentrées ou rentreraient à l'avenir, en vertu des lois des 28 août 1792 et 10 juin 1793. (*Voyez* USINES).

BÊCHE. Instrument de fer, tranchant, qui porte un manche, et dont on se sert pour couper la terre, la renverser sens dessus dessous, et la briser en petites molécules, dans les petites pièces de terre et dans les lieux où l'on ne peut faire usage de la charrue.

BÉLIER. Mâle de la brebis.

BERBERIS. (*Voyez* EPINE-VINETTE).

BERCEAU. On appelle ainsi la voûte que les arbres forment avec leurs branches entrelacées, ou attachées à des treillages. Le marronnier d'Inde, le tilleul, l'ormeau, le platane, le chêne, le hêtre, etc., forment naturellement, lorsqu'ils sont plantés avec régularité, et à une distance convenable, une voûte à six ou sept mètres de hauteur; il y a alors peu de travail à faire pour former l'arcade.

BERGE. La berge d'un fossé est le talus, la petite élévation que forme la terre jetée du fossé sur le bord.

BESTIAUX. On entend en général par ce mot, tous les animaux à quatre pieds qui servent au labourage, ou à la nourriture de l'homme; mais lorsqu'il s'agit du pacage ou pâturage dans les forêts, les bêtes à laine ne sont point comprises sous cette dénomination. Le titre 19 de l'ordonnance de 1669 contient, à cet égard, des dispositions que l'on pourra consulter sous le mot ADMINISTRATION FORESTIERE.

Une proclamation du 3 novembre 1789 a défendu d'introduire des *bœufs*, des *vaches*, ou des *chevaux*, dans les bois, forêts et terres du domaine, à peine de confiscation et d'amende, à moins que les propriétaires de ces bestiaux n'y fussent autorisés par des usages anciens, et légalement reconnus. (*Voyez* USAGERS).

Les habitans des communes ne peuvent, pour leurs propres bois, mettre leurs bestiaux en pâturage que dans les cantons reconnus et déclarés défensables par le procés-verbal de visite du conservateur; loi du 29 septembre 1791, titre 12, art. 16.

BÊTES A LAINE. Les *chèvres* et les *moutons* ne mangent pas seulement les feuilles, comme les bœufs et les chevaux, mais ils coupent les bois, qui deviennent rabougris, et auxquels les chèvres sur-tout causent le plus de dommage; les moutons y perdent d'ailleurs leur laine; aussi l'article 13 du titre 19 de l'ordonnance de 1669 a-t-il défendu aux habitans des communes usagères, et à toutes personnes qui ont droit de pâturage dans les forêts et bois nationaux, d'y faire paîtres les chèvres, brebis et moutons, ni même dans les landès et bruyères, places vaines et vagues, et aux rives des bois et forêts, à peine de confiscation des bestiaux et de trois francs d'amende pour chaque bête, outre celle qui doit être supportée par les gardés. (*Voyez* PATURAGE).

BÊTES AUMAILLES. Ce sont les bêtes à cornes et autres bêtes domestiques.

BETES FAUVES. On appelle bêtes fauves ou broutantes, les cerfs, les chevreuils, les daims, les bouquetins, les chamois, etc.

BÊTES MORDANTES. Ce sont les sangliers, les blaireaux, les renards, les ours, les loups, lés loutres, etc.

BÊTES NOIRES. Les ordonnances ne désignent par ces mots que les sangliers, les laies et les marcassins.

BÊTES PUANTES. Cette qualification est particulièrement donnée au renard, à la fouine, au putois, etc.

BEVEAU. Chemin fourchu, que l'on nomme aussi *beuveau*, *biveau*, *biviau* et *buveau*.

BIENS INDIVIS. (*Voyez* Partage).

BIFURCATION. On appelle ainsi l'endroit où une branche se sépare en deux, et forme une fourche; c'est ce que l'on nommait autrefois *foure*.

BIGNONE. (*Voyez* Catalpa).

BIGRES. Anciens riverains des forêts, qui y cherchaient des abeilles, les assemblaient et les élevaient dans des ruches.

BILLE. Branche d'arbre, ou verge coupée par les deux bouts, pour planter.

BINAGE. On appelle ordinairement binage la seconde façon que l'on donne aux jachères, relativement aux pépinières; le binage consiste à soulever légèrement la terre, avec la houe, ou un autre instrument, autour des jeunes plants.

BIVIAIRE. Place située dans les angles des routes et chemins.

BIVOIE. Chemin fourchu qui conduit à deux endroits différens.

BLAIREAU. Quoique les blaireaux aient été compris, par divers arrêtés, au nombre des animaux nuisibles, dont la destruction a été autorisée, ainsi qu'on peut le voir au mot *chasse*, ils sont d'un naturel tranquille, même paresseux, et ne sortent de leur solitude que pour chercher leur nourriture, qui ne consiste souvent qu'en mulots, rats, lézards, serpens, guépiers, et en différentes sortes de racines.

BLAIRIE. C'était un droit que levaient les seigneurs, pour la permission, par eux donnée, de faire paître dans les bois et héritages non clos et fermés.

BLANC-ETRE. Faire une coupe de bois à *blanc-être*, c'est tout abattre, sans réserver aucun arbre.

BLANCHE-TAILLE.

BLANCHE-TAILLE. L'ordonnance de 1669 veut que les arbres soient abattus à blanche-taille, c'est-à-dire horizontalement et à fleur de terre.

BOCAGE. Ce terme s'emploie en général pour désigner un petit bois touffu, et de peu d'étendue, mais non cultivé, en quoi il diffère du bosquet.

BŒUF. (*Voyez* PATURAGE).

BOIQUETEAU. (*Voyez* BOQUETEAU).

BOIS. Le bois, *lignum*, est la partie solide qui est placée derrière l'aubier, et qui est parfaitement ligneuse; c'est une masse de fibres compacte et très-dure, qui est produite par la continuité du resserrement de l'aubier; elle est la cause de la force des arbres, fait leur soutien, et peut être comparée à la charpente osseuse sur laquelle se trouve étayé le corps des animaux; les fibres qui composent le bois ou corps ligneux, sont disposées par couches qui s'enveloppent les unes les autres, et dont l'epaisseur, souvent inégale, est communément moindre du côté du nord.

Les bois portent, en matière forestière, différentes dénominations qu'il est essentiel de connaître. On appelle bois *abroutis*, ceux que les bestiaux ont rongés, et qui sont malvenans; bois d'*arrimage*, celui qu'on emploie dans les vaisseaux pour remplir le vide des objets de cargaison; bois *arsin*, celui qui a été maltraité par le feu; *bois blancs* ou *blancs bois*, les arbres dont le bois est blanc, et dont la contexture est légère et peu solide; (la première de ces dénominations appartient plus spécialement au châtaignier, au tilleul, au frêne, au sapin qui ont plus de fermeté, et la seconde, au saule, au bouleau, au tremble); bois *bombé* ou *bouge*, celui qui a quelque courbure naturelle; bois de *brin*, ceux qui sont crus de graines, sans avoir été plantés ni déplantés; bois *canards*, ceux qui restent au fond de l'eau; bois *cantiban*, celui qui a du flache d'un côté seulement; bois *carié* ou *vicié*, celui qui a des malandres ou

Diction. Forestier. Part. I. K

nœuds pourris; bois *carré* ou d'*écarrissage*, les bois qu'on emploie à bâtir; bois *chablis* ou *chamblis*, ceux qui ont été déracinés par les vents, ou dont les branches seules ont été rompues; bois *charmé*, celui qui a reçu à l'écorce, au pied ou en d'autres endroits, des dommages qui peuvent le faire périr; bois de *charpente*, les bois carrés destinés pour les bâtimens; bois de *charronnage*, celui qu'on emploie pour faire des roues, etc.; bois *combugé*, celui qui est imbibé et pénétré d'eau; bois de *construction*, celui qui est propre à la construction des bâtimens, et plus particulièrement des vaisseaux; bois *en défends* ou *de défends*, ceux d'une belle venue, qu'on a défendu de couper pour leur laisser prendre tout leur accroissement; bois *défensables*, ceux qui ont atteint six ou sept ans, et que leur hauteur met à l'abri de la dent des bestiaux; bois de *délit*, celui qui a été rompu, abattu et enlevé sans permission et par délit; bois *doux* ou *tendre*, celui qui est gras, qui a peu de fil et moins de nœuds, et qui est propre aux ouvrages de menuiserie; bois *dur*, celui qui a le fil gros, qui vient dans des terres fortes, dans les fonds pierreux et sabloneux, et au bord des forêts; bois d'*échantillon*, des pièces de bois de différentes longueurs et grosseurs que les marchands exposent dans leurs chantiers: on donne aussi la même dénomination aux bois à brûler dont la longueur et la grosseur sont déterminées par les réglemens; bois *échauffé*, celui auquel on remarque de petites traces rouges et noires, qui annoncent un commencement de pourriture; bois d'*émail*, celui qui est fendu et scié du centre à la circonférence; bois *éhoupés*, *déshonorés*, ceux dont on a coupé la cime ou les branches; bois *encorné*, *encroué* ou *encroûté*, celui qui a été renversé sur un autre en l'abattant, et dont les branches se sont entrelacées avec celles de l'arbre sur lequel il est tombé; bois d'*entrée*, *ouvie*, ou *coudie*, celui qui est entre le vert et le sec, c'est-à-dire dont le sommet et quelques branches sont sèches, tandis que les autres sont vertes ; bois *en étant*, ceux qui sont debout, vivant et prenant leur accroissement sur terre ; bois *étendris*, les arbres qui n'ont point le corps d'une grosseur proportionnée à leur élévation ; bois à *faucillon*, les petits taillis qu'on peut couper à la serpette ; bois de *fente*, (voyez bois de *refend*) ; bois *flâche* ou *flacheux*, celui dont les arêtes ne sont pas bien vives , et qui ne pourrait être écarri sans un grand déchet ; bois *flottant*, celui qui est d'une pesanteur spécifique moindre que l'eau ; bois *flotté*, celui qui a été amené en trains , et lié avec des perches sur les rivières ; bois *fondrier*, celui qui est d'une pesanteur spécifique plus considérable que l'eau de la mer, et va au fond s'il n'est supporté ; bois *gauche* ou *déversé*, celui qui n'est pas droit par rapport à ses angles et à ses côtés ; bois *gelif*, celui qui a des gerçures ou fentes causées par la gelée ; bois *gissant*, celui qui est abattu et couché par terre ; bois de *gravier*, ou *demi-flotté*, celui qui croît dans des endroits pierreux, et qui est resté dans l'eau la moitié moins de tems que les autres bois flottés ; bois en *grume*, celui qui n'est point écarri, et qui conserve encore son écorce ; bois de *haute-futaie*, celui qui est parvenu à la plus grande hauteur ; bois de *haut revenu*, celui qui est de demi-futaie de quarante ou soixante ans ; bois *lavé*, celui dont on a ôté tous les traits que la scie y avait laissés ; bois *léger*, les bois blancs ; bois *madrés*, (voyez bois *rustiques*) ; bois *malandreux*, celui qui a des malandres ; bois *marmentaux*, *marmaux* ou de *touche*, ceux qui entourent une maison ou un parterre, et qui lui servent d'ornement ; bois *méplat*, celui qui a plus de largeur que d'épaissseur ; bois *merrain*, celui qui, fendu en petits ais , sert à faire les douves des des tonneaux, des cuves, et que l'on nomme aussi bois d'*enfonçure*, bois à *baril*, à *douvin*, à *pipes* ; bois *mort*, celui qui dans toute son étendue n'a plus de sève, soit qu'il subsiste debout ou qu'il ait été abattu, à la différence des *morts-bois* qui ne reçoivent cette qualification que d'après leur nature, comme le sureau, l'aune, l'épine, le genêt, le genièvre, les ronces, etc. bois de *moule*, le bois à brûler; bois *mouliné*, celui qui est pourri et rongé de vers; bois d'*ouvrage*, celui qui se travaille aux environs des forêts et dont on fait des sabots, etc.; bois *ouvré*, celui qui a été façonné par la main des ouvriers; bois *neuf*, celui qui a été transporté dans des bateaux; bois *noir*, les arbres résineux; bois *noueux*, (voyez bois *rustique*); bois *perdu*, celui qu'on abandonne au courant des petites rivières qui n'ont pas assez d'eau pour porter des trains ni des bateaux; bois de *prinne* ou de *bourdenne*, ce qu'il y a de plus léger entre toutes les espèces de bois réputés morts par leur faible résistance, et propres à faire de la poudre, bois en *puel* ou *pueil* ou *peuil*, les bois nouvellement coupés, et qui n'ont pas encore trois ans; bois *rabougri*, celui qui est mal fait, tortu et de mauvaise venue; bois *raffaux*, ceux qui sont mal faits, tortus et rabougris; bois *rebours*, celui qui a des difformités; bois *recepés* ou de *recepage*, ceux qu'on a coupés en pied à raison de quelques défauts, pour les avoir d'une plus belle venue; bois de *refend*, de *refente* ou de *fente*, celui dont on fait du merrain, des lattes, des échalats, et qui se fend par éclats; bois de *remontage*, ceux qui peuvent être propres aux affuts, avant-trains, charriots, etc.; bois *résineux*, ceux qui portent de la résine; bois sur le *retour*, les arbres qui sont trop vieux, qui commencent à diminuer de prix; bois *rouge*, celui qui a des veines rouges et qui est sujet à se pourrir; bois *roulé*, celui que les vents ont abattu pendant qu'il était en sève, et dans lequel les crues de chaque année n'ayant point fait corps ensemble, sont demeurées sans liaison : on nomme aussi bois *roulé* ou *rouli*, celui qui a le défaut de la *roulure* ; bois *rustique, noueux, nouailleux*, ou *madré*, celui qui, ayant crû sur le gravier à l'exposition du midi, ne peut se fendre, si ce n'est un peu vers le tronc ; bois *sain et net*, celui qui n'a ni gales, ni fistules, ni nœuds vicieux ; bois de *sciage*, ceux qu'on coupe en longueur avec la scie ; bois *taillis*, celui qu'on met en coupe avant qu'il devienne futaie ; bois *tortu*, celui qui est propre à faire des courbes ; bois *tranché*, celui dont les fibres, au lieu d'être perpendiculaires, sont transversales, et qui est sujet à se fendre ou à se casser ; bois de *traverse*, une sorte de bois flotté propre aux boulangers, aux pâtissiers ; bois *versé*, celui qui a été renversé par les vents ou par des cas extraordinaires ; bois *vifs*, ceux qui, comme le *chêne*, le *châtaignier*, le *hêtre*, etc., ne sont pas compris dans les morts-bois; bois *veule*, celui qui s'élance sans acquérir de la grosseur ; bois *volans*, les bois qui viennent par le flot des rivières. (*Voyez* ARBRE, CHAUFFAGE).

On distingue les bois qui peuvent être mis en vente, relativement à leur essence ou espèce, et à leur hauteur, leur force ou leur âge. Sous le premier rapport voyez le mot *essence* ; sous le second, les ventes se divisent en taillis, baliveaux sur taillis, futaies, pieds d'arbres isolés, éclaircissemens, recepages et chablis.

Les possesseurs de bois se divisent en cinq classes : 1°. la *république*, 2°. les *engagistes* ; 3°. les *tréfonciers*, ou propriétaires indivis avec la nation, 4°. les *communautés d'habitans*, 5°. les *particuliers*.

Les bois des quatre premières classes sont seuls soumis au régime forestier.

Quand les possesseurs de bois à titre *d'engagement* les ont fait visiter par les agens forestiers des lieux, et y ont nommé des gardes dont le choix a reçu l'approbation des administrateurs forestiers, ils peuvent les faire exploiter en se conformant au régime adopté pour les autres bois nationaux (voyez le titre 10 de la loi du 29 septembre 1791); mais cependant la conservation des forêts exige, pour ne pas faire de l'intérêt personnel un motif de destruction , que dans les bois tenus à titre de *douaire*, *concessions*, *engagement* ou *usufruit*, les douairiers , donataires et usufruitiers , leurs fermiers , agens ou receveurs , ne puissent couper aucun arbre ancien , moderne , ou baliveau sur taillis , soit par hectare ou par pied d'arbre , même pour entretien et réparation des maisons , moulins et autres édifices dépendans des domaines engagés , si ce n'est en vertu de permission du gouvernement ; ils n'ont même rien à prétendre sur les bois morts en cime et racines , sur les chablis et arbres de délit , ni sur les amendes , restitutions et confiscations , hors le cas où les amendes proviendraient de condamnations prononcées à raison de délits commis par des bestiaux étrangers.

Le titre 11 de la loi du 29 septembre 1791 assujétit au régime des bois purement nationaux ceux qui sont possédés en *grurie* et par *indivis* avec la république ; et à moins qu'il n'y ait eu partage, les *tréfonciers* sont obligés de se conformer entièrement aux formalités prescrites par le titre 23 de l'ordonnance de 1669 , pour les assiettes , balivages , coupes ordinaires et extraordinaires , ventes , etc. La forme de procéder aux ventes de chablis est aussi la même que celle réglée par le titre 17 de cette ordonnance.

Les *communautés d'habitans* sont tenues de pourvoir à la conservation de leurs *bois* et d'entretenir à cet effet le nombre de gardes nécessaires. A défaut par les communes de faire la nomination de leurs gardes dans la quinzaine de la vacance des places, cette nomination est conférée à l'administration forestière. Loi du 29 septembre 1791 , tit. 12 , art. 1 et 4.

Les articles suivans de la même loi, et plusieurs dispositions du titre 15 de l'ordonnance de 1669, déterminent le mode d'administration et de surveillance de ces bois, qu'il est défendu aux habitans de dégrader et de défricher. (*Voyez* ADMINISTRATION FORESTIERE, *voyez* aussi GARDES).

Suivant le titre 13 de la loi du 29 septembre 1791, les bois possédés par des *maisons d'éducation* et de *charité*, ou par des établissemens de main-morte étrangers, doivent être administrés comme les bois communaux.

Quant aux bois appartenant à des *particuliers*, l'article 6 du titre premier de la loi du 29 septembre 1791, a laissé aux propriétaires la faculté d'en disposer à leur gré. Cependant, quoique ces bois ne soient pas soumis aux règles d'aménagement et d'administration qui s'observent pour les forêts nationales, il est des mesures que le grand intérêt de la conservation des bois en France semblerait pouvoir faire prescrire ; et peut-être conviendrait-il, 1°. de ne permettre le défrichement des bois de plus de 25 hectares, que lorsqu'il aurait été spécialement autorisé par une loi ; 2°. d'exiger qu'on réservât, lors des exploitations, la même quantité de baliveaux, que celle fixée pour les bois nationaux environnans, sauf aux propriétaires ; quand ils trouveraient cette réserve trop forte en égard à la nature de leurs bois, à la faire régler par le conservateur de l'arrondissement ; 3°. de défendre, hors les cas de nécessité urgente, qu'il fût coupé ou vendu aucun arbre de futaie si, trois mois au moins avant l'exploitation, il n'en avait été fait, au secrétariat de la sous-préfecture une déclaration, destinée à être envoyée par le sous-préfet au conservateur, et communiquée par celui-ci à l'agent de la marine de l'arrondissement.

Les gardes nommés par les propriétaires pour la conservation de leurs bois, prêtent serment dans la forme prescrite pour les gardes-forestiers nationaux ; leurs

rapports sont assujétis aux mêmes formalités , et font
foi ainsi que les rapports dressés par ceux-ci. La poursuite des délits se fait par le substitut du commissaire
du gouvernement établi pour les matières correctionnelles près des tribunaux d'arrondissement ou par le
propriétaire lui-même ; les indemnités et restitutions
sont prononcées au profit du propriétaire , et les
amendes et confiscations au profit de la république ;
les amendes et les indemnités pour délits commis dans
les bois des particuliers doivent être les mêmes que
celles réglées pour les délits commis dans les bois
nationaux.

BOIS COMMUNAUX. Le titre 25 de l'ordonnance
de 1669 , et le titre 12 de la loi du 29 septembre 1791 ,
prescrivent le mode de conservation et d'exploitation
des bois communaux. (*Voyez*-les sous le mot ADMI-
NISTRATION FORESTIERE).

La régie des domaines ayant été informée que le plus
grand désordre régnait dans les bois appartenant aux
communes ; que les gardes qu'elles étaient tenues d'établir pour les surveiller , (*voyez* le mot GARDES) ou né-
gligeaient leurs fonctions, ou connivaient avec les délinquans ; que souvent on voyait les communes donner elles-mêmes l'exemple d'une licence punissable, en
se permettant de couper, sans y être préalablement autorisées, leurs quarts de réserve, ou les futaies sur taillis
des coupes ordinaires , a rappelé , par une circulaire du
13 germinal an 6 , aux agens forestiers, que l'ordonnance
de 1669 les autorisait formellement à connaître de la
bonne ou mauvaise exploitation des bois communaux,
à poursuivre les délits qui s'y commettaient ; et que
l'exécution de la loi du 29 septembre 1791 , qui confir-
mait ces dispositions , était d'autant plus essentielle ,
qu'il ne restait plus d'autre moyen de surveillance à cet
égard, depuis la suppression des ci-devant juges sei-
gneuriaux ; que la délivrance que ces juges faisaient

des coupes ordinaires , concernait maintenant les agens forestiers , et que c'était aussi à eux seuls qu'appartenaient celles des coupes extraordinaires. La régie a observé par sa circulaire, que toute infraction à cette règle devait faire la matière d'un procès-verbal, et être poursuivie et punie, et qu'il fallait aussi exercer sur les gardes des bois communaux la même surveillance que sur ceux des forêts nationales.

Les coupes *ordinaires* de bois communaux ne sont mises en exploitation que d'après le procès-verbal d'assiette, balivage et martelage de l'inspecteur local, conformément aux divisions de *coupes* et *aménagemens*. *Voyez* ces mots).

Cette division se fait en général de cette manière. Le quart de la totalité du bois est mis en réserve, et les trois autres quarts sont distribués en vingt-cinq parts égales, pour être tenues en assiettes ordinaires , qui sont successivement exploitées, chaque année, par les habitans pour leur affouage, et partagées par tête et non par feu, aux termes d'une loi du 26 nivôse an deux.

Avant toute distribution entre les habitans , on distrait de la coupe ordinaire une portion destinée à être vendue pour en employer le prix au paiement de la *contribution foncière* des bois communaux, et aux *frais de leur garde.* (Loi du 11 frimaire an 7, bul. 247 , n°. 2219 , art. 5).

La vente de cette portion de bois est faite aux enchères par-devant les maires et adjoints , qui remplacent à cet égard les administrations municipales.

Une commune peut ne pas exploiter son assiette pour son propre compte , et la vendre , afin d'en employer le prix à l'acquit de ses dettes , ou à d'autres objets d'utilité publique. Cette vente se fait avec l'autorisation du préfet , devant le sous-préfet , à la diligence du maire et en sa présence ou en celle de l'adjoint.

La formule du procès-verbal de *balivage* qui doit précéder cette vente n'est pas tout-à-fait la même que celle donnée pour les balivages de bois nationaux sous le mot *balivage*. Voici les différences dont le préambule est susceptible.

L'an   etc., nous étant rendus sur la demande des habitans de la commune de   à nous communiquée par le maire de cette commune, dans le bois de   à l'effet d'y procéder à la fixation des limites et au balivage d'une assiette ordinaire, pour l'affouage des habitans pendant   (cette année ou l'année prochaine) le C.   arpenteur, par lequel nous nous sommes fait accompagner, a ainsi procédé.

La question de savoir si les vacations des agens forestiers pour opérations faites dans les bois communaux étaient à la charge des communes ou à celle du trésor public, ayant été présentée au ministre des finances, la régie a annoncé, par une circulaire du 6 thermidor an 8, qu'il avait décidé, d'après les lois des 15 août 1792 et 29 floréal an 3, que ces vacations pour opérations relatives aux coupes ordinaires, devaient continuer d'être acquittées par les communes, et que le paiement de celles qui concernaient la vente des quarts de réserve ou autres coupes extraordinaires devait continuer d'être fait par les préposés de la régie sur la perception du décime par franc du prix des ventes.

D'après la loi du 16 nivôse an 9, les traitemens des agens forestiers sont actuellement fixes, à l'exception des arpenteurs, qui ont pour rétribution du mesurage, 2 fr. par hectare, et 1 fr. 50 c. pour le récolement. (*Voy.* sous le mot *Conservation des forêts*, les art. 33 et 34 du § 1 de la sect. 2 de l'inst. du 7 prairial an 9.)

BOIS INDIVIS. Les bois possédés par indivis avec la nation, doivent être régis comme les bois nationaux. Loi du 29 septembre 1791, titre 11. (*Voyez* ADMINISTRATION FORESTIERE).

La régie des domaines a recommandé, par une circulaire du 25 germinal an 6, à ses directeurs, de se conformer aux dispositions de cette loi, et de l'ordonnance de 1669, et de prendre, en conséquence, si cela n'était déjà fait, possession, au nom de la république, de tous les bois situés dans leurs arrondissemens respectifs, indivis entre la nation et des parens d'émigrés, en leur faisant connaître qu'ils devaient s'abstenir de leur régie et administration.

La régie a recommandé, par une circulaire du 22 brumaire an 7, de veiller à ce que les *taillis* des bois *indivis* ne fussent vendus que par les agens nationaux, préposés pour cette partie, et que le prix de la portion revenant à la nation fût versé dans ses caisses.

BOIS PELARD. Dans les ventes où il est permis de faire du bois pelard, pour le service des tanneries, on abat d'abord les menus brins et autres qui ne sont pas propres à être pelés, et l'on en fait du charbon ou des fagots; les brins capables de donner de l'écorce restent sur pied. L'époque convenable pour faire le pelard est celle où la sève entre dans sa force, c'est-à-dire le mois de floréal. L'ouvrier fend alors l'écorce avec la pointe de la serpe, depuis le haut jusqu'en bas, et avec une spatule de fer ou de bois dur, il la détache entièrement : cette écorce se met par tas en bottes. Il faut seize stères de grand bois, âgé de vingt ans et au-dessus, pour faire cent bottes d'écorce, mais il n'en faut que douze stères dans les jeunes taillis au-dessous de vingt ans, dont l'écorce est beaucoup plus estimée que la vieille; l'écorce de bonne qualité est unie, claire, vive et brillante. On paie environ dix-huit francs pour la façon de cent bottes, dont le prix varie suivant celui du bois : quand on vend 26 francs les quatre stères de grand bois, l'écorce se vend 124 francs le cent. Le stère d'un bois pelard est moindre d'un huitième qu'il ne serait si le bois n'avait pas été pelé.

Comme les brins qu'on a pelés feraient périr la souche si on ne les coupait aussitôt après cette opération, le cahier des charges doit prescrire de les abattre au fûr et à mesure.

On a observé que si un troupeau de moutons se trouve à peu de distance, et dans la direction du vent, pendant qu'on est occupé à écorcer un taillis, l'écorce devient si adhérente qu'on ne peut plus l'enlever.

BOIS RÉSINEUX. Les bois résineux, qui, par leur élévation, leur volume, leur utilité et la rapidité avec laquelle ils s'élancent dans les airs, sont, après le chêne, les arbres les plus précieux, exigent un aménagement particulier. Ils croissent sur les plus hautes montagnes, dans les terrains les plus froids, sur les roches les plus escarpées, dans des gorges où les rayons du soleil ne pénétrèrent jamais.

Ils ne repoussent pas sur souche; la nature veille à leur reproduction : leur semence, jetée au loin, germe facilement, si elle est abritée: Ces arbres, si utiles à la menuiserie, à la charpente, aux constructions navales, sont rangés dans une classe séparée.

La commission du conseil des cinq-cents avait, dans son projet de code forestier, du 16 ventôse an 7, compris au nombre des vérifications à faire pour parvenir au meilleur aménagement des forêts, celle de la possibilité de diviser les bois résineux en classes graduées de dix ans en dix ans; elle a proposé d'en faire l'exploitation, par forme de nettoiement, quand les arbres résineux domineraient dans une forêt sur d'autres arbres d'espèce différente, et dans les autres cas en jardinant. Suivant le même plan, il ne serait laissé d'arbres non résineux dans les parties exploitées par forme de nettoiement, qu'autant qu'il serait nécessaire pour protéger l'accroissement des jeunes arbres résineux; et l'on n'exploiterait point de sapins au-dessus de six décimètres de tour, à moins qu'ils ne fussent dépérissans, malvenans ou nuisibles au repeuplement.

BOIS DE SAINTE-LUCIE. (*Voyez* MAHALEB).

BOIS SEC. (*Voyez* USAGERS).

BOISSONS. (*Voyez* HÔTELLERIE).

BONNET DE PRÊTRE. (*Voyez* FUSAIN).

BOQUETEAU. Ce n'om s'applique ordinairement aux parties qui n'excèdent pas 25 hectares.

BOQUILLON. (*Voyez* BUCHERON).

BORNE. Les bornes sont destinées à séparer les domaines. L'opération par laquelle on les pose, s'appelle *abornement* ou *bornage*.

Pour bien reconnaître la consistance d'une forêt on procède d'abord à la visite et à la reconnaissance de ses anciennes limites, en confrontant les places avec leur état actuel. Lorsqu'il s'agit de tracer des lignes de séparation entre les portions appartenant à la nation et à un particulier dans une même forêt, on peut dresser à l'amiable l'acte dont voici la formule :

Procès-verbal de bornage.

L'an   à   heures du matin, nous (désigner la qualité des agens forestiers) autorisés pour procéder à la visite, reconnaissance, vérification et plantation des bornes qui doivent servir de limites entre la forêt nationale de
et le bois de   apartenant à D   après avoir examiné l'ancien procès-verbal de bornage de la forêt, fait le   par   nous sommes transportés, assistés de   arpenteur, au canton de   à l'extrémité du bois de   à l'endroit où il joint la forêt de   vers   où étant nous avons trouvé le c. D
(Si ce propriétaire n'était pas présent en personne, il faudrait faire mention de la procuration donnée par-devant notaires à son fondé de pouvoir) et nous avons opéré ainsi qu'il suit :
Nous avons d'abord trouvé et reconnu une ancienne borne de pierre, de la hauteur de   à l'angle sortant de la forêt, et à l'extrêmité d'un fossé de séparation dont la berge se trouve sur le bois de   et à la distance de   de ce fossé.
En suivant l'alignement de cette première borne et celui du fossé, et parvenus à la distance de   ares, nous avons placé dans un angle rentrant, à   du bord extérieur du fossé, une seconde borne en grès, taillée, haute de
dont   sortant de terre. (La même plantation de bornes, dirigées les unes sur les autres, se continue jusqu'à la fin de la vacation qui se termine par ces mots : et vu qu'il est
nous avons ajourné la suite des opérations, et avons signé).

Et le   nous   ci-dessus dénommés , nous
sommes transportés avec   au lieu où se sont terminées nos opérations d'hier , et toujours en suivant le fossé de séparation , nous avons trouvé une borne de grès , marquée de
sur le côté   et haute de   etc.

Quand il arriverait des contestations sur cette borne, on n'en continuerait pas moins les opérations jusqu'à leur clôture , en réservant les droits respectifs des parties , qui pourraient insérer au procès-verbal et signer , chacune en particulier , leurs déclarations , réserves et protestations.

On a pu remarquer par le détail des opérations qui font l'objet de ce procès-verbal , qu'il a été convenable de faire préparer et transporter d'avance sur les lieux les bornes nouvelles dont la plantation doit se faire en présence des agens forestiers , à l'effet de quoi il est nécessaire qu'ils soient accompagnés d'ouvriers, munis des pelles et des pioches nécessaires pour faire les trous.

Quoique la taille des bornes soit un signe récognitif de leur emploi, comme les angles s'usent avec le tems, il n'en est pas moins utile d'observer encore l'usage peu embarrassant de mettre au pied un morceau de tuile ou d'ardoise, et l'on fera bien aussi de séparer les propriétés avec les riverains par des fossés creusés entre ces bornes.

BOSQUET. Petit bois planté avec symétrie pour l'ornement et l'agrément d'une maison de plaisance , et formé de palissades tant hautes que basses. On donne aussi ce nom à des cabinets couverts d'arbres touffus , pratiqués pour la décoration.

BOSQUILINE. Terrain rempli d'eau et de bois.

BOTANIQUE. Science qui traite de la connaissance des plantes. La nomenclature de Linné étant la plus généralement adoptée , on a cité les noms donnés par cet auteur aux arbres dont il est parlé dans cet ouvrage , et l'on a indiqué la classe et l'ordre de son système sexuel auxquels chacun d'eux appartient. Ces classes, fondées sur la considération du nombre, de l'insertion, de la proportion respecive, de la réunion des étamines, ou de leur séparation d'avec les pistils, sont au nombre de 24. Les dix premières, dans lesquelles on ne considère que le nombre des étamines, depuis une jusqu'à dix, se nomment *monandrie*, *diandrie*, *triandrie*, *tétrandrie*, *pentandrie*, *hexandrie*, *heptandrie*, *octandrie*, *ennéandrie*, *décandrie*. La onzième, qui renferme les plantes ayant 12 étamines, se nomme *dodécandrie;* la douzième, dont les plantes ont une vingtaine d'étamines insérées sur le calice, *icosandrie;* la treizième, dont les étamines, non adhérentes au calice, sont au nombre de vingt à cent, *polyandrie;* la quatorzième, dont les plantes ont quatre étamines, savoir deux grandes et deux petites, *didynamie;* la quinzième, dont les étamines sont au nombre de six, savoir quatre grandes et deux petites, opposées, *tétradynamie;* la seizième, où les étamines, qu'on ne compte plus, sont réunies par leurs filets en un seul corps, *monadelphie;* la dix-septième, où cette réunion forme deux corps, *diadelphie;* la dix-huitième où il y a trois ou plusieurs corps, *polyadelphie;* la dix-neuvième, dont les plantes ont les étamines réunies par leurs anthères, et quelquefois par leurs filets, en forme de cylindre, *syngénésie;* la vingtième, dans laquelle les étamines réunies sont attachées au style, *gynandrie;* la vingt-unième, dont les plantes ont des fleurs mâles et femelles séparées quoique sur le même pied, *monoécie;* la vingt-deuxième, où les fleurs mâles et les fleurs femelles sont sur des individus différens, *dioécie;* la vingt-troisième, où il y a des fleurs mâles et femelles sur un ou plusieurs individus, qui portent aussi des fleurs hermaphrodites, *polygamie;* et la vingt-quatrième, dont les plantes ont des fleurs indistinctes, *cryptogamie.*

Ces classes se divisent en ordres ou sections, fondés sur le nombre des *pistils* dans les treize premières classes, où ces ordres prennent le nom de *monogynie*, *digynie*, *trigynie*, *tétragynie*, *pentagynie*, *hexagynie*, *polygynie*, selon qu'il y a un, deux, trois, quatre, cinq, six ou un plus grand nombre de pistils; sur la manière dont les graines se présentent dans la quatorzième, où les ordres se nomment *gymnospermie* et *angiospermie* d'après la nudité des graines ou leur enveloppe capsulaire; sur la même considération de l'enveloppe dans la quinzième classe, qui se divise en *siliculeuses* et *siliqueuses*; sur le nombre des étamines, c'est-à-dire sur les mêmes caractères que ceux qui constituent les treize premières classes, dans les autres, à l'exception de la dix-neuvième, où les ordres se nomment *polygamie égale*, *superflue*, *fausse*, *nécessaire*, selon que la corolle est composée de fleurons et demi-fleurons hermaphrodites, femelles ou stériles, et *monogamie*, quand les corolles, sans être composées de fleurons, ni de demi-fleurons, ont les étamines réunies en cylindre par leurs anthères, et de la vingt-quatrième, qui est partagée en quatre ordres renfermant les fougères, les mousses, les algues et les champignons.

BOTTE. Fagot de plusieurs choses de la même espèce, attachées ensemble, comme les échalas, l'osier, les perches, les lattes.

BOUC. Mâle de la chèvre. (*Voy.* PATURAGE).

BOUCHAUX. On appelle ainsi les ventes qui se font par pieds d'arbres et qui sont prohibées dans les bois.

BOUGIES. Les bougies dont on se sert pour les enchères, doivent être proportionnées de manière que chaque feu dure quatre à six minutes. Loi du 17 novembre 1790, art. 16.

BOUILLE. Les bouilles sont de longues perches, larges par le bout, en forme de rabots, avec lesquelles on remue la vase pour en faire sortir le poisson. Le terme

terme de *bouille* est employé dans l'article 11 du titre
31 de l'ordonnance de 1669. (*Voyez* ADMINISTRATION
FORESTIERE).

BOUIS. (*Voyez* BUIS).

BOULEAU. Le bouleau commun ou bouleau blanc,
betula alba (monoécie tetrandrie L.) est un arbre fort
droit, assez élevé, dont le tronc est revêtu d'une écorce
très-blanche, presque incorruptible ; ses feuilles suspendues à de longs péduncules, sont alternes, ovoïdes,
un peu triangulaires, pointues et finement dentées,
d'un vert clair en dessus, un peu blanchâtres en dessous, glabres des deux côtés, mais pubescentes dans
leur jeunesse. Ses fleurs sont en chatons ; les chatons
mâles sont séparés des femelles sur le même pied ; les
mâles sont grêles, longs et pendans ; les chatons femelles sont plus gros et plus courts : chaque écaille du
chaton mâle soutient trois fleurs, qui ont chacune un
petit calice d'une seule pièce, ouvert, à quatre divisions et quatre étamines pendantes ; les écailles des
chatons femelles sont moins obtuses et recouvrent deux
fleurs tout-à-fait nues, qui consistent chacune en un
ovaire très-petit, surmonté de deux styles soyeux. Les
fruits sont bordés de deux petites ailes membraneuses.

Cet arbre, fort commun en France et dans toute
l'Europe, acquiert plus de grosseur dans les terres
humides, mais il vient très-bien aussi dans les terrains
secs, sabloneux et pierreux, où l'on ne peut mieux
faire que d'en établir des taillis, et où son bois est
même de meilleure qualité. Quand le bouleau s'est em-
paré d'un terrain, il couvre bientôt toute la superficie
qui l'environne : néanmoins il vient difficilement de
graine si la main de l'homme le sème ; et il vaut mieux
lever les plus jeunes plants dans les bois, les déposer
dans une pépinière, et les y soigner pendant deux ou
trois ans, pour les transplanter ensuite sans briser aucune de leurs racines. Si l'on desire faire *taller* la

plante, c'est-à-dire lui faire faire souche, on coupe le tronc à rez de terre lorsqu'il a vingt-sept millimètres d'épaisseur, et il pousse beaucoup de jets au centre desquels on jette quelques corbeilles de terre pour en couvrir la base ; ces jets prennent même des racines particulières, que l'on peut séparer de la mère souche, et transplanter.

Dans le cas où l'on ne serait point à portée de se procurer de petits plants de bouleau, on couperait les menues branches de quelques arbres à l'instant où l'on s'appercevrait que les écailles des cônes seraient prêtes à se détacher, on les déposerait sur un drap, et au bout de quelques jours on frapperait les branches pour en détacher les graines, que l'on semerait aussitôt à l'ombre, en les recouvrant de peu de terre.

Les plantations de drageons se font en automne dans les terrains secs, et au printems dans les terrains humides. La distance des pieds doit être d'environ six à huit décimètres sur une même ligne. Pour faire cet établissement à peu de frais, on fait labourer le terrain, où la charrue passe au moins deux fois dans chaque raie pour la rendre plus profonde, et successivement un ouvrier qui fait des trous avec des houlettes, plante les bouleaux suivant la direction du sillon, qui est suffisamment recouvert par les nouveaux sillons formés à droite et à gauche. On laisse trois ou quatre raies sans y mettre de bouleaux, et l'on a soin d'approfondir davantage ceux où l'on doit planter. Les bouleaux se transplantent lorsqu'ils ont deux ou trois mètres de hauteur ; mais on a remarqué qu'ils réussissent mieux semés naturellement que transplantés.

Le bouleau est un très-bon bois pour taillis ; on fait des balais avec les menues branches, qui, dépouillées de leur écorce, servent aux vanniers, pour la fabrication de panniers inférieurs à ceux d'ozier ; et avec les branches plus fortes, des cerceaux pour les futailles, et des cercles pour les cuves. Les gros bouleaux sont encore propres à faire des jougs, des timons, des sabots, des flèches, des jattes, de grandes cuillères, et d'autres ustensiles de ménage. Dans le nord, où cet arbre est plus dur, on en fait même des jantes de roues et des voitures. Il fournit pour le chauffage un bois qui brûle fort bien et donne du charbon pour les opérations métallurgiques, et la fabrication de la poudre à canon ; l'on en fait aussi des crayons pour le dessin.

L'*aune* est une espèce de bouleau. (*Voyez* ce mot).

BOUQUET. On appelle bouquet de bois, un bois de peu d'étendue.

BOURDAINE. (*Voyez* BOURGENE).

BOURDILLON. Bois de chêne refendu, propre à faire des futailles.

BOURGENE. La bourgène, autrement nommée bourdaine ou aune noir, *rhamnus frangula* (Pentandrie-Monogynie de Linné) est un arbrisseau du même genre que le *nerprun*, qui croît principalement dans les endroits humides et dans les taillis. Sa hauteur est de cinq à six mètres ; l'écorce est brune en dehors et d'un jaune safrané en dedans ; le bois est blanc, quelquefois jaunâtre et tendre ; les feuilles, pétiolées et alternes, sont ovales, alongées, entières, d'un beau vert, et chargées de nervures parallèles ; elles ressemblent assez à celles de l'aune, mais elles sont plus noirâtres. A des fleurs d'un blanc sale, en rose, succèdent des baies rondes, divisées par une rainure qui les fait paraître doubles : d'abord vertes, ensuite rouges, ces baies deviennent noires lorsqu'elles sont mûres.

Cet arbrisseau, qui est très-commun dans nos bois, se multiplie par les semences, les marcottes et les drageons enracinés qui se trouvent auprès des gros pieds ; il sert aux cordonniers pour faire les chevilles des talons de souliers, aux jardiniers pour des baguettes d'espalier. On le réduit en un charbon léger, estimé le meilleur pour la fabrique de la poudre à canon ; et à cet effet on le coupe par morceaux de douze décimètres de longueur, on lève l'écorce dans le tems de la sève, et lorsque le bois est à demi-sec, on l'arrange debout dans une fosse qu'on a creusée en terre : on le brûle à flamme vive, et quand il est suffisamment consumé, on étouffe la braise avec de la terre, sans employer d'eau pour l'éteindre. Vu cette utilité du bois de bourdaine pour la fabrication de la poudre à canon, le gouvernement peut autoriser à faire parcourir les bois nationaux, communaux et des particuliers, pour en couper à la serpette, en présence du sous-inspecteur, du maire de la commune ou des propriétaires, à la charge d'en remettre le prix et d'indemniser des dommages, de la même manière que cela se pratique pour les arbres propres à la *marine*. (*Voyez* ce mot).

BOURGEON. On nomme ainsi la jeune pousse des arbres à l'instant où elle se développe. Ce terme s'étend, en langage forestier, aux nouvelles pousses déjà formées, c'est-à-dire aux jeunes tiges. (*Voyez* Bouton, Jet).

BOURG-ÉPINE. (*Voyez* Nerprun).

BOURRÉE. Fagot de menu bois.

BOURRELET. On appelle ainsi la tumescence qui recouvre en tout ou en partie les plaies faites aux arbres par l'ébranchage ou par quelque accident.

BOUSE. (*Voyez* Onguent de S. Fiacre).

BOUTIS. Lieux des forêts où les bêtes noires ont fouillé avec leurs boutis ou boutoirs.

BOUTON. On nomme ainsi les petits corps qui naissent sur les branches des arbres et des arbustes aux aisselles des feuilles, et qui sont ordinairement composés d'écailles dures, velues en dedans, serrées les unes contre les autres, et disposées de manière à former un asyle assûré aux jeunes parties de la plante qui y sont renfermées pendant l'hiver. De ces boutons,

les uns sont pointus ; on les nomme *boutons à bois*
parce qu'il en sort des branches : les autres sont communément plus gros et plus arrondis , c'est d'eux que
sortent les fleurs ; on les nomme *boutons à fruit.*

Le printems voit naître *l'œil*, qui devient *bouton*
vers le solstice, se nourrit pendant l'automne, et prend
le nom de *bourgeon* au printems.

BOUTURE. On nomme ainsi de jeunes branches
garnies de boutons que l'on sépare du tronc , et que
l'on met en terre après les avoir préparées par des entailles convenables, faites à l'extrémité dont on veut
obtenir des racines. Pour pratiquer cette opération en grand, on fait choix de menues branches
d'un an ou deux, et après les avoir effilées en bec de
flute par les deux bouts, on en enfonce un en terre
à la profondeur de 10 centimètres, laissant dehors une
égale longueur. La distance respective des branches est
ordinairement de 10 centimètres, et celle des rangées
de 32 centimètres, afin de pouvoir donner de tems-
en-tems un petit binage ou des arrosemens. Lorsqu'il
s'agit d'arbres dont l'accroissement est prompt, comme
le peuplier d'Italie, le platane d'occident , on met 3 ou
6 décimètres de distance entre les plants ; et quand il
est question de grandes boutures qu'on nomme *plançons*
ou *plantards*, et qui sont des branches de 2 à 3 mètres
de longueur sur 27 à 28 centimètres de circonférence ,
on les coupe également par les deux bouts, excepté les
plantards de peuplier, auxquels on doit laisser l'extrémité supérieure et même quelques menues branches.

BRACONNIER. Celui qui chasse dans les bois et
forêts et dans les autres lieux où la chasse est défendue

BRACTÉE. On nomme bractée ou feuille florale ,
une petite feuille différente des autres, qui accompagne
certaines fleurs , comme on en voit sur le tilleul.

BRANCHAGE. Nom collectif qui désigne toutes les
branches d'un arbre.

BRANCHES. Les divisions du tronc ou de la tige , que l'on nomme branches , sont composées , ainsi que l'arbre , d'un épiderme , d'une enveloppe cellulaire , de couches corticales et ligneuses, dont la partie intérieure renferme la moelle ; d'un tissu cellulaire, de vaisseaux lymphatiques , de vaisseaux propres et de trachées. Les branches sont insérées au tronc par des couches ligneuses qui leur sont propres et qui forment dans le tronc un cône renversé , dont le sommet est dans l'intérieur de l'arbre , et la base au niveau du fourchet. Les fibres longitudinales s'écartent du tronc pour faire un passage aux branches qui s'y implantent , et elles se rapprochent ensuite pour prendre leur première direction , ce qui en démontre l'élasticité ; leur déviation dans le tronc ou les grosses branches produit des difformités dans le bois.

Dans les arbres qui croissent en plein air , il se développe à divers endroits de la tige des branches gourmandes qui affaiblissent le montant principal , et qui , en s'appropriant une portion de la sève , auraient bientôt surpassé le maître jet si l'on n'avait recours à l'*élagage*. (*Voyez* Croissance , Jet).

On peut juger de l'âge des arbres par l'angle que leurs branches forment avec le tronc. (*Voyez* Age).

BRANCHU. On nomme branchu ou rameux un arbre qui porte beaucoup de branches.

BRANDE. Les belles forêts sont couvertes de brandes , c'est-à-dire de branches d'arbres. On donne aussi ce nom aux bruyères où les cerfs vont viander.

BREBIS. Femelle du bélier. (*Voyez* Bêtes a laine).

BRELLE. On donne ce nom à des demi-trains de bois qui contiennent ordinairement 300 pièces au compte des charpentiers ; on les appelle aussi *coupons* , *éclusées*.

BREUIL. Bois taillis ou buisson fermé de murs ou

de haies, dans lequel les grosses bêtes peuvent se retirer.

BRIN. On appelle ainsi un jet de bois destiné à croître en futaie. On dit aussi des arbres qu'ils sont d'un *beau brin*, lorsqu'ils sont droits, de belle venue, et assez gros.

BRINDILLES. Ce terme est employé pour désigner de petites branches chiffonnées ; on dit d'un arbre languissant, qu'il ne produit que de la brindille.

BRISÉE. On appelle ainsi le passage que l'on est obligé de faire pour les porte-chaînes, lorsqu'on procède au mesurage des bois. Les brisées, qui servent ensuite aux agens forestiers lors du balivage, et aux marchands de bois qui vont visiter les ventes pour les estimer et y mettre leur enchère, ne doivent pas avoir plus d'un mètre de largeur.

BROCEREUX. On appelle ainsi les bois couverts de nœuds, et les lieux pleins de broussailles.

BROIL. On donne ce nom et celui de *broillot* à un petit bois, aux broussailles et aux branches d'arbres.

BROSSES. On nomme *brosses*, *bruyéres*, *brossailles* ou *broussailles*, les terres incultes où il ne vient que des plantes sauvages, du menu bois, et les arbustes peu élevés qui sont au bord des forêts.

BROU. C'est le nom qu'on donne à l'enveloppe de quelques fruits, destinée à les protéger pendant qu'ils sont dans un état de mollesse qui leur rend cet étui nécessaire. Le noyer, le noisetier, le maronnier d'Inde, le liège, ont leurs pépins enchassés dans le brou ; mais ces étuis varient dans leur nature, leurs formes, leurs qualités, suivant les fruits auxquels ils appartiennent.

BROUIR. On dit que les arbres sont *brouïs*, lorsque leurs feuilles ont été frappées de mauvais vents, et se sont recoquillées. (*Voyez* BRULURE).

BROUSSIN. On nomme *broussin d'érable*, une excroissance qui vient sur l'érable, et qui est ondée et

nuancée d'une manière agréable : on en fait des cas-
settes, des tablettes et d'autres ouvrages.

BROUT. Ce sont les jeunes branches que les animaux broutent dans les forêts.

BROUTILLES. On donne ce nom et celui de *bre-
tilles* aux menues branches qui restent dans les forêts
après qu'on en a retranché le bois de corde et celui
dont on fait des fagots.

BRULEMENT. Lorsqu'on veut défricher les terres
qu'on a laissé reposer pendant long-tems, il est d'usage
de les brûler ou *écobuer*, afin que le feu divise leurs
parties, et que la cendre des feuilles et des racines
leur donne quelque fertilité. On brûle les mauvaises
herbes et les *bruyères*. (*Voyez* ce dernier mot).

BRULURE. Accident qui arrive aux arbres et aux
autres végétaux, et qui est occasionné par les vents
desséchans du printems, ou par une excessive chaleur
qui les fait brouïr ou brûler,

BRUYERE. La bruyère commune, *erica vulgaris*,
(octandrie-monogynie L.) est un sous-arbrisseau qui
forme des touffes étalées, hautes d'environ trois
centimètres, à rameaux tortueux, roides, assez épais,
et dont l'écorce est rude et rougeâtre. Les feuilles sont
très-petites, serrées contre les rameaux, et appro-
chantes de celles du cyprès. Les fleurs sont d'une seule
pièce, en forme de cloche ou de grelot, d'un rouge vif,
quelquefois blanches, et disposées en grappes simples
et terminales : leur calice est double ; l'intérieur, qui
est plus grand que la corolle, est composé de 4 folioles
colorées.

Cette plante vient d'elle-même dans les mauvais terrains, sur-tout dans les sables arides ; comme elle
étend beaucoup ses racines, on a bien de la peine à la
détruire. Pour empêcher qu'elle ne devienne perni-
cieuse aux jeunes arbres, dans les endroits où l'on
veut planter du bois, on la fatigue par des labours

après l'avoir détruite en grande partie par le feu. La saison convenable pour brûler ces plantes est l'automne, époque à laquelle elles sont desséchées par le soleil ; mais il faut prendre des mesures pour que le feu ne puisse s'étendre jusqu'au bois, et nettoyer en conséquence une lisière d'herbes plus ou moins large, qui empêche la communication ; il est même prudent de faire un fossé ou une tranchée de 4 ou 5 mètres de profondeur, dont la terre se rejète du côté de la bruyère : on choisit d'ailleurs un tems serein, pour que le vent ne porte pas la flamme vers la forêt, et l'on se tient sur ses gardes tant que le feu subsiste.

Lorsque le feu est éteint, on met la charrue dans le champ : on peut ensuite y semer de l'avoine, labourer encore tout le terrain dans le plus chaud de l'été, pour faire périr les racines, et après cela semer du bois ou planter de jeunes arbres ; mais on ne doit pas épargner les labours, car il n'y a que ce moyen pour détruire entièrement la bruyère.

Le nom de *bruyère* se donne aux terres incultes.

BUCHE. On appelle ainsi les morceaux de bois coupés de la longueur convenable pour le chauffage, et qui forment du *bois de quartier.*

BUCHERON. Ouvrier qui abat du bois. (*Voyez* ABATTAGE, COUPE, SOUCHE ; et sous le mot ADMINISTRATION FORESTIÉRE, l'article 28 du titre 27 de l'ordonnance de 1669).

BUCHETTE. Menu bois qui reste dans les forêts après l'exploitation, et que les pauvres vont ramasser ; ce bois se nomme aussi *buisse.*

BUIS. Le buis arborescent, *buxus sempervirens,* (Monoécie-tétrandrie de Linné) ou *buxus arborescens* de Tournefort, est un arbrisseau qui s'élève à 4 ou 5 mètres, dont le tronc est tortu, rameux, recouvert d'une écorce brune et noirâtre, et dont les feuilles isses, luisantes, d'un vert assez foncé, sont ovales, opposées, très-entières, et terminées par une pointe obtuse, souvent échancrée. Les fleurs mâles sont ramassées, avec les fleurs femelles, en petites têtes presque sessiles, placées dans les aisselles et au sommet des rameaux : le calice des premières a 3 découpures, et les pétales sont au nombre de deux ; les secondes ont un calice à 4 découpures, et 3 pétales, une capsule à 3 loges et 3 semences.

Cet arbrisseau, qui est assez commun dans l'Europe australe et dans le levant, se rencontre aussi dans plusieurs de nos forêts ; il se plaît particulièrement dans les terrains pierreux, secs et graveleux, et sur les collines exposées au nord : on peut le multiplier par la graine, qu'on sème à l'ombre dès qu'elle est mûre, et qu'on doit arroser pendant les sécheresses : si l'on veut différer la semaille jusqu'au printems, on garde la graine pendant l'hiver dans du sable.

Une autre espèce de buis très-répandue en France, est le *buis à bordures*, vulgairement nommé *buis nain* ou *buis d'Artois*, dont on garnit les parterres.

Les espèces de buis les plus rares se conservent par le moyen des marcottes et des boutures, qui se plantent en automne à l'ombre, et qu'il faut souvent arroser jusqu'à ce qu'elles soient enracinées. Les transplantations de pieds levés avec la terre, se font dans toutes les saisons, excepté l'été ; il remplace l'ébène.

Le bois du buis arborescent est jaune, dur, liant, compact, et tombe au fond de l'eau : il remplace l'ébène. Lorsqu'il est gros, les tourneurs, les tabletiers, les graveurs en bois, les fabricans de peignes et d'instrumens de mathématiques l'achètent fort cher.

BUISSE. (*Voyez* BUCHETTE).

BUISSERIE. Sorte de bois merrain, propre à faire des muids et autres ouvrages de tonnellerie.

BUISSON. On appelle ainsi dans les forêts une

touffe d'arbrisseaux sauvages et épineux , ou un arbre qui, à force d'avoir été brouté par les bestiaux , est resté rabougri, et a poussé sans ordre de petites branches chiffones. C'est aussi un bois de peu d'étendue.

BUISSON ARDENT. (*Voyez* Néflier pyracanthe).

BULTEAU. Mettre des arbres en *bulteau* ou *têtard*, c'est leur couper la tête.

BUTTE. Butter un arbre, c'est élever au pied une motte de terre pour le tenir plus ferme. Cela se pratique particulièrement à l'égard des arbres de haute tige nouvellement plantés, que le vent pourrait renverser ou arracher. On dit aussi planter des arbres en butte, par rapport à de petits arbres qu'on plante dans une terre un peu trop humide, ou qui n'est pas encore régalée, et que l'on butte pour les mettre de niveau avec le reste du terrain.

C.

CAABLES. Bois renversés, abattus par les vents. (*Voyez* Chablis).

CABARET. Il est défendu aux gardes forestiers d'en tenir. (*Voyez*, sous le mot Administration forestière, l'art. 12 du tit. 10, et l'art. 31 du tit. 27 de l'ordonnance de 1669).

CACHRYS. Nom que l'on donne aux boutons que le chêne, le sapin et les autres arbres poussent au printems et en automne.

CADRAN. Cette maladie, que l'on nomme aussi *cadranure*, est ordinairement celle des gros arbres, et sur-tout des chênes. Les jeunes n'en paraissent jamais attaqués ; elle ne frappe que ceux qui sont sur le retour. La cadranure est composée des fentes circulaires de la roulure et des rayons de la gelivure, qui vont du centre à la circonférence, et représentent les lignes horaires d'un cadran. Cette maladie est dans le cœur de l'arbre, et n'est sensible que quand il est abattu ; le bois ne peut alors s'employer que pour les lattes, les douelles et les merrains.

CAHIER DES CHARGES. Ce cahier renferme les clauses et conditions des adjudications de coupes de bois. La rédaction en est concertée entre le conservateur et le directeur du domaine national, et il est visé par le préfet. (*Voyez* les art. 5, 20 et suiv. du § 1 de la sect. 2 de l'instruction du 7 prairial an 9, sous le mot Administration forestiere). Outre l'expédition que le directeur du domaine en fait passer au receveur du chef-lieu d'arrondissement, une autre expédition doit être déposée, quinze jours au moins avant l'adjudication, au secrétariat de la préfecture et des sous-préfectures, où tout citoyen peut en prendre communication sans déplacement et sans frais. (*Voyez* Adjudication, Charbon, Harts).

CALCUL DÉCIMAL. (*Voyez* ARE, MESURES).

CALICE. Le calice est le prolongement du pédoncule qui entoure la corolle. Dans les plantes où il y a tout-à-la-fois calice et corolle, le premier est presque toujours vert; dans celles où il tient lieu de corolle, il est souvent coloré. Le calice se distingue de la corolle en ce qu'il tire son origine de l'épiderme du pédoncule, tandis que la corolle est une continuité du liber.

CAMÉLÉE. Cet arbrisseau, qui croît dans les lieux incultes des départemens méridionaux de la France, à environ un mètre de hauteur, est le *cneorum tricoccum* de Linné (triandrie monogynie). Sa tige, recouverte d'une écorce brune, est rameuse; ses feuilles sont alternes, sessiles, glabres, alongées, rétrécies vers leur base, légèrement élargies vers le sommet, et assez semblables à celles de l'olivier. Les fleurs sont petites et ont trois pétales égaux, de couleur jaune; elles viennent aux sommités des rameaux, dans les aisselles des feuilles supérieures, et sont portées sur des pédoncules très-courts, souvent solitaires; elles sont quelquefois deux ou trois ensemble.

Le fruit à trois coques, est d'abord verdâtre, il devient rouge en mûrissant, et ensuite noir.

Cet arbuste peut être employé pour garnir le devant des massifs des bosquets d'hiver, mais il faut le garantir des fortes gelées.

CANARD. (*Voyez* BOIS, FLOTTAGE).

CANAUX. (*Voyez* NAVIGATION).

CANTHARIDE. Cette espèce de mouche, qui entre dans la composition des emplâtres vésicatoires, s'attache particulièrement au frêne. On secoue, à la fraîcheur du matin, ceux de ces arbres encore jeunes qu'elles affectent le plus; on les ramasse, et comme elles sont recherchées par les pharmaciens, on les jette dans un vase où il y a du vinaigre, et où elles se conservent long-tems en bon état. Le seul frêne à fleurs n'est point exposé aux ravages de ces insectes, et il est préférable au frêne commun pour le voisinage des habitations, où les cantharides répandent une mauvaise odeur.

CANTONNEMENT. L'effet du cantonnement est de conférer à l'usager la propriété absolue et incommutable de la partie de forêt à lui abandonnée, pour lui tenir lieu de l'usage auquel il avoit droit.

Suivant l'art. 8 de la loi du 27 septembre 1790, les propriétaires ont le droit d'exercer devant les tribunaux une action en cantonnement contre les usagers de bois, prés, marais et terrains vains ou vagues ; l'art. 5 de la loi du 28 août 1792, a accordé la même faculté aux usagers contre les propriétaires.

CAPITAINERIE. On appelait ainsi, pendant l'existence de la monarchie, les terrains dépendans des châteaux que le roi habitait ordinairement, et sur lesquels il s'était réservé la chasse. L'officier établi pour connaître des faits de chasse dans l'étendue de ces terrains se nommait capitaine des chasses. Les fonctions des anciens *verdiers* lui étaient attribuées.

CAPSULE. Enveloppe ordinairement sèche d'un fruit renfermant une ou plusieurs graines, et différente du follicule, de la silique et de la gousse.

CAPTURE DES DÉLINQUANS. (*Voyez* Délit Procès-verbaux).

CARIE. Cette maladie du bois, qui présente une espèce de moisissure, le rend mou ; elle a son principe dans les racines, et ensuite au bas du tronc : les causes externes sont le grand chaud, le grand froid, et le séjour de l'eau ou l'écorchure des racines. On doit couper au vif les racines pourries ; et quand cet accident provient de la trop grande humidité du terrain, on remet au pied de l'arbre de la terre neuve, et l'on fait des tranchées pour l'écoulement des eaux.

Les coups des corps durs qui écrasent l'épiderme, et endommagent l'enveloppe cellulaire, les couches corticales, l'aubier et même la substance ligneuse, produisent aussi la carie et la suppuration des plaies. L'extravasion de la sève, l'action de la chaleur, de l'air, des pluies, des rosées, les entretiennent, les augmentent et rendent les plaies plus profondes ; il faut couvrir la plaie récemment faite avec de l'onguent de S.-Fiacre. Lorsqu'on s'apperçoit qu'une transpiration arrêtée ou une sève viciée attaque le bois sous l'écorce, on doit amputer la branche ou la partie endommagée, et y appliquer le même onguent.

CAROUBIER. Le caroubier, *ceratonia siliqua*, (polygamie trioécie L.) est un arbre de moyenne grandeur, ayant la cime étalée, les branches tortueuses, le tronc raboteux, l'écorce brune, les feuilles alternes, ailées, souvent sans impaire : ces feuilles, qui subsistent pendant l'hiver, ont les folioles presque rondes, fermes, nerveuses et entières, avec un très-court pédoncule. Les fleurs naissent des aisselles des feuilles : les mâles sont disposés en petites grappes rouges ; les femelles sont formées de cinq tubercules sans pétales. Le fruit est une gousse longue, obtuse, aplatie, dont les loges renferment chacune une semence presque ronde, comprimée, dure et brillante : on le nomme *carouge*. Cet arbre croît dans les départemens méridionaux de la France ; il résisterait difficilement en pleine terre dans le nord. Son bois dur est propre aux mêmes usages que celui du chêne-vert ; ses gousses, qui renferment une pulpe succulente, servent à engraisser les bestiaux ; mais ce fruit donne la diarrhée, et cause des tranchées qui le rendent peu propre à la nourriture de l'homme.

CARRÉ. On appelle *bois carrés* les bois de charpente et de sciage dont on fait des poutres et des solives.

CARTE. Il serait essentiel de faire une carte de chaque forêt comprise dans un même aménagement, pour indiquer la division des coupes, les tranchées qui les séparent, les numéros des bornes, les massifs de futaies, et les places vides où il en existe. Un exemplaire de cette carte, certifié par l'inspecteur et l'arpenteur, serait remis au ministre; un autre à l'administration forestière; le troisième au préfet, et le quatrième au conservateur de l'arrondissement.

CARTELLE. Manière de débiter les bois recherchés, tels que le frène et l'érable loupeux ou nouailleux, quand on les met par petites planches pour meubles.

CATALPA. Le catalpa ou bignone, *bignonia catalpa* (didynamie angiospermie L.), est un arbre de moyenne grandeur, qui croît naturellement dans la Caroline et au Japon, et qui, naturalisé en France, y peut subsister en pleine terre. Son tronc est droit, son écorce grisâtre, son bois blanc; ses feuilles, disposées ordinairement de trois en trois à chaque nœud, sont pétiolées, cordiformes, pointues, entières, d'un vert agréable, glabres en-dessus, et chargées de poils courts en-dessous, avec des nervures alternes et saillantes : leur largueur est de 10 à 18 centimètres, et leur longueur de 18 à 29, sans y comprendre le pétiole, qui a 10 à 16 centimètres de longueur. Les fleurs qui naissent à l'extrémité des branches, au commencement de thermidor, sont de belles panicules campanulées, courtes, évasées, à limbe irrégulier, d'un blanc éclatant, avec des points pourpres et des raies jaunes dans l'intérieur. Le fruit capsulaire renferme des semences de deux centimètres de longueur, applaties, minces, munies de chaque côté d'une aile membraneuse, terminée par une houppe de poils.

Cet arbre fait l'ornement des bosquets par la beauté de ses fleurs, l'étendue et la fraîcheur de son feuillage. On

On en sème les graines dans des pots , abrités pendant l'été , et mis sous un chassis de vîtrage en automme , saison pendant laquelle elles commencent seulement à pousser. Au printems suivant on les tire des pots pour les planter en pépinière , dans une exposition chaude, où l'on conserve pendant deux ans les pieds , qui peuvent ensuite être replantés à demeure. On peut aussi multiplier cet arbre par boutures , qu'on plante au printems dans des pots , avant qu'elles commencent à pousser : les pots se plongent dans une couche de chaleur modérée , on les abrite du soleil au milieu du jour , et on les arrose lorsqu'ils en ont besoin. Les boutures , ainsi traitées , prennent racine , et poussent des branches au bout de quarante jours , après quoi on leur donne de l'air pour les y accoutumer. Au printems suivant on les plante dans une planche en pépinière comme les tiges venues de semences.

CAUTION. Les ventes de coupes de bois ne se font qu'à la charge par l'adjudicataire de fournir caution et certificateur de caution. Le receveur du domaine étant responsable de leur solvabilité au moment de l'adjudication , il ne doit recevoir pour tels que des personnes en état , par leurs facultés personnelles , de répondre de l'exécution du marché , et sur-tout de l'acquit des charges de la vente. (On trouvera sous le mot ADJUDICATION la formule de l'acte par lequel les cautions sont reçues).

La régie a rappelé , par une circulaire du 15 messidor an 7 , à ses préposés , que l'ordonnance de 1669 (1) prescrivait les formalités à observer lorsque la solvabilité d'un adjudicataire de bois n'était pas reconnue , ou qu'il n'avait pas fourni , dans la huitaine du jour de l'adjudication , bonne et suffisante caution

---

(1) *Voyez* sous le mot *Administration forestière* , les art. 20 , 27 et suiv. du titre 15.

Diction. Forestier. Part. I. M

et certificateurs ; qu'ils devaient, la huitaine passée, faire signifier dans le jour, au pénultième enchérisseur, sa substitution au lieu et place de l'adjudicataire, et ne pouvaient mettre en vente qu'après le même renvoi successivement fait aux autres enchérisseurs , sans qu'aucun eût donné caution, cas dans lequel la vente se réitérait à leur folle-enchère. La régie a observé qu'en négligeant ces formalités , on exposait le trésor public à de grandes pertes , parce qu'il résultait nécessairement une défaveur pour la seconde vente, de l'abandon de la première , ou de l'impossibilité du cautionnement pour son exploitation.

Les étrangers et les insolvables ne peuvent mettre à prix , enchérir ou sur-enchérir qu'en présentant au préalable une caution agréée par le receveur du domaine national. La régie a annoncé à cet égard, par une circulaire du 21 brumaire an 8, que souvent un enchérisseur inconnu et insolvable se présentait aux adjudications avec une patente de marchand de bois en gros et une carte de citoyen ; qu'il écartait, par de fortes enchères, les marchands connus ; qu'un seul, d'accord avec lui, les couvrait par les mises les plus faibles, et restait adjudicataire ; mais que celui-ci, en renonçant à ses mises, renvoyait l'adjudication au premier, qui ne paraissait plus, et la laissait renvoyer à l'autre par défaut de cautionnement ; qu'il résultait de cette manœuvre que le marchand connu restait définitivement adjudicataire à un prix inférieur au taux auquel les autres auraient porté les bois si les fortes enchères de l'inconnu ne les en avaient pas détournés, et que la nation perdait les folles-enchères de ce dernier , dont le domicile était souvent fictif, et qui était toujours insolvable, et même les frais de poursuites inutiles qui étaient faites contre lui.

La régie a observé sur ce point qu'à la vérité l'art. 20 du titre 15 de l'ordonnance de 1669 voulait que toutes personnes pussent enchérir, et n'exceptait que ceux qui étaient notoirement insolvables, à moins qu'ils ne donnassent sur-le-champ des cautions et certificateurs d'une solvabilité connue; mais qu'un citoyen qui se présentait pour la première fois aux adjudications, qui n'était connu ni avoué de personne, pouvait être rangé dans la classe des notoirement insolvables, puisque personne ne lui connaissait de facultés; qu'une carte de citoyen n'attestait pas la solvabilité de celui qui en était porteur; que par la liberté dont chacun jouissait de demander une patente, on ne pouvait y attacher aucun indice de moyens ni de fortune; et que, d'après ces considérations, les préposés de la régie et les agens forestiers devaient requérir le rejet des enchères qui seraient mises par tout citoyen non connu d'eux ni de qui que ce soit de l'assemblée, à moins qu'il ne donnât sur-le-champ caution et certificateur solvables. (*Voyez* EMPRISONNEMENT).

CAUTIONNEMENT. La loi du 29 septembre 1791 a exigé un cautionnement en immeubles de la part des divers agens de l'*administration forestière* (*Voyez* sous ce mot l'art. 11 du titre 3 de la loi citée); mais les lois nouvelles n'ont pas de dispositions à cet égard.

CÈDRE. Le cèdre, ou pin du Liban, *pinus cedrus* de Linné (Monoécie monadelphie) est un très-gros arbre, de forme pyramidale, qui croît à la hauteur d'environ 30 mètres, et dont les rameaux, toujours verts, tombent vers la terre en larges panaches (1). Ses feuilles, qui se conservent pendant l'hiver, sont petites, étroites, pointues, articulées les unes dans les autres, et assez semblables à celles du genèvrier. Ses fruits, qui sont des cônes arrondis, dont la tête

---

(1) La courbure naturelle des branches de cet arbre, du micocoulier, etc., fait exception à la règle établie sous le mot *âge*, relativement aux angles qu'elles décrivent successivement.

regarde le ciel, renferment des noyaux anguleux, dans chacun desquels il y a une semence oblongue. Ces semences se mettent à plat dans des terrains sur couches, où l'on a soin de les défendre du grand soleil : elles exigent une terre graveleuse, mêlée de bonne, qu'on ne couvre que très-peu ; souvent elles ne lèvent que la seconde année. On les arrose au commencement, et ensuite fort rarement ; l'excès étouffe la graine et les jeunes plantes, qui sont en état de supporter les rigueurs de l'hiver, et deviennent même plus belles en plein air que dans la serre, quoiqu'un hiver trop humide puisse les faire périr. On les transporte, la seconde, ou la troisième année, avec autant de terre qu'il est possible, dans un lieu sec, peu exposé à l'ardeur du soleil ; on les garantit par un petit pieu, pour fortifier la tige, sans quoi l'arbre s'étend en branches, et ne parvient pas à sa perfection.

Les cèdres réussissent dans les terroirs sabloneux ; on en voit dans les montagnes où il n'y a presque que de la pierre, et l'on pourrait, par leur moyen, mettre en valeur des terres incultes. Le bois de cet arbre, d'une couleur rouge et d'une odeur aromatique, prend un poli achevé, et on l'emploie dans beaucoup d'ouvrages d'ébénisterie. On le regarde comme incorruptible : dans les pays où il est commun, on en fait d'excellente charpente, des mâts de navires, etc.

CELTIS. (*Voyez* MICOCOULIER).

CENDRES. Aux termes des art. 19, 20 et 21 du titre 27 de l'ordonnance de 1669, il ne peut être fait des cendres dans les forêts que par les marchands de bois, qui ne doivent construire les ateliers que dans leurs ventes et aux endroits indiqués par les agens forestiers. Dans ce cas même l'adjudicataire devrait, après avoir labouré la place, être tenu d'y semer du gland.

Les cendres de hêtre et de charme sont recherchées

pour les verreries ; elles sont les meilleures pour le blanchiment des toiles et pour les lessives ; celles de châtaignier tachent le linge. Lorsque les sels des cendres ont été épuisés par la lixiviation , on peut leur en restituer de nouveaux en les tenant exposées au grand air , mais ensorte qu'elles ne puissent pas être mouillées , et en les remuant de tems à autre.

On ne fait de cendres dans les forêts que des houpiers , des troncs , des racines et des autres bois qu'on ne peut employer ni en ouvrages ni en stères , à moins que ce ne soit dans les cantons où la valeur du bois est si modique , vu les difficultés de l'extraction , que ce serait un objet d'utilité d'en retirer au moins de la potasse pour les arts.

CENTI. Centième.

CENTIARE. Le centiare contient un mètre carré de surface. (*Voyez* ARE, MESURES).

CENTIMÈTRE. Centième partie du mètre. (*V.* MESURES, MÈTRE).

CENTISTÈRE. Centième partie du stère. (*V.* ce mot.

CEPÉES. On appelle ainsi les touffes produites en une ou deux années par une même souche ou par deux , lorsqu'elles se joignent. L'ordonnance de 1669 défend d'abattre les cepées avec la serpe ou la scie ; elle exige l'emploi de la cognée.

CERCEAUX. On appelle cerceaux ou cercles des branches d'arbres fendues par le milieu , dont on se sert pour relier les tonneaux et les cuves.

Les jeunes taillis destinés à faire des cercles et des cerceaux se coupent à l'âge de six ou sept ans ; lorsque ce sont des châtaigniers , un bon hectare peut rapporter depuis vingt-six piles jusqu'à quatre-vingts ; chaque pile contient six rouelles de vingt-quatre cercles. On donne au cerclier 5 francs pour la façon d'une rouelle de vingt-quatre cercles de 16 décimètres 6 centimètres de longueur.

CERCHE. On choisit pour faire les cerches, dont sont formés les cribles à l'usage des mégissiers, des perches de saule de belle venue, et peu noueuses, qui aient 21 à 27 centimètres de circonférence par le bas, et 18 ou 21 par le haut ; les grosses perches qui peuvent fournir de larges cerches se coupent à trois mètres de longueur pour servir à la confection des grands cribles ; les cerches moyennes doivent être coupées à une longueur moindre.

Les cerches étroites et minces dans lesquelles on dresse les fromages, se nomment *clayettes, chaserets, clisses* ou *éclisses ;* on les fait quelquefois avec du bois de chêne, mais le plus ordinairement on y emploie le hêtre, parce que ce bois peut être réduit à une moindre épaisseur, et qu'il convient mieux pour les fromages.

CERCLIER. L'art. 23 du titre 27 de l'ordonnance de 1669 défend aux cercliers, vanniers, tourneurs, sabotiers, etc. de tenir ateliers à une distance moindre de demi-lieue (cinq kilomètres) des forêts, à peine de confiscation de marchandises, et de 100 francs d'amende. (*Voyez* Administration forestière).

CERISIER. Le cerisier commun est un arbre fruitier que l'on cultive dans les jardins, et dont on ne croit pas devoir parler ici, quoique son bois puisse servir aux mêmes usages que celui du *merisier* ou cerisier sauvage. (*Voyez* ce mot et Mahaleb).

CERNE. On appelle ainsi les couches concentriques, dont les arbres accroissent chaque année par la conversion de l'aubier en bois parfait. Ces cernes peuvent faire connaître l'âge des arbres, en les comptant au bas du tronc, et celui des branches en partant de leur origine. Quand l'arbre cesse de croître, il ne doit plus se former de nouveaux cernes : leur nombre pour les chênes ne va guères au-dessus de cent.

CERTIFICAT. (*Voyez* ENCHÈRE, VOITURIER).

CERTIFICATEUR DE CAUTION. (*V.* CAUTION).

CHABLIS. On entend par chablis, et chables ou caables, des arbres de haute-futaie abattus, renversés, brisés ou arrachés par le vent, ou tombés de vétusté. Quand des arbres ont été rompus par la moitié ou aux deux tiers, leurs maîtresses branches, cassées par l'ouragan, se nomment *volis* ou *volnis*, on les répute chablis ; mais d'après une décision du ministre des finances, en date du 5 floréal an 7, on ne considère pas comme tels les arbres morts et dépérissant dans les forêts. Ces derniers arbres ne peuvent pas, comme les autres, être vendus par les agens forestiers sans une autorisation particulière.

Le titre 17 de l'ordonnance de 1669 prescrit les formalités à observer pour constater le nombre de chablis, les marquer et procéder à leur vente. (*Voyez* ADMINISTRATION FORESTIÈRE, MENUS MARCHÉS et OURAGANS).

Voici des modèles des actes qui se font dans ces circonstances.

Procès verbal de reconnaissance et estimation de Chablis.

L'an   de la république française, le   nous, inspecteur (ou sous-inspecteur, ou garde général commis à cet effet) des forêts, à la résidence de   conformément au titre 17 de l'ordonnance de 1669, et en vertu des ordres à nous transmis par le conservateur de cet arrondissement, nous nous sommes transportés au bois de   situé au terroir de la commune de   canton de   arrondissement de la sous-préfecture de   département de   accompagné de   garde général forestier, et de   garde particulier de ce bois ; après l'avoir parcouru en tous sens, à l'effet d'y constater les dégâts causés par l'ouragan de   nous y avons trouvé déracinés et gissant par terre :

1°.   chênes,   hêtres,   charmes et bois blancs de différentes longueurs et grosseurs ;

2°.   baliveaux cassés de différentes essences.

M 4

Tous lesquels chablis nous estimons valoir   , somme à laquelle ils seront portés pour l'ouverture des enchères.

Et pour assurer la conservation de ces chablis jusqu'au moment de leur exploitation, nous les avons marqués de trois empreintes du marteau national, lesquelles empreintes ont été appliquées, savoir : une au milieu du tronc, et les deux autres aux extrémités des arbres ; et nous avons recommandé aux gardes de veiller soigneusement à ce qu'il n'y soit commis aucun délit.

La minute du présent procès-verbal demeurera aux archives de la conservation de cet arrondissement, et il en sera délivré des expéditions au préfet du département, au sous-préfet de l'arrondissement communal de   , au receveur des domaines et bois de cet arrondissement, à l'adjudicataire et à qui de droit ; et nous avons signé.

Quand il ne s'agit que de ventes d'un petit nombre de chablis dans un canton du département, le sous-préfet peut déléguer aux maires des communes la faculté d'y procéder, comme il a le droit de le faire pour tous les menus marchés au-dessous de 200 fr. La régie a écrit à cet égard, le 18 brumaire an 8, une circulaire, par laquelle elle a rappelé les dispositions de l'art. 4 du titre 8 de la loi du 29 septembre 1791.

Lorsque l'ouragan a abattu une assez grande quantité d'arbres dans plusieurs bois d'un département, il est dressé un cahier général des charges auxquelles chaque vente particulière devra être faite ; il est procédé à ces ventes par les maires que le préfet ou les sous-préfets ont délégués pour cette opération, sur la provocation des inspecteurs. (*Voyez* à cet égard l'art. 7 sect. 12 de l'instruction du 7 prairial an 9, insérée sous le mot CONSERVATION DES FORÊTS).

Le cahier des charges s'imprime pour en distribuer des exemplaires aux maires ; il est ainsi conçu :

Cahier des charges et conditions sous lesquelles les adjudications des arbres que l'ouragan qui a eu lieu le   a cassés, brisés et déracinés dans les propriétés nationales situées dans l'arrondissement du département de   seront faites par les maires des communes sur le terroir desquelles se trouvent les arbres dont il s'agit, lesdits maires délégués à cet effet par le préfet du département, par son arrêté du

Art. 1. La vente des arbres cassés, brisés et déracinés par l'ouragan du   , sera faite sur place, au plus offrant et dernier enchérisseur, d'après l'annonce et publication qui en sera préalablement faite dans les communes environnantes, huitaine à l'avance, à ce que personne n'en ignore

2. Ceux qui se rendront adjudicataires de ces arbres, seront tenus de les scier et couper par partie sur place, et de les enlever à dos hors les taillis dans lesquels ils se trouvent, jusqu'à la voie la plus prochaine, sans pouvoir, sous quelque prétexte que ce soit, entrer avec voitures et chevaux dans ces taillis pour faire les enlèvemens, sous les peines des règlemens; pourquoi les gardes des bois seront tenus de surveiller l'exécution de la présente clause, et de dresser des procès-verbaux contre les contrevenans.

3. L'enlèvement des arbres sera fait dans la décade, au plus tard, à peine de confiscation de ce qui se trouvera gissant après ce délai.

4. Les adjudicataires seront tenus de payer comptant le prix des adjudications, ensemble le décime par franc du montant, dans les quarante huit heures, entre les mains du receveur des domaines et bois du chef-lieu de la sous-préfecture de l'arrondissement, à peine de revente à leur folle enchère.

5. Les adjudicataires ne pourront enlever aucuns des arbres qui leur auront été adjugés, ni leurs branches, avant d'en avoir payé le prix, comme il est dit ci-dessus, et d'avoir justifié de la quittance de paiement, tant au maire, pour être par lui visée, et mention en être faite en marge de l'adjudication, qu'aux gardes des bois; et faute de faire cette justification dans le délai de quarante-huit heures, les adjudicataires demeureront déchus de droit de leur adjudication, et il sera procédé par le maire à la revente à leur folle enchère, pour sûreté de paiement de laquelle les adjudicataires pourront être arrêtés, en conformité de l'art. 27 du tit. 15 de l'ordonnance de 1669.

6. Aussitôt que les adjudications auront eu lieu, il en sera envoyé des extraits par les maires, tant au receveur des domaines qu'à l'inspecteur forestier de l'arrondissement.

7. Sous les charges, clauses et conditions ci-dessus, qui ne pourront être regardées comme comminatoires, mais expresses et de rigueur, toutes persones non prohibées par les lois, seront admises à enchérir.

Fait et arrêté par l'inspecteur des forêts à   le
an   de la république française.   *Signé*

Vu et approuvé par le préfet du département de   ,
à   le   an   de la république.
          Signé

Le secrétaire-général de la préfecture; Signé

On dresse ensuite une affiche ainsi conçue:

Affiche.

On fait savoir que le   heures du matin, il sera procédé, en la sous-préfecture de   (ou en la mairie de   )

au lieu ordinaire des ventes , en la présence de   (l'agent
forestier et le receveur des domaines , s'il s'agit d'objets importans),
à la vente et adjudication des arbres chablis dans les bois de
(ou, si l'affiche est générale pour la sous-préfecture), dans les
bois nationaux ci-aprés :

NOMS des BOIS.	NOMS des GARDES.	VENTE ORDINAIRE.		TOTAUX.
		Chênes.	Bois blancs.	

CONDITIONS.

1°. Les adjudicataires donneront caution et certificateur de
caution ;

2°. Ils paieront comptant les 10 centimes pour franc, et ils
remettront, pour l'acquit du principal, quatre traites payables
les 30 germinal, 30 messidor an   , 30 vendémiaire et 30 nivôse
an..

3°. Ils satisferont en outre aux conditions reprises au cahier des
charges, dont lecture sera faite avant l'adjudication, et duquel
on pourra prendre communication, soit au secrétariat de la sous-
préfecture, soit a l'administration forestière, soit au bureau du
receveur des domaines et bois nationaux à

Procès-verbal de vente de Chablis.

L'an   de la république française, le   jour
de   heures du matin , nous, maire de la commune de
délégué conformément à l'arrêté du préfet du département
de   (ou du sous-préfet) du   de ce mois, pour procéder
à la vente et adjudication des arbres cassés, brisés et déracinés
par l'ouragan du   sur les propriétés nationales situées
dans le territoire de cette commune, à l'effet de quoi, d'après
l'avis à nous donné par l'inspecteur des forêts de cet arrondissement, que, dans le bois de   faisant partie des propriétés
nationales, il se trouve   arbres cassés, brisés et déracinés,
ainsi qu'il est constaté par le procès-verbal dressé par   ,
le   dernier, dont extrait nous a été transmis par l'inspecteur, et d'après les publications et annonces de vente que nous

avons fait faire le   de ce mois, tant dans cette commuue que dans celles environnantes, avec indication à cejourd'hui, heure présente, nous sommes transportés, accompagnés de notre secrétaire, au bois de   , où nous avons trouvé un grand nombre de personnes assemblées; nous leur avons fait faire lecture, à haute et intelligible voix, du cahier des charges, clauses et conditions des autres parts, à ce que personne n'en prétende cause d'ignorance, et nous avons procédé à la réception des mises à prix, enchères et adjudications des arbres dont il s'agit, ainsi qu'il suit :

' (*Voyez*, pour la suite des opérations, le mot ADJUDICATION).

Les chablis et menus marchés de bois doivent être enlevés des lieux où ils sont, quinze jours ou un mois, au plus tard, après leur adjudication. Il est défendu de les ouvrager sur place.

CHAMPIGNONS. Leur croissance annonce ordinairement la vétusté et la décomposition de l'arbre qui les porte.

CHAMPLURE. Maladie occasionnée par le froid subit, qui saisit, surprend et glace l'humidité des jeunes tiges herbacées de l'année, qui n'ont pas acquis assez de consistance, ou qui n'ont pas eu le tems de se fortifier et de se durcir. Cette maladie fait souvent périr les arbres qu'on acclimate sous une latitude plus tempérée que celle où ils ont pris naissance. (*V.* GELÉES).

CHANCRE. Ces ulcères coulans sont des ouvertures plus ou moins grandes, répandues çà et là sur les arbres, desquelles suinte une sève altérée sous la forme d'une eau roussâtre, corrompue et très-âcre. Pour empêcher que cette sanie corrosive n'endommage les parties voisines, quand le printems est venu, on doit cerner l'arbre tout autour dans l'écorce vive jusqu'au bois : le chancre tombe souvent de lui-même. Dans le cas contraire, après l'avoir tranché au vif, on met sur la plaie un cataplasme de terre forte et de bouse de vache bien délayées ensemble ; et si ce remède ne réussit point, on doit arracher l'arbre et le brûler.

CHANLATTE. Perche de bois de chêne de 8 à 9 mètres de longueur, propre à faire des *arrêts* pour le barrage d'une rivière.

CHANTIER. Lieu dans lequel on dépose le bois destiné à être vendu ; il y en a de clos et de non clos.

CHARBON. Bois à demi-brûlé, qui fait peu de fûmée, parce que l'humidité en a été détruite par le le feu dans les *faudes* ou fosses Ces fosses doivent être pratiquées aux endroits les plus vides et les plus éloignés des arbres et du recru : les mêmes places, qu'on nomme *charbonnières*, servent pour plusieurs années.

Si l'on prenait de trop gros bois pour le confectionner en charbon, la supcrficie serait consumée avant que le feu eût pénétré jusqu'au centre : il faut donc fendre les grosses bûches en plusieurs quartiers, ou plutôt n'employer que de menu bois, car le charbon de jeune bois et de rondin est le plus estimé. Les bois trop vieux, et qui tombent en pourriture, doivent être rejetés, ils ne produiraient que du charbon de mauvaise qualité, et susceptible de conserver le feu lorsqu'on le croit éteint.

Les rondins de 16 à 32 centimètres de circonférence, provenus d'un taillis de dix-huit à vingt ans, sont le meilleur bois pour faire du charbon. Quand on exploite des taillis en bois de charpente et en bois à brûler, on destine ordinairement au charbon tous les bois de branchage et les mauvais taillis qui ne peuvent fournir du bois de stère ; mais les branchages tortus ont l'inconvénient d'occasionner des vides dans l'intérieur du fourneau, ce qui empêche les charbonniers de bien conduire leur feu, qui d'ailleurs se conserve, sans qu'on s'en apperçoive, dans les morceaux creux, les nœuds pourris, etc.

Les bois destinés au charbon ne doivent être ni trop verts ni trop secs. Dans le premier cas, le bois, qui contient trop de sève, a coutume de jeter une fûmée humide, qui dérange les terres dont on couvre le fourneau ; d'ailleurs, vu la difficulté avec laquelle ce bois brûle, le feu ne se communique pas également à toutes les parties du fourneau, et les meilleurs charbonniers ne peuvent empêcher qu'il ne reste beaucoup de fumerons. Ce bois ne produit aussi que les trois quarts du charbon qu'on en aurait retiré s'il eut été moins vert.

D'un autre côté, quand le bois est trop sec, la rapidité avec laquelle le feu se porte dans toute la capacité du fourneau occasionne beaucoup de déchet, et produit un charbon trop cuit, approchant de la braise.

On est dans l'usage de laisser le bois pendant un an dans la vente avant de le cuire; cependant quatre mois d'été suffisent pour dessécher assez le menu bois, et cinq pour les bûches fendues, qui peuvent être sèches, même en hiver, au bout de sept mois. Le charbon destiné pour les forges se fait ordinairement en vendémiaire; on commence à cuire celui des particuliers dès le mois de messidor.

Les charbonniers appellent *faude, place à charbon* ou *fosse charbonnière*, le lieu où ils établissent leur fourneau, lequel doit être assez élevé pour que les eaux de pluie ne s'y rendent point dessous le charbon.

La qualité du charbon varie selon les diverses espèces de bois. Le meilleur se fait avec le chêne et l'épine; ensuite viennent le hêtre, le charme, le châtaignier, l'érable, et enfin les bois blancs. Ce dernier charbon est estimé des maîtres de forge, pour adoucir les métaux; celui de saule sert aux peintres et aux graveurs pour esquisser leurs dessins.

La perte du bois, par la confection du charbon, est évaluée à un cinquième.

Lorsque le charbon est destiné pour les forges ou fourneaux, on le débarde tout de suite pour le mettre en magasin; mais si le charbon est destiné aux grandes villes, on n'en fabrique qu'à mesure du débit, et l'on permet, en ce cas, de le confectionner dans les ventes, même après le récolement, à la charge cependant par le charbonnier de ne faire entrer aucune voiture dans les taillis, mais de faire porter les sacs à bras ou à somme sur le bord des chemins.

La régie des domaines ayant été informée que l'on insérait quelquefois dans le cahier des charges des ventes de bois l'obligation de convertir en *charbon* un tiers du bois de ces ventes, et que l'on motivait cette clause sur la disette de combustible qu'éprouvaient les usines de l'arrondissement, a écrit, le 15 nivôse an 6, aux directeurs des domaines, une circulaire par laquelle elle a observé que cette clause était de nature à nuire infiniment aux enchères, qu'il était libre aux propriétaires ou fermiers des usines de concourir aux adjudications, de traiter avec les adjudicataires comme bon leur semblait, mais que les bois neufs ne devaient point être assujétis à de semblables servitudes. La régie a en conséquence recommandé à ses préposés de s'opposer à ce qu'il fût inséré une pareille clause ni aucune autre extraordinaire, dans les cahiers des charges de coupes de bois.

CHARGES. (*Voyez* CAHIER DES CHARGES).

CHARME. Le charme commun, *Carpinus betulus* (monoécie polyandrie L.), est un arbre indigène en Europe, et fort commun en France, qui s'élève à 12 ou 16 mètres dans les bons terrains, et dont le tronc n'acquiert cependant pas beaucoup plus de 32 décimètres de diamètre ; ce tronc est recouvert d'une écorce unie, blanchâtre, mouchetée de taches grises ; la cime, droite, est bien garnie de rameaux. Les feuilles sont alternes, pétiolées, ovales, pointues, glabres, nerveuses en-dessous, ridées et bordées de dents inégales et pointues : elles restent sur la tige jusqu'à la pousse des nouvelles. Les fleurs mâles et femelles sont séparées dans des chatons différens, qui sont oblongs, un peu lâches, et composés d'écailles uniflores, grouppées sur un filet ou axe commun. Les écailles du chaton mâle sont concaves, ovales-pointues, et souvent un peu velues ou ciliées; chacune d'elles recouvre huit à seize étamines fort courtes, dont les anthères sont un peu barbues, et s'ouvrent obliquement à leur sommet. Les écailles des chatons femelles sont oblongues, entières ou divisées, et un peu velues. La fleur que chacune d'elles recouvre, consiste en un calice monophyle à six divisions, supérieur et persistant, et en un ovaire faisant corps avec la base du calice, qui est chargé de deux styles longs et colorés. Les chatons mâles sont solitaires, longs d'un pouce, et paraissent au printems, un peu avant le développement des feuilles. Les fruits, qui sont de petites noix ovales, légèrement comprimées, striées, couronnées par les dents du calice, et contenant une semence, viennent sur des grappes courtes, foliacées, un peu lâches; ils sont embrassés chacun par une grande écaille verte, nerveuse, lisse, et divisée en trois lobes lancéolés, dont celui du milieu est plus grand que les autres.

Le charme se multiplie très-bien de semences qu'on récolte en vendémiaire, et qu'on met en terre après les avoir conservées pendant environ un mois dans un endroit sec et bien aéré. Si on ne les sème qu'au printems, les plantes ne poussent que l'année suivante. Quand il ne s'agit que de petites plantations, le moyen le plus court et le plus prompt est d'arracher dans les forêts, sous les gros charmes, les semences qui y lèvent d'elles-mêmes. On peut aussi coucher en automne des branches dont les marcottes se transplantent au bout d'un an; mais le plant venu de semence est préférable quand on veut se procurer des arbres de haute tige; et pour faire de grands semis, on met la graine, entremêlée de sable fin, dans des tonneaux, que l'on garantit de l'humidité et de la gelée. On prépare bien le terrain, qui doit être bon et léger, et au printems l'on y sème une demi-avoine, ensuite la graine de charme avec le sable, et l'on herse peu profondément. Si le terrain et le tems sont favorables, il lève beaucoup plus de graines qu'il n'en faut pour en faire un bois. Ces graines, qui lèvent ordinairement au bout de cinq ou six mois, sont quelquefois plus d'un an sans paraître : on les éclaircit avec soin ; et si le semis n'a eu lieu que dans une pépinière, le plant se transporte, au bout de deux ans, dans un lieu à demeure.

Quand on veut former des palissades, il est plus avantageux de cultiver les plants pendant quatre ou cinq ans en pépinière, afin de jouir tout d'un coup des *charmilles*, qui ont près de deux mètres de hauteur. On ménage les racines, et l'on plante promptement et avec précaution, dans de grandes rigoles, ensorte que les branches latérales s'entrelacent les unes dans les autres. Le bas de ces palissades doit aussi être garni avec du plant très-menu, que l'on met en terre avec les gros pieds. Quand le plant est bon, c'est un abus que de l'étêter en le plantant.

Cet arbre a, pendant sa jeunesse, un ennemi mortel dans la larve du hanneton, qu'il faut tâcher de découvrir par les labours, ou d'écarter en imbibant la terre d'une décoction de suie. L'insecte parfait et les chenilles en aiment aussi beaucoup les feuilles. A ces accidens près, le charme réussit dans les montagnes exposées au froid, dans les terrains durs, et en général dans les endroits où peu d'autres pourraient profiter ; mais il ne prend assez de grosseur pour en faire des pièces de service que dans de bons fonds de terre. Il résiste aux plus grands vents, et profite toujours, malgré les chocs qu'il en reçoit. C'est un des arbres forestiers qui souffrent le moins du brout des bestiaux.

Le bois du charme est blanc, fort dur, et d'un usage fréquent dans le charronage : on en fait aussi des montures d'outils, des maillets, des masses, des formes de souliers, des vis de pressoirs, etc. Il est

d'ailleurs

d'ailleurs très-bon pour le chauffage, et donne beaucoup de chaleur ; comme son charbon conserve long-tems un feu vif et brillant, on le recherche pour les fourneaux de verrerie.

CHARMER. On dit que les arbres ont été charmés, lorsqu'on a fait au pied quelque chose propre à les faire tomber ou périr à la longue, ce qui est défendu par l'art. 22 du titre 27 de l'ordonnance de 1669.

CHARMILLE. Palissade formée de plants de charme ; ces plants portent eux-mêmes le nom de charmille.

CHARNIER. On donne, dans quelques départemens, ce nom aux échalas.

CHARPENTE. On appelle bois de charpente ceux qui sont façonnés pour servir à la construction des bâtimens. Ils se distinguent en *bois de brin*, qui est seulement écarri, et en *bois de quartier*, qui a été refendu à la scie. Les voitures par lesquelles on transporte les grosses pièces de charpente, se nomment *fardiers* : elles se chargent et déchargent très-aisément.

CHARROI. On ne peut voiturer les bois de charpente, les fagots et les menus bois que par charrois ou par bateaux ; mais les bois de stère se voiturent aussi par flottes.

CHARRONAGE. On comprend sous le nom de bois de charronage tout ce que les charrons emploient pour faire des charrues, des roues, des charrettes, des carrosses et d'autres voitures. Le frêne, l'érable, et principalement l'orme, fournissent presque tout le bois de charronage.

Il est défendu aux charrons d'établir leurs ateliers dans la distance de cinq kilomètres des forêts. (*V.* sous le mot ADMINISTRATION FORESTIÈRE, l'article 23 du titre 27 de l'ordonnance de 1669).

CHASSE. Le titre 30 de l'ordonnance de 1669

contient, sur la chasse, des dispositions qui se trouvent sous le mot ADMINISTRATION FORESTIÈRE.

L'assemblée constituante a, par ses décrets des 4, 5, 7, 8 et 11 août 1789, aboli le *droit exclusif de chasse*, et rendu à tout propriétaire le droit de détruire ou faire détruire, sur ses possessions, toute espèce de gibier, sauf à se conformer aux lois de police qui pourraient être faites relativement à la sûreté publique; mais cette disposition ayant occasionné des desordres funestes aux récoltes, des mesures ont été prises, par une loi du 30 avril 1790, pour en assurer la conservation. Voici le texte de cette loi:

Art. 1. Il est défendu à toutes personnes de chasser, en quelque tems et de quelque manière que ce soit, sur le terrain d'autrui, sans son consentement, à peine de 20 liv. d'amende envers la commune du lieu, et d'une indemnité de 10 liv. envers le propriétaire des fruits, sans préjudice de plus grands dommages-intérêts, s'il y échoit.

Défenses sont pareillement faites, sous ladite peine de 20 liv. d'amende, aux propriétaires ou possesseurs, de chasser dans leurs terres non closes, même en jachères, à compter du jour de la publication de la présente jusqu'au premier septembre prochain, pour les terres qui seront alors dépouillées, et pour les autres terres, jusqu'à la dépouille entière des fruits; sauf à chaque département à fixer pour l'avenir le tems dans lequel la chasse sera libre dans son arrondissement, aux propriétaires, sur leurs terres non closes.

2. L'amende et l'indemnité ci-dessus statuées contre celui qui aura chassé sur le terrain d'autrui, seront portées respectivement à 50 liv. et à 15 liv., quand le terrain sera clos de murs et de haies; et à 40 liv. et 20 liv., dans le cas où le terrain clos tiendrait immédiatement à une habitation, sans entendre rien innover aux dispositions qui protègent la sûreté des citoyens et de leurs propriétés, et qui défendent de violer les clôtures, et notamment celles des lieux qui forment leur domicile ou qui y sont attachées.

3. Chacune de ces différentes peines sera doublée en cas de récidive: elle sera triplée s'il survient une troisième contravention; et la même progression sera suivie pour les contraventions ultérieures; le tout dans le courant de la même année seulement.

4. Le contrevenant qui n'aura pas, huitaine après la signification du jugement, satisfait à l'amende prononcée contre lui, sera contraint par corps, et détenu en prison pendant vingt-quatre heures pour la première fois; pour la seconde fois pendant huit jours; et pour la troisième ou ultérieure contravention, pendant trois mois.

5. Dans tous les cas, les armes avec lesquelles la contravention aura été commise seront confisquées, sans néanmoins que les gardes puissent désarmer les chasseurs.

6. Les pères et mères répondront des délits de leurs enfans mineurs de vingt ans, non mariés, et domiciliés avec eux, sans pouvoir néanmoins être contraints par corps.

7. Si les délinquans sont déguisés ou masqués, ou s'ils n'ont aucun domicile connu, ils seront arrêtés sur-le-champ, à la réquisition de la municipalité.

8. Les peines et contraintes ci-dessus seront prononcées sommairement à l'audience de la municipalité du lieu du délit, d'après les rapports des gardes-messiers, baugards ou gardes champêtres, sauf l'appel, ainsi qu'il a été réglé par le décret de l'assemblée nationale du 23 mars dernier : elles ne pourront l'être que, soit sur la plainte du propriétaire ou autres parties intéressées, soit même dans le cas où l'on aurait chassé en tems prohibé, sur la seule poursuite du procureur de la commune.

9. À cet effet, le conseil général de la commune est autorisé à rétablir un ou plusieurs gardes-messiers, baugards ou gardes champêtres, qui seront reçus et assermentés par la municipalité, sans préjudice de la garde des bois et forêts, qui se fera comme par le passé, jusqu'à ce qu'il en ait été autrement ordonné.

10. Lesdits rapports seront ou dressés par écrit, ou faits de vive voix au greffe de la municipalité, où il en sera tenu registre. Dans l'un et l'autre cas, ils seront affirmés entre les mains d'un officier municipal, dans les vingt-quatre heures du délit qui en sera l'objet ; et ils feront foi de leur contenu jusqu'à la preuve contraire, qui pourra être admise sans inscription de faux.

11. Il pourra être suppléé auxdits rapports par la déposition de deux témoins.

12. Toute action pour délit de chasse sera prescrite par le laps d'un mois, à compter du jour où le délit aura été commis.

13. Il est libre à tous propriétaires ou possesseurs de chasser ou faire chasser en tout tems, et nonobstant l'article premier de la présente, dans ses lacs et étangs, et dans celles de ses possessions qui sont séparées, par des murs ou des haies vives, d'avec les héritages d'autrui.

14. Pourra également tout propriétaire ou possesseur, autre qu'un simple usager, dans les tems prohibés par ledit art. premier, chasser ou faire chasser, sans chiens courans, dans ses bois et forêts.

15. Il est pareillement libre en tout tems au propriétaire ou possesseur, et même au fermier, de détruire le gibier dans ses récoltes non closes, en se servant de filets ou autres engins qui ne puissent pas nuire aux fruits de la terre, comme aussi de repousser, avec des armes à feu, les bêtes fauves qui se répandraient dans lesdites récoltes.

Aux termes de l'art. 39 du tit. 2 de la loi du 28 septembre—6 octobre 1791, tout dévastateur des bois ou *chasseur masqué*, pris sur le fait, peut être saisi par les gendarmes nationaux, sans aucune réquisition d'officier civil.

Quoique dès le 3 novembre 1789, une proclamation eût défendu d'entrer dans les bois et forêts du domaine pour y chasser, des abus s'étant introduits à cet égard, le directoire exécutif a pris, le 28 vendémiaire an 5 , un arrêté (*B.* 84 , N°. 795) dont voici les motifs et les dispositions :

Le directoire, considérant que le port d'armes et la chasse sont prohibés dans les forêts nationales et des particuliers, par l'ordonnance de 1669 et par la loi du 30 avril 1790 ; que l'art. 4 , tit. 30 de l'ordonnance de 1669, fait défenses à toutes personnes de chasser à feu et d'entrer ou demeurer de nuit dans les forêts domaniales , ni même dans les bois des particuliers, avec armes à feu, à peine de 100 liv. d'amende, et de punition corporelle s'il y échoit ; que les articles 8 et 12 du même titre défendent d'y prendre aucune aire d'oiseaux, et d'y détruire aucune espèce de gibier, avec engins, tels que tirasses, traîneaux, tonnelles, etc., sous les mêmes peines ; que l'article premier de la loi du 30 avril 1790 défend à toutes personnes de chasser, en quelque tems et de quelque manière que ce soit, sur le terrain d'autrui sans son consentement, à peine de 20 liv. d'amende envers la commune du lieu, et de 10 liv. d'indemnité envers le propriétaire des fruits, sans préjudice de plus grands dommages-intérêts s'il y échoit, arrête ce qui suit :

Art. 1. La chasse dans les forêts nationales est interdite à tous particuliers sans distinction.

2. Les gardes sont tenus de dresser, contre les contrevenans, les procès-verbaux dans la forme prescrite pour les autres délits forestiers , et de les remettre à l'agent national près la ci-devant maîtrise de leur arrondissement.

3. Les prévenus seront poursuivis en conformité de la loi du 3 brumaire an 4, relative aux délits et aux peines, et seront condamnés aux peines pécuniaires prononcées par les lois ci-dessus citées.

Modèle d'un procès-verbal pour délit de chasse dans les forêts nationales.

Aujourd'hui   an   heures d   je soussigné   garde forestier de l'arrondissement de   demeurant à   ayant entendu tirer un coup de fusil dans le bois de   , vers l'endroit nommé   , m'y suis à l'instant transporté, et j'ai apperçu deux particuliers armés chacun d'un fusil : m'étant approché d'eux , et leur ayant représenté que sans une permission expresse ils ne pouvaient chasser ainsi dans les forêts nationales , les deux chasseurs n'ont pu justifier de cette permission ; je les ai en conséquence sommés de me dire leur nom et de se retirer, à quoi ils ont répondu   (ou ce qu'ils ont refusé de faire en me faisant des menaces) ; et ne pouvant les contraindre de force à abandonner leur chasse, je me suis retiré moi-même, après avoir reconnu que l'un d'eux était demeurant à   , et constaté que l'autre, de la taille de   était vêtu, etc... (*Voyez* Affirmation , Enregistrement).

Pour que les défenses portées par l'arrêté ci-dessus n'apportassent point d'obstacle à l'exécution des réglemens concernant la destruction des *loups* et autres animaux voraces, le directoire, considérant que l'ordonnance de janvier 1583, art. 19, enjoignait aux agens forestiers de rassembler un homme par feu de leur arrondissement, avec armes et chiens propres à la chasse aux loups, trois fois l'année, aux tems les plus commodes ; et que celles de 1600 et de 1601, ainsi que les arrêts du ci-devant conseil des 6 février 1697 et 14 janvier 1698, leur enjoignaient de contraindre les sergens-louvetiers à chasser aux loups, renards et autres animaux nuisibles, et de veiller à ce que cette chasse fût faite de trois mois en trois mois, ou plus souvent, suivant qu'il en serait besoin, par ceux qui avaient le droit exclusif de chasse dans leurs terres, a pris, le 19 pluviôse an 5, un second arrêté ainsi conçu :

Art. 1. L'arrêté du 28 vendémiaire dernier, relatif à la prohibition de chasser dans les forêts nationales, continuera d'être exécuté.

2. Néanmoins il sera fait dans les forêts nationales et dans les campagnes, tous les trois mois, et plus souvent s'il est nécessaire, des chasses et battues générales ou particulières, aux loups, renards, blaireaux et autres animaux nuisibles.

3. Les chasses et battues seront ordonnées par les administrations centrales des départemens, de concert avec les agens forestiers de leur arrondissement, sur la demande de ces derniers et sur celle des administrations municipales de canton.

4. Les battues ordonnées seront exécutées sous la direction et la surveillance des agens forestiers, qui régleront, de concert avec les administrations municipales de canton, les jours où elles se feront, et le nombre d'hommes qui y seront appelés.

5. Les corps administratifs sont autorisés à permettre aux particuliers de leur arrondissement qui ont des équipages et autres moyens pour ces chasses, de s'y livrer sous l'inspection et la surveillance des agens forestiers.

6. Il sera dressé procès-verbal de chaque battue, du nombre et de l'espèce des animaux qui y auront été détruits : un extrait en sera envoyé au ministre des finances.

7. Il lui sera également envoyé un état des animaux détruits par les chasses particulières mentionnées en l'article 5, et même par les piéges tendus dans les campagnes par les habitans ; à l'effet d'être pourvu, s'il y a lieu, sur son rapport, au paiement des récompenses promises par l'art. 20, sect. 4 du Code rural, et le décret du 11 ventôse an 3. (*Voyez* LOUPS).

La régie des domaines a recommandé, par une circulaire du 9 germinal suivant, aux agens forestiers de mettre leurs soins à prévenir l'abus qui pourrait résulter de la faculté donnée, par l'article 5 de l'arrêté du 19 pluviôse, aux administrations de département d'accorder des permissions de chasser les animaux voraces ; et dans le cas où ces agens ne pourraient empêcher que ces permissions fussent trop multipliées, elle les a chargés de lui en donner avis. Cet objet n'est plus maintenant de la compétence de la régie, mais de l'administration forestière. (*Voyez* à cet égard l'art. 42 du §. 1 de la section 2 de l'instruction du 7 prairial an 9, insérée sous le mot CONSERVATION DES FORÉTS).

Le préfet de Rhin-et-Moselle a pris, dans le mois de pluviôse an 9, un arrêté contenant des mesures relatives aux abus de la chasse, qu'il a interdite dans les saisons et les lieux où elle est préjudiciable aux fruits de la terre et à la reproduction des animaux utiles. Le considérant de cet arrêté porte que, vu la grande destruction de gibier et d'oiseaux de toute espèce, les forêts ravagées semblent désertes, et qu'il convient de prendre autant de précautions pour empêcher l'extermination entière de ces animaux innocens, qu'on fut obligé d'en prendre dans le tems de la féodalité pour écarter les bêtes nuisibles. Ce texte a fourni au cit. Masson le sujet de réflexions intéressantes, consignées dans la *Décade philosophique*, troisième trimestre an 9.

Maintenant, dit-il, on assassine la tendre *perdrix*, couvant sa naissante famille; on tue la femelle timide du *lièvre*, qui porte dans son sein sa postérité, dont le poids rallentit sa course; on se fait un jeu barbare de tirer la *fauvette* qui chante sur la branche, et d'abattre l'*hirondelle* confiante qui apporte la nourriture à ses petits. Bientôt les forêts, sans ombrages et sans habitans, seront d'affreuses solitudes; aucun oiseau ne planera dans le vide immense des airs, et le printems ne trouvera pas un *rossignol* pour annoncer son retour.

Cependant des peuples barbares ont des lois qui

font respecter la vie des animaux dans le tems de leur reproduction : Moïse défend expressément d'enlever les œufs à la mère qui couve ; et la coutume antique d'où est venu notre carême, de s'abstenir, au commencement du printems, de manger de la viande et des œufs, a eu primitivement pour but la conservation des animaux.

En effet, si l'on a cru devoir recommander la destruction des animaux sauvages et dangereux, on devrait au moins protéger ceux dont l'innocence est reconnue, ceux qui servent à notre nourriture, comme le *lièvre* et un grand nombre d'*oiseaux* ; ceux qui nous rendent des services moins immédiats, en purgeant la terre et les airs d'immondices et d'insectes, comme les *cigognes*, les *corneilles*, et une foule de petits oiseaux ; ceux enfin qui ne sont qu'agréables, comme le *linot*, le *chardonneret*, le *rossignol* et la *fauvette*. En connaissant mieux les mœurs des animaux, on serait peut-être étonné de voir combien il en est qu'on a cru nuisibles, et qui sont cependant de la plus grande utilité. Les heureux préjugés qui, chez plusieurs peuples de l'Europe, ont rendu la cigogne et l'hirondelle sacrées et inviolables, ont, ainsi que beaucoup d'autres, leur source dans la raison, et peut-être dans les lois d'un peuple antique, plus sage que nous. Ces oiseaux ne vivent que de reptiles et d'insectes, dont la multiplication serait un fléau terrible, comparable aux plaies de l'Égypte. Que l'on compte, s'il est possible, le nombre de mouches et de moucherons que doit détruire une hirondelle, durant l'été, pour nourrir ses deux ou trois nombreuses couvées. Sans la destruction continuelle qu'elle en fait, ces moucherons offusqueraient l'air autour des bâtimens environnés de fossés marécageux, et l'on ne pourrait respirer sans les avaler par milliers.

Le *moineau*, regardé avec raison comme un

parasite importun , serait épargné lui-même , si l'on pensait aux services qu'il rend à l'agriculture. Ceci va paraître un paradoxe; mais il faut faire attention que, durant tout le printems , époque où le moineau élève sa famille , il ne trouve ni fruits ni graines dont il puisse se nourrir : il est alors forcé de faire la chasse aux papillons, aux moucherons, aux vers et aux chenilles. Aussi s'éloigne-t-il des granges pour parcourir les haies et les jardins. Le ravage que causeraient les légions d'insectes qu'il détruit pendant cette saison, surpasserait sans doute celui qu'il fait lui-même durant le court espace de tems où les fruits mûrs et les moissons demeurent exposés à sa voracité. Quant aux dégâts qu'il peut occasionner, en automne et en hiver , dans les granges et greniers , rien n'est plus facile que de s'en préserver en les fermant.

Les *corneilles* et les *corbeaux* , qui détruisent les insectes en suivant le sillon du laboureur , ne touchent pas aux grains de blé.

En l'an 6 , les forêts de la Saxe , et sur-tout les pins et les sapins , furent attaqués par un insecte hideux qui les dévorait intérieurement jusqu'à l'écorce. Sur le rapport des naturalistes et des forestiers experts, la multiplication extraordinaire de ce ver fut attribuée à la disparution totale de quelques espèces de *pics* et de *mésanges*, que, depuis quelques années, les chasseurs ne voyaient plus dans les forêts. Or, l'on sait que les pics sont pourvus d'un long bec et d'une langue plus longue et plus effilée encore, qu'ils introduisent dans les troncs et gerçures des arbres, pour en retirer les vers ou les œufs qui y sont déposés. On entend quelquefois ces oiseaux frapper à coups redoublés sur les troncs d'arbres, pour en faire sortir les insectes, qui deviennent leur proie. Quant aux mésanges, on les voit sans cesse suspendues aux extrémités des rameaux, pour découvrir les larves ou les œufs attachés sous le revers des feuilles. Un autre oiseau, le *grimpereau*, est toujours à courir le long du tronc et des branches, pour en enlever la vermine qui se cache dans les fentes et gerçures de l'écorce. Ces animaux bienfaisans mériteraient d'être protégés dans nos bois, au moins en reconnaissance des services qu'ils nous rendent, puisque ce n'est que par intérêt que le fort épargne le faible.

CHATAIGNIER. Le châtaignier commun, *fagus castanea* (monoécie polyandrie L.), est un grand et bel arbre, dont le tronc, quelquefois fort gros, est recouvert d'une écorce unie et grisâtre. Ses feuilles, longues de 16 à 18 centimètres sur 3 centimètres de largeur, sont alternes, pétiolées, bordées de dents aiguës, lisses par-dessus, avec beaucoup de nervures en-dessous. Les chatons des fleurs mâles sont grêles, blanchâtres, presque aussi longs que les feuilles. Ils ont une odeur de sperme ; les chatons femelles se trouvent à la naissance du chaton mâle. Les fruits sont ramassés plusieurs ensemble, arrondis, hérissés de pointes un peu piquantes, et contiennent chacun deux ou trois semences, qu'on nomme *châtaignes*, et qui sont bonnes à manger et nourrissantes.

On peut élever le châtaignier sauvage dans des sables qui ont beaucoup de fond, sur-tout quand ils conservent de l'humidité, comme cela arrive si le sable est allié d'un peu de glaise ; mais la glaise pure et humide ne convient pas à cet arbre. Un gravier humide lui plaît beaucoup ; en général il lui faut au pied un degré moyen d'humidité habituelle : cet arbre soutient mieux le froid que le chaud. Il vient volontiers dans des endroits découverts, et sur le revers de côteaux exposés au nord, dont le limon est mêlé de sable et de pierres.

Les petites châtaignes sont aussi bonnes à semer que les grosses pour produire de grands arbres. On les conserve pendant l'hiver dans du sable médiocrement sec, et à l'abri des rats et des mulots, qui en sont très-friands. Lorsqu'on veut élever des châ-taigniers pour en former des avenues ou les transpor-ter ailleurs, aux mois de pluviôse ou ventôse, après avoir labouré à l'uni, on fait un sillon profond d'en-viron 10 centimètres, et l'on y met les châtaignes à 10 centimètres les unes des autres ; ensuite on rabat la terre avec un rateau ; on fait un second sillon à un pied plus loin, etc. : après quoi on laisse un espace vide d'un mètre de largeur, et l'on continue de même dans tout le champ. On doit mettre en haut la pointe des châtaignes, pour faciliter le développement du germe ; il est également essentiel de rompre la radicule qu'elles peuvent avoir poussée dans le sable, pour prévenir le trop grand accroissement du pivot, qui reprendrait difficilement lorsqu'on voudrait les trans-planter.

La châtaigne qui n'a rien poussé avant d'être mise en terre, ne lève qu'environ deux mois après. On fera bien de dresser nombre de pieges dans les champs, pour les mulots et autres animaux destructeurs : il serait encore mieux de ne point semer de châtaignes dans les endroits où il y a beaucoup de mulots, et dans ceux où l'on trouve habituellement l'écorce des racines des arbres rongée par des vers.

L'ombre favorisant beaucoup l'accroissement du châtaignier, il serait avantageux de lui en procurer, en plantant de distance en distance, et sans ordre, des bouleaux, des marceaux ou des ajoncs, dans les semis de châtaignes. Quand on sème par planches, on se ménage la commodité d'éclaircir, labourer et sarcler sans rien endommager. Il est nécessaire d'entretenir le jeune plant bien net. On lui donne quatre ou cinq labours fort légers pendant la première année ; trois ou quatre suffisent pour la seconde.

Une autre méthode pour planter les châtaigniers con-siste à faire un trou avec une houe, comme on le pratique ordinairement pour les haricots , et à répéter la même opération à 32 centimètres de distance, jusqu'à ce que la planche soit couverte de trois ou quatre rangs éloignés d'un mètre les uns des autres. Les châtaignes doivent , avant la plantation , être éprouvées en les jetant dans un vase rempli d'eau , et ne conservant que celles qui tombent au fond.

Au bout de deux ans, on peut lever les jeunes châtaigniers pour les mettre en pépinière , au commencement de ventôse ou au mois de vendémiaire. On les espace à 32 centimètres, sur des rangées distantes d'un mètre les unes des autres. Il faut bien ménager leurs racines en les transplantant, et ne les laisser hors de terre que le moins de tems que l'on peut. S'ils ont poussé un long pivot , on le rogne. On a soin de ne pas laisser croître d'herbes à leur pied ; on retranche les branches latérales qui empêcheraient les arbres de s'élever : mais on n'en ôte plus quand ils ont 3 centimètres de grosseur. Si quelqu'un de ces arbres paraît disposé à venir rabougri , on attend qu'il ait à-peuprès un an dans la pépinière , pour voir s'il ne se redressera pas étant plus à l'aise et en se fortifiant ; on le raccourcit , au mois de ventôse , jusqu'au plus bas bourgeon , et il forme ensuite une tige bonne et bien droite. En faisant cette opération, on doit prendre garde d'ébranler les racines, sans quoi l'arbre courrait risque de périr. Les feuilles des jeunes châtaigniers qui restent et pourrissent sur terre , font un excellent amendement pour eux. On les enfouit au printems par un léger labour, mais à quelque distance des arbres, afin qu'elles n'occasionnent point de pourriture aux racines. Ces arbres sont bons à planter à demeure quand ils ont environ 2 mètres de hauteur. En les replantant, on leur conserve une certaine quantité de chevelu : on ne les émonde et on ne les étête point. Plus ils sont éloignés les uns des autres, plus le fruit

qu'ils donnent est beau et abondant ; mais cette position les empêche de faire jamais d'aussi belles pièces
de charpente que quand ils sont rassemblés en massifs de bois.

Lorsqu'on ne cultive le châtaignier que pour en
recueillir le fruit, il est plus avantageux de le transplanter , parce qu'alors il pousse moins vigoureuse-
ment, donne du fruit beaucoup plutôt, et en plus
grande quantité, ce qui s'observe aussi sur les chênes
et les noyers bas, et que ce fruit est de meilleur goût ;
mais quand on a principalement pour objet d'avoir de
beau bois de charpente, on sème le châtaignier à demeure. Il serait alors superflu de laisser germer les
châtaignes dans le sable, parce qu'en les semant il
faudrait rompre la radicule, qui favorise leur élévation. On assure que les châtaignes franches, c'est-à-
dire dont l'arbre n'a pas été greffé, doivent être pré-
férées, en ce cas, pour semer. Ayant donné deux ou
trois bons labours, on forme des sillons de 2 mètres
de distance, dans lesquels on espace les châtaignes à
environ 27 centimètres, et on les couvre de 8 centimètres de terre. Quand les jeunes plants ont levé,
on les sarcle souvent, et avec précaution ; la distance
laissée entre chaque rangée est destinée à faciliter ce
travail, pour lequel on emploie alors une charrue légère, en même-tems qu'on nettoie entre les plants
avec la houe, en tâchant de ne pas offenser les racines,
qui sont délicates.

Ce même semis, tenu bien net, et entretenu de
culture, peut encore fournir de bon plant au bout de
trois ou quatre ans, époque à laquelle il convient de
laisser environ un mètre de distance d'un arbre à un
autre. Après un pareil nombre d'années, on lève encore
un arbre entre deux ; et quand ceux-ci ont atteint la
grosseur de perches, on choisit entre eux le plus faible
pour l'abattre : sa souche peut fournir de bons cer-

ceaux, en même-tems que les pieds vigoureux profiteront en tous sens ; cependant, à mesure qu'ils se fortifient, il est à propos de leur donner plus de place : ainsi, lorsqu'ils peuvent fournir de petites planches, on en abat encore de deux un, ce qui les espace de 8 mètres, distance suffisante pour qu'ils acquièrent leur parfaite croissance.

On peut encore se procurer un bon taillis de châtaigniers, en couchant les jeunes branches en terre.

Le bois de châtaignier est très-bon pour la charpente qui n'est point exposée aux alternatives de sécheresse et d'humidité : les vers ne s'y attachent pas. Il ressemble beaucoup au chêne, mais il est plus poreux, et on le distingue aisément au poids, qui est moins considérable. La plupart des grands barils de vin se font, en Italie, avec le châtaignier ; on prétend qu'il communique moins de goût au vin que tout autre bois. Il est constamment très-bon en merrain ; une fois bien imbibé, il ne se déjette et ne se renfle plus. Lorsque les châtaigniers sont parvenus à la grosseur de taillis, on en fait de bons cerceaux pour les barils ; on en tire aussi des perches unies, droites et fermes, pour les houblonnières et autres usages pareils. Ce sont les échalas d'Italie, où ils durent jusqu'à sept ans de suite.

Le bois de charpente de châtaignier se débite dans les forêts, comme celui de chêne ; on en fait aussi des lattes. Il dure plus long-tems que l'orme et beaucoup d'autres bois, en tuyaux enterrés pour conduire de l'eau. Si on le place de façon qu'il soit toujours mouillé, il peut servir à des moulins, des écluses, etc. Ce bois dure à l'infini lorsqu'on l'enduit de calfat, après l'avoir imbibé d'huile bouillante.

Le châtaignier pétille dans le feu, son charbon s'éteint promptement ; et si l'on fait usage des cendres de ce bois pour la lessive, le linge est taché sans remède.

Il y a des pays où les hommes, et plusieurs espèces d'animaux, ne vivent que de châtaignes pendant une partie de l'année. Les bêtes fauves les préfèrent communément au gland.

Elles fournissent, pour engraisser les cochons, une nourriture fort supérieure au gland.

Pour conserver les châtaignes, on les met alternativement par lits, avec des lits de sable, dans des barils, que l'on tient sèchement dans un endroit médiocrement chaud.

Le châtaignier cultivé se greffe sur le châtaignier sauvage, en fente, en écusson ou à œil dormant.

CHATON. On appelle ainsi un assemblage de petites feuilles ou d'écailles florales, fixées sur un axe commun, grêle et ordinairement pendant. Chacune de ces écailles recouvre un ou plusieurs organes du même sexe, fixés sur une base interne, à une distance notable de l'axe commun. On observe cette disposition de fleurs sur le saule, le peuplier, etc.

CHAUFFAGE (bois de). Le bois à brûler se distingue, dans les chantiers, en bois *neuf*, bois de *gravier* et bois *flotté* : le premier est celui qui n'a été voituré ni en *trains*, ni à *flot* ; le second est celui qui, disposé en trains aux ports des grandes rivières navigables, n'en a été tiré que pour être mis dans des chantiers ; le troisième est celui qui a été jeté à bois perdu dans les petites rivières, ou qui a été transporté sur elles en petits radeaux, et qui a été retiré de l'eau à l'embouchure des grandes rivières pour le dessécher avant d'en former des trains.

On prévient les propriétaires riverains, du jour où le bois doit être abandonné au courant de l'eau ; les marchands ont le droit de faire repêcher, quarante jours après le passage du flot, les bois qui portent leur marque ; les propriétaires peuvent, après cette époque, faire débarrasser eux-mêmes le lit de la rivière, en laissant sur les bords ces bois retirés, et qui appartiennent toujours au marchand, à la charge du paiement des frais. Lorsque pendant le flot il arrive une crue d'eau, les bois qui auraient été transportés dans les champs, et qu'on nomme bois *échappés*, appartiennent aussi au marchand dont ils portent la marque.

Le bois neuf est le meilleur; le bois de gravier, qui conserve son écorce, en diffère peu; quant aux bois flottés, ils ont éprouvé divers degrés d'altération, selon la durée du flottage ou selon le nombre de fois qu'on a été obligé de les tirer de l'eau pour les laisser se dessécher avant de les mettre en trains. Si ces bois ont perdu toute leur écorce, ils sont extrêmement légers quand ils sont secs, font une grande flamme en brûlant, se consument très-vîte, et forment peu de braise et des cendres peu chargées de parties alkalines. La différence qui existe entre les bois *flottés* et les bois *usés* ou *pourris*, c'est que les premiers font une grande flamme et un feu ardent, tandis que les seconds se consument comme de l'amadoue, sans produire ni flamme ni braise.

Les bois de chauffage, qui se mesuraient ci-devant par *cordes* et par *voies*, se mesurent actuellement par *stères* et *demi-stères*. On nommait bois de *compte* ou bois de *moule* celui qui avait au moins 18 pouces de circonférence, et qui se mesurait dans un anneau de fer nommé *moule*, qui devait avoir 2 pieds 1 pouce de diamètre; bois de *corde*, celui qui avait depuis 6 jusqu'à 18 pouces de circonférence, et qui était mêlé de bois de *quartier* ou fendu, et de *rondins*.

Lorsqu'il se trouve dans une vente beaucoup d'arbres qui ne sont propres que pour le bois de chauffage, on fait ainsi l'évaluation du tronc. Un arbre de 4 décimètres et demi de tour sur 18 de longueur, doit produire un quart de stère de grand bois; un arbre de 8 décimètres de tour sur 24 décimètres de longueur, produit un demi-stère ; un arbre de 12 décimètres de tour sur 5 mètres 4 décimètres de longueur, doit rapporter 2 stères ; et un arbre de 14 décimètres et demi de grosseur, sur 7 mètres 2 centimètres de longueur, rapporte 3 stères.

CHAUFFAGE (droit de). L'art. 1 du tit. 20 de l'ordonnance de 1669 a révoqué et supprimé les droits de chauffage dans les forêts, de quelque nature qu'ils fussent.

Une loi du 27 mars 1791 a en conséquence déclaré qu'aucun droit de chauffage, pâturage, ou autre droit d'usage, de quelque nature qu'il fût, dans les bois et autres domaines nationaux, non plus qu'aucune rente ou redevance affectée sur les mêmes biens, n'avaient dû être compris dans les ventes des biens nationaux; et que toute vente de semblables droits ou redevances, qui pouvait avoir été passée, était nulle et révoquée.

Toutes concessions ou attributions de bois de *chauffage*, de pâturage et de tous autres droits ou jouissances dans les forêts nationales ou dans les coupes ou produits des ventes, pour raison de l'exercice d'aucunes *fonctions forestières*, ont été abolies par l'art. 17 du décret faisant suite à la loi du 29 septembre 1791, sans qu'aucun agent de l'administration pût s'en prévaloir sous aucun prétexte, à peine de prévarication.

Le représentant Bouchereau ayant, malgré ces dispositions, accordé, par un arrêté du 9 vendémiaire an 4, des indemnités en bois de chauffage aux agens de l'administration forestière de Noyon, une loi du 5 vendémiaire an 5 (*B.* 80, N°. 740), a annullé cet arrêté.

L'administration centrale du département de Maine-et-Loire ayant, par un arrêté du 4 brumaire an 8, autorisé l'administration municipale du canton des Ponts-Libres à faire abattre les bois nécessaires pour le *chauffage* de ses *corps-de-garde*, les consuls ont cassé,

cassé, le 3 prairial suivant, cet arrêté, et ordonné qu'il serait procédé, par les agens forestiers de la situation des bois, à la reconnaissance et à l'estimation de ceux qui avaient été abattus, et ensuite à leur vente par adjudication, dans les formes prescrites pour la vente des bois nationaux. (B. 27, N°. 180).

(*Voyez*, sous le mot ADJUDICATION, l'art. 7 de l'arrêté du 5 thermidor an 5. *V.* aussi EXPLOITATION).

CHEMIN. C'est un espace en longueur, pour communiquer commodément d'un lieu à un autre. Les chemins qu'on nomme aussi *voies* se divisent en grands chemins ou grandes routes, et chemins vicinaux.

La loi du 15 août 1790, relative aux droits de propriété et de voirie sur les chemins publics, est ainsi conçue :

Art. 1. Le régime féodal et la justice seigneuriale étant abolis, nul ne pourra dorénavant, à l'un ou à l'autre de ces deux titres, prétendre aucun droit de propriété ni de voirie sur les chemins publics, rues et places de villages, bourgs ou villes.

2. En conséquence, le droit de planter des arbres, ou de s'approprier les arbres crûs sur les chemins publics, rues et places de villages, bourgs ou villes, dans les lieux où il était attribué aux ci-devant seigneurs par les coutumes, statuts ou usages, est aboli.

3. Dans les lieux énoncés dans l'article précédent, les arbres existant actuellement sur les chemins publics, rues ou places de villages, bourgs ou villes, continueront d'être à la disposition des ci-devant seigneurs qui en ont été jusqu'à présent réputés propriétaires, sans préjudice des droits des particuliers qui auraient fait des plantations vis-à-vis leurs propriétés, et n'en auraient pas été légalement dépossédés par les ci-devant seigneurs.

4. Pourront néanmoins les arbres existant sur les rues ou chemins publics, être rachetés par les propriétaires riverains, chacun vis-à-vis sa propriété, sur le pied de leur valeur actuelle, d'après l'estimation qui en sera faite par des experts nommés par les parties, sinon d'office par le juge, sans qu'en aucun cas cette estimation puisse être inférieure au coût de la plantation des arbres.

5. Pourront pareillement être rachetés par les communautés d'habitans, et de la manière ci-dessus prescrite, les arbres existant sur les places publiques des villes, bourgs ou villages.

6. Les ci-devant seigneurs pourront, en tout tems, abattre et vendre les arbres dont le rachat ne leur a pas été offert, après en avoir averti par affiches, deux mois à l'avance, les propriétaires riverains et les communautés d'habitans, qui pourront respectivement, et chacun vis-à-vis de sa propriété ou les places publiques, les racheter dans ledit délai.

7. Ne sont compris dans l'article 3 ci-dessus, non plus que dans

Diction. Forestier, Part. I.   O

les subséquens, les arbres qui pourroient avoir été plantés par les ci-devant seigneurs sur les fonds mêmes des riverains, lesquels appartiendront à ces derniers, en remboursant par eux les frais de plantation seulement.

8. Ne sont pareillement comprises dans les art. 4 et 6 ci-dessus, les plantations faites soit dans les avenues, chemins privés et autres terrains appartenant aux ci-devant seigneurs, soit dans les parties des chemins publics qu'ils pourraient avoir achetées des riverains, à l'effet d'agrandir lesdits chemins et d'y planter : lesquelles plantations pourront être conservées et renouvelées par les propriétaires desdits avenues, chemins privés, terrains ou parties des chemins publics, en se conformant aux règles établies sur les intervalles qui doivent séparer les arbres plantés d'avec les héritages voisins.

9. Il sera statué, par une loi particulière, sur les arbres plantés le long des chemins dits *royaux*.

10. (*Rectifié par une loi du 12 septembre* 1790). Les administrations de département seront tenues de proposer au corps législatif les mesures qu'elles jugeront les plus convenables, d'après les localités, et sur l'avis des districts, pour empêcher, tant de la part des riverains et autres particuliers, que des communautés d'habitans, toute dégradation des arbres dont la conservation intéresse le public, et pour pourvoir au remplacement de ceux qui auraient été ou pourraient être abattus; et cependant les municipalités ne pourront, à peine de responsabilité, rien entreprendre en vertu dudit décret, que d'après l'autorisation expresse du directoire de département, sur l'avis de celui de district, qui sera donnée sur une simple requête, et après communication aux parties intéressées, s'il y en a.

Une loi du 19 novembre suivant, interprétative de l'art. 4 de celle ci-dessus, a ordonné que l'estimation des arbres fruitiers plantés sur les rues ou les chemins publics, que les propriétaires riverains voudraient racheter, serait faite au capital au denier dix du produit commun annuel desdits arbres, formé sur les quatorze dernières années, déduction faite des deux plus fortes et des deux moindres, sauf les déductions que les experts pourront admettre sur ledit capital, d'après les localités, l'âge et l'état des arbres qu'il s'agira d'estimer.

L'administration centrale du département de Loir-et-Cher ayant représenté qu'un bois taillis situé sur la route de Blois à Orléans était dangereux par sa proximité de la grande route, une loi du 2 brumaire an 8 (*B.* 318, N°. 3381) a autorisé l'administration à le faire arracher. Voici les dispositions de cette loi.

Art. 2. Cet arrachis ne pourra se faire que sur la surface de 120 mètres de chaque côté de la grande route, dans toute son étendue, de manière que cette route en soit totalement isolée.

3. Avant d'entreprendre cet arrachis, l'administration centrale traitera avec le propriétaire, soit à l'amiable, soit par arbitres : dans ce dernier cas, elle en désignera un, qui, réuni à celui du propriétaire, sinon nommé d'office par le juge de paix de son domicile, procéderont à l'estimation du bois qu'il convient d'arracher, et dresseront procès-verbal de leur estimation. Il en sera donné copie au propriétaire pour lui servir de titre.

4. Le bois arraché sera vendu à la requête de l'administration, par huissier qu'elle commettra à cet effet. Le prix en provenant sera remis au propriétaire pour le payer, ou venir d'autant en déduction sur la somme qui lui sera due. En cas d'insuffisance, l'administration lui délivrera un mandat du restant de sa créance, à prendre sur les fonds destinés à l'acquit des dettes de cette nature. (*Voyez* ROUTE).

CHÊNAIE. Lieu planté de chênes.

CHÊNE. Le caractère générique du chêne, *quercus* (monoécie polyandrie L.), consiste à avoir sur le même pied des fleurs mâles et des fleurs femelles, dénuées de corolle, dont les premières naissent sur des chatons menus, lâches et linéaires, et dont les secondes sont ordinairement sessiles sur les branches, dans les aisselles des feuilles supérieures, ou quelquefois situées sur des pédoncules communs isolés. La fleur mâle a un calice d'une seule pièce, à cinq découpures, et cinq ou dix étamines. Le calice des fleurs femelles n'est point découpé ; elles ont deux ou cinq styles, et une semence nommée *gland*, qui consiste en une coque ovoïde, très-lisse, enchâssée, par sa partie inférieure, dans une cupule ou coupe hémisphérique, entière en son bord, tuberculeuse ou hérissée en-dehors. Cette coque contient une amande de même forme, dont la substance, assez dure, se partage en deux lobes.

Il y a en France plusieurs espèces de chênes.

La première, le chêne commun ou à grappes, vulgairement gravelin, *quercus racemosa*, est un très-grand et très-bel arbre, qui vit fort long-tems, et dont le bois est d'une excellente qualité. Dans les bons fonds, il s'élève jusqu'à 30 mètres de hauteur sur un tronc gros, droit, bien proportionné, et qui soutient une cime ample et majestueuse. L'écorce de son tronc, unie et d'un blanc cendré dans le jeune âge, devient épaisse, raboteuse, crevassée, brune à l'extérieur, et rougeâtre en-dedans. Les feuilles, toujours lisses, d'un vert foncé en-dessus, et glauque en-dessous, sont portées sur de très-courts pétioles, alternes, plus larges vers leur sommet que dans la partie inférieure, et divisées en découpures obtuses, arrondies et sinueuses. Les pédoncules qui soutiennent les fruits ont, dans cette espèce, 6 ou 8 centimètres de longueur, et portent un, deux ou trois glands à cupule courte, grise, très-peu tuberculeuse.

La seconde espèce, le chêne roure, *quercus robur*, se distingue de la première en ce que ses glands sont toujours portés sur des pédoncules courts, et paraissent sessiles. Il y en a plusieurs variétés, dont les principales sont le *chêne roure à larges feuilles*, le *chêne roure lacinié*, le *chêne roure noirâtre*, le *chêne roure lanugineux*, le *chêne roure à trochets* ou *à petits glands*.

Les deux premières espèces sont les plus communes et les plus importantes ; le bois de la première est supérieur en qualité à celui de la seconde ; toutes deux perdent leurs feuilles pendant l'hiver.

Il en est de même du chêne hérissé, autrement *villani*, *quercus ægilops*, L., dont les cupules séminales sont grosses, hérissées de pointes dures et larges ; du chêne soyeux, *quercus cerris*, L., dont les feuilles, oblongues, découpées en lyre, sont cotonneuses en-dessous ; du chêne grec ou petit chêne, *quercus æsculus*, L., dont les feuilles sont profondément découpées, et qui porte, à ce qu'on prétend, des glands doux et bons à manger. Mais les feuilles subsistent, pendant l'hiver, au chêne à cochenille, *quercus coccifera*, L., qui s'élève très-peu, dont les rameaux sont nombreux et très-diffus, et dont les feuilles sont petites, ovales, à dents épineuses, et d'un vert très-foncé ; du chêne vert ou yeuse, *quercus ilex*, L., arbre moyen, dont l'écorce est grisâtre, non crevassée, le bois dur et lourd, les feuilles ovales-oblongues, blanches en-dessous, indivises, en scie, et dont les dents sont piquantes dans la variété à feuilles de houx; du chêne légier, *quercus suber*, L., qui croît dans les départemens méridionaux, et dont l'écorce, connue sous le nom de *liége*, se fend, se détache d'elle-même lorsqu'on n'a pas soin de l'ôter, et est remplacée, tous les trois ou quatre ans, par une nouvelle écorce, qui se forme en-dessous.

Presque toutes les expositions et tous les terrains conviennent aux deux espèces de chêne; mais ces arbres réussissent mieux dans une marne riche et profonde; cependant ils profitent aussi très-bien dans les terres dures et fortes, dans la glaise, et même dans les terrains sablonneux qui ont du fond; et leur bois, qui y croît à la vérité plus lentement, est bien plus solide. Il vient très-promptement dans les terrains gras et humides, mais c'est au désavantage du bois, qui étant trop tendre et trop cassant, n'a ni la force ni la solidité requise pour la charpente.

L'aubier est plus épais et plus marqué dans le chêne que dans les autres arbres; il se pourrit promptement dans les lieux humides; et quand il est placé sèchement il est bientôt vermoulu, et il corrompt tous les bois voisins : c'est la plus grande défectuosité du bois de chêne.

Le chêne se multiplie par les semences et par la transplantation.

Pour faire un semis, on prépare le terrain avec la charrue ou à la bêche. La seconde méthode est beaucoup plus dispendieuse, mais plus profitable, en ce qu'elle facilite l'alongement du pivot. On sème le gland à la volée comme le blé, ou en suivant la direction des sillons : comme plusieurs glands peuvent n'être pas enterrés, ou devenir la proie des mulots, on doit semer fort épais. Les glands ne doivent être recouverts que de 27 à 54 millimètres de terre ; à 160 millimètres ils ne pousseraient point. Lorsqu'on sème par rangées, les sillons doivent être espacés d'environ 32 centimètres sur 8 centimètres de profondeur, et l'on pose les glands à une distance respective de 16 centimètres.

Les meilleurs glands ne sont ni ceux qui tombent les premiers, et sont ordinairement piqués de vers, ni ceux qui tombent les derniers, et qui sont en général fort chétifs, mais ceux dont la chute est la plus forte, au moment de la pleine maturité, et qui sont les plus gros et les mieux nourris, en choisissant encore ceux provenus des arbres les plus forts, les mieux venans, et dont la feuille, large, épaisse et luisante, annonce un état de vigueur.

Les semis se font à demeure ou en pépinière. Le tems de semer est celui de la chute du fruit ou peu de jours après. Lorsqu'on est obligé d'attendre la fin de l'hiver, il faut semer le grain dans la terre bien préparée, et par-dessus, de l'avoine. Pour conserver les glands jusqu'à cette époque, on les dépose, aussitôt qu'ils sont recueillis, dans un lieu sec et frais, mêlés, lit par lit, avec de la terre sèche ou du sable ; et quand on a transporté avec soin ces glands sur le champ, on les place l'un après l'autre, ou dans les raies tracées par la charrue, ou dans les fosses ouvertes par la pioche. A mesure que l'opération s'exécute, la herse recouvre le semis.

Si l'on ne pouvait semer à demeure, il faudrait, au moins, tâcher de ne pas choisir, pour l'établissement d'une pépinière, un terrain qui procurât aux jeunes plants des sucs trop abondans, dont la privation les ferait languir après la transplantation ; et dans le cas où l'on aurait à peupler un sol qui eût peu de fond, il serait convenable de placer la pépinière sur une couche dure de cailloux ou de rocher, dont la terre aurait 65 centimètres de profondeur, parce que le pivot ne pouvant s'enfoncer, pousserait beaucoup de chevelus, nécessaires pour transplanter avec succès, et que d'ailleurs on n'aurait pas besoin de faire de si grandes fouilles pour déraciner le pivot. Mais la transplantation réussit rarement pour des arbres qui, destinés, comme le chêne, à s'élever beaucoup, doivent avoir des racines proportionnées à leurs tiges, et auxquels la privation du pivot ou sa mutilation sont infiniment nuisibles. Quoi qu'il en soit, l'époque de la transplantation, celle où il est le plus facile de ménager les racines, est lorsque les chênes ont deux ou trois ans de pépinière; pour cette opération, il faut préparer des trous comme pour les arbres fruitiers, armer les jeunes plants de pieux placés au midi, et d'épines; ne point rogner ou rogner fort peu le pivot, ne point couper le sommet, ne point blesser les racines en arrachant, et les bien arranger en plantant; faire tremper les racines dans l'eau pendant quelques heures avant de les mettre en terre, si les arbres viennent de loin; couvrir les tailles de terre grasse; faire ces plantations en automme, dans un tems doux et humide. (*V.* TRANS-PLANTATION).

La durée des chênes ordinaires dépend de leur tissu plus ou moins serré. Ceux qu'on destine à la charpente seraient bien meilleurs si, une année avant de les abattre, on les faisait écorcer sur pied. L'aubier se convertit ainsi en bois parfait, et le bois parfait lui-même acquiert une plus grande solidité. Quand cet écorcement n'a pas eu lieu auparavant, on doit le faire aussitôt que l'arbre est abattu, pour accélérer le dessèchement, et rendre moins sujet à la piqûre des vers le bois qui n'y est pas exposé s'il a été écorcé sur pied. Il ne faut pas laisser le tronc couché par terre, mais l'assujétir en ligne presque perpendiculaire; en buttant plusieurs troncs les uns contre les autres, et laissant un espace entre chacun, afin que le courant d'air agisse sur toutes les parties.

Nul bois n'est d'un usage aussi général que celui du chêne, qui est le plus recherché et le meilleur pour la charpente des bâtimens, la construction des navires, la structure des moulins, des pressoirs ; pour la fente, la menuiserie, le charronage, la sculpture : il dure jusqu'à 600 ans à l'air, et 1500 ans en pilotis. On l'emploie aussi pour le merrain, les treillages, les échalas, les cercles ; pour du bardeau, des éclisses, des lattes, et pour tous les ouvrages où il faut de la solidité, de la force, du volume et de la durée. On fait aussi usage de l'écorce de chêne : pilée et réduite en poudre, elle forme le meilleur *tan* qu'on puisse employer pour la préparation des cuirs. (*Voyez* ce mot).

Le gland manque très-fréquemment, mais quand la glandée est abondante on en retire un grand profit pour nourrir les cochons et pour engraisser certaines volailles. Les branches de chêne, coupées à la fin de thermidor, sont aussi une nourriture très-précieuse pour les troupeaux. (*Voyez* GLANDÉE).

Les noix de galle, si utiles pour la teinture, sont la production d'un insecte, dont la piqûre occasionne des excroissances sur les feuilles du chêne ; et le *quercus coccifera* nourrit aussi une espèce de cochenille. (*Voyez* LIÈGE, YEUSE).

CHÊNE-VERT. (*Voyez* YEUSE).

CHENEAU ou CHENETEAU. Jeune chêne.

CHENILLES. Les chenilles sont si funestes aux arbres, que leur destruction a été ordonnée par des lois rendues à différentes époques, et notamment par celle du 26 ventôse an 4 (B. 33, n°. 242). Comme les chenilles enveloppent leurs œufs dans des toiles ordinairement attachées au bout des branches, on pourrait aisément les détruire dans les bois taillis de médiocre étendue. Il s'agirait pour cela de les parcourir après la chute des feuilles, d'abattre, avec un échenilloir, les extrémités des branches, d'écraser ensuite ou de brûler les sachets. Dans les plantations particulières, on pourrait ajouter à cette précaution celle d'entourer le tronc des arbres avec une corde de crin grossièrement tissue, dont les piquans empêchent les chenilles de monter.

CHEVAUCHÉE. Nom donné aux visites que les maîtres des eaux-et-forêts étaient obligés de faire pour la conservation des bois.

CHEVAUX. (*Voyez* BESTIAUX).

CHÈVRE. Les chèvres enlèvent les bourgeons des jeunes coupes, elles en rompent les tiges, et il n'est point de bétail plus pernicieux à la reproduction des forêts. Aussi est-il expressément défendu de les y introduire en aucun tems.

CHEVELU. On nomme ainsi les filamens qui terminent les petites racines des arbres. (*V.* PLANTATION).

CHÈVRE-FEUILLE. Le caractère générique des arbrisseaux réunis par Linné sous le nom de *lonicera* (pentandrie monogynie), consiste en un calice supérieur à cinq dents ; une corolle monopétale, tubuleuse, dont le limbe, plus ou moins irrégulier, est partagé en 5 découpures ; un ovaire inférieur arrondi, duquel s'élève un style aussi long que la corolle ; une baie globuleuse, ombiliquée, et qui contient plusieurs semences.

Il y a en France plusieurs espèces indigènes de chèvre-feuille :

Celui des jardins, *lonicera caprifolium*, L., qui est un arbrisseau grimpant, indigène dans les départemens méridionaux, et cultivé dans les jardins, dont les tiges s'entortillent facilement autour des arbres de son voisinage, dont les feuilles sont opposées, sessiles, ovales, entières, lisses, la plupart obtuses : d'un vert glauque en-dessous, perfoliées à l'extrémité des tiges ; les fleurs verticillées , rougeâtres en-dehors , disposées en un bouquet terminal, composé d'un ou deux verticilles feuillés ou colletés.

Le chèvre-feuille des bois, *lonicera periclymenum*, dont les feuilles sont toutes libres, pointues, jamais perfoliées, et qui est commun dans les haies et dans les bois.

Le chèvre-feuille bleuâtre, *lonicera cœrulea*, L., arbrisseau de 100 à 130 centimètres, qui croît dans les départemens méridionaux, et dont les fleurs sont blanches, géminées sur chaque ovaire, et soutenues par des pédoncules fort courts.

Le chèvre-feuille des buissons, *lonicera xylosteum*, L., arbrisseau de 2 mètres, droit, branchu, dont le bois est blanc, l'écorce des rameaux rougeâtre, celle du tronc grise ou cendrée ; les feuilles un peu cotonneuses en-dessous ; les fleurs petites, blanches, disposées deux ensemble sur le même pédoncule, auxquelles il succède deux baies rouges, remplies d'un suc amer et désagréable.

Le chèvre-feuille des Pyrénées, *lonicera Pyrenaïca*, L., arbisseau d'un mètre de hauteur, dont les feuilles sont un peu élargies vers le sommet, et dont les fleurs blanches, presque régulières, ont une petite bosse à la base de leur corolle.

Le chèvre-feuille des Alpes, *lonicera Alpigena*, L., arbrisseau de la même taille que le précédent, dont le bois est cassant ; et le chèvre-feuille à fruits noirs, *lonicera nigra*, L., qui croît jusqu'à 2 mètres de hauteur, dont les fleurs, placées deux à deux, sont garnies d'une bractée linéaire, de couleur rose.

Ces arbrisseaux, qui croissent fort vîte, et profitent plus dans une terre humide que dans une terre sèche, se multiplient par semences et par boutures. Leurs graines restent ordinairement dans la terre pendant un an avant de pousser, mais elles n'exigent point de culture particulière. On plante les boutures en automne, dans une plate-bande à l'ombre, où elles poussent des racines, pour le printems suivant; l'automne d'après on peut les mettre en pépinière, où on les laisse deux ans, pour leur donner le tems d'acquérir de la force. On peut aussi les multiplier par marcottes.

Toutes les espèces de chèvre-feuille sont propres à garnir des tonnelles, des cabinets, des berceaux, des treillages, des palissades, des haies; on en fait aussi des buissons, et on peut les laisser grimper autour d'autres arbres, qu'ils ornent de leurs fleurs parfumées.

CHEVRON. Les chevrons sont de longues pièces de bois que l'on scie de 81 millimètres (3 pouces) sur une face, et de 108 millimètres (4 pouces) sur l'autre, ou de 108 millimètres en carré. Ils sont principalement destinés à la couverture des maisons, mais ils servent aussi dans la menuiserie, et la vente en est prompte.

CHICOT. On appelle chicot ou *argot* la portion restante d'une branche coupée à une certaine distance du tronc, ou ce qui reste hors de terre d'un arbre ou arbrisseau abattu.

Comme les fibres, qui ne croissent chaque année que d'une épaisseur d'environ 5 millimètres, seraient trop long-tems à recouvrir le chicot d'une branche auquel on aurait laissé trop de longueur, il est convenable de ne laisser que 2 millimètres de hauteur aux chicots des petites branches qui n'excèdent pas 14 millimètres de diamètre, et 5 millimètres à ceux des branches plus fortes. La peau peut alors recouvrir, dans la même année, toutes les petites plaies et une partie des moyennes.

CHOQUETAGE. Ce terme, synonyme de souchetage, a pour origine le coup de marteau que l'on donne sur chaque souche pour la marquer , lorsqu'on fait le procès-verbal de souchetage.

CHUTE DES FEUILLES. Avant l'époque où la nature en dépouille les arbres, elle est une véritable maladie, puisque la plante est privée de ses moyens excrétoires et de ses suçoirs aériens. Cet accident est l'effet ou d'une gelée subite , qui brûle les pédicules des feuilles et les détache de leurs tiges , ou d'un soleil brûlant qui, dardant ses rayons entre deux nuages , brûle et dessèche ce qui se trouve à son foyer. (*V.* Er-feuillaison).

CICATRICE. Marque qui reste sur un arbre après la guérison d'une plaie, lorsqu'elle était plus profonde que l'épiderme ; une branche cassée trop près du tronc peut en être le principe. Si l'on aperçoit seulement une lèvre ou une petite roulure, l'arbre peut être sain ; mais il est gâté s'il se trouve, à l'endroit de la cicatrice, une grande ouverture, qu'on appelle *œil de bœuf.*

CIMAUX. (*Voyez* Remanence).

CIME. Cette expression, qui est en général synonyme de sommet, s'emploie aussi pour désigner la disposition de certaines fleurs, dont les pédoncules communs partent d'un même point, mais dont les dernières divisions partent de points différens, et dont tous les groupes s'élèvent sur un même plan, comme dans le sureau. Cet arrangement tient le milieu entre le corymbe et l'ombelle.

CIRCULATION. Il n'y a point de circulation dans les plantes. Des racines, le suc séveux s'élève en ligne droite par des conduits longitudinaux jusqu'à l'extrémité de la plante ; et l'humeur atmosphérique, absorbée par les pores des feuilles, descend par des canaux, peut-être différens des premiers, jusqu'aux racines.

CIRON. Petit insecte qui se nourrit de la matière ligneuse des arbres, naturellement assez tendre, et la traverse dans tous les sens.

CLAIE. Les claies, qui servent à coucher sur terre pour établir sèchement les magasins, pour entretenir le passage des tranchées après les pluies, etc., se forment de brins de verges de 2 centimètres de diamètre, et d'environ 2 mètres de longueur, qui sont traversés par d'autres brins plus petits.

CLAIRIERE. On appelle clairières les places vagues et vides de bois, qu'il faut avoir d'autant plus soin de regarnir, qu'elles occupent la vingtième partie de nos forêts. (*Voyez* REPEUPLEMENT).

CLAIRON. (*Voyez* CLOCHETTE).

CLASSE. (*Voyez*, sous le mot BOTANIQUE, l'explication abrégée des classes du système sexuel de Linné).

CLAYETTE. (*Voyez* CERCHE).

CLERC DE VENTE. (*V.* MARCHAND DE BOIS).

CLIMAT. L'exposition d'un terrain, à l'égard du soleil et de certains vents, est un article important qui guide dans l'art d'élever des arbres. Les arbres placés sur des côtes exposées au midi, sont fréquemment attaqués de vices intérieurs; sur les côtes qui regardent le levant, ils sont très-sujets à se ressentir de l'effet des gelées du printems. Les sapins ne font que languir à l'exposition du sud, et sont très-vigoureux à celle du nord. A l'exposition du couchant, les arbres reçoivent des coups de vent qui les déracinent, ou qui rompent plusieurs de leurs branches : ils y souffrent, plus qu'à toute autre exposition, des dommages considérables de la grêle. Au nord, la végétation est toujours languissante; les arbres délicats y périssent, et les autres n'y croissent que lentement.

En étudiant les différentes directions des montagnes un peu élevées, on y trouve presque tous les climats. On peut en profiter, non-seulement pour élever des arbres étrangers, mais encore pour tirer un meilleur parti des arbres du pays, qui, communément, ré-

résistent à nos plus grands hivers. Le chêne est de ce genre. (*Voyez* Exposition, Sol, Terrain).

CLISSE. (*Voyez* Cerche).

CLOCHETTE. Les usagers sont tenus de mettre au cou de leurs bestiaux des *clochettes* ou *clairons*, dont le son puisse faire connaître aux pâtres et aux gardes le lieu où ils se seraient écartés. (*Ordonnance de 1669, tit. 19, art. 7*).

CLOISON. On appelle ainsi la lame, plus ou moins mince, qui partage la cavité séminifère d'un fruit en plusieurs cavités partielles complettement distinctes.

CLOTURE. Les bois peuvent être clos de fossés, de haies, de treillages ou palis et de murs.

Les fossés sont le moyen le plus expéditif, mais ils font perdre beaucoup de terrain ; et quelque dimension qu'on donne aux talus, quelle que soit leur profondeur, il serait difficile d'empêcher les éboulemens à l'aide du seul gazon, fût-il même posé à plat comme des briques avec lesquelles on voudrait former un ados. Dans tous les cas, il ne faut point faire fossoyer avant l'hiver, car les gelées détruiraient l'ouvrage mal affermi.

Les clôtures de murs sont infiniment coûteuses, elles exigent de fréquentes réparations ; et on ne peut faire de semblables entreprises que pour des bois de peu d'étendue.

Les frais également considérables des treillages ont en outre l'inconvénient d'une bien moindre durée.

Les haies mortes peuvent être pratiquées en peu de tems, mais elles sont aussi de peu de durée ; et lorsqu'on veut former une clôture qui exige moins d'entretien, et ne soit pas sujette aux renouvellemens, les haies vives méritent la préférence ; mais il faut avoir soin de les pratiquer avec des arbrisseaux qui garnissent beaucoup, et qui forment une bonne défense. Sous ce rapport on ne doit pas négliger l'épine noire, le houx, le févier épineux. (*Voyez* Haie).

CŒUR. Ce qu'on appelle le *cœur du bois* n'est pas la partie médullaire qui se trouve au centre de l'arbre, mais tout le bois parfait qui le constitue, et qui est au-dessous de la couche d'aubier.

COCHE. On appelle ainsi dans les forêts une entaille faite à un arbre.

COCHÊNE. (*Voyez* Sorbier).

COGNÉE. La serpe et la scie étant nuisibles à la repousse des bois, la cognée est l'instrument en usage pour la coupe des arbres. (*Voyez* Abattage).

On appelle *délits à l'ouïe de la cognée*, ceux qui se commettent à la distance de 2 hectomètres de la vente en exploitation.

COLLINE. Un arbre situé sur une colline occupe un plus grand espace de terre qu'un arbre de même grosseur planté dans un terrain plat, attendu que les arbres croissent perpendiculairement au terrain, et font un angle avec le côteau. On doit donc mesurer une futaie située sur une côte, par la superficie de la plaine qui lui sert de base, et non par celle du terrain qu'elle occupe ; mais aussi les arbres sont mieux nourris sur les côtes qu'ils ne le seraient dans une plaine à profondeur de terre égale, parce que le même espace de terrain ayant moins d'arbres à nourrir, ils trouvent plus abondamment des sucs, soit en suivant la pente du côteau, soit en pivotant et s'enfonçant en terre. Les arbres y sont d'ailleurs plus aérés que dans les plaines ; mais comme les pluies pénètrent peu la terre dans les hauteurs, et en entraînent des parties, les arbres profitent mieux au bas des collines que dans le haut.

COMMAND. La loi du 13 septembre—16 octobre 1791, a fixé le délai pour faire et accepter les déclarations de command ou élections d'ami, à six mois, à compter de la date des ventes ou adjudications,

En conséquence , toute personne au profit de laquelle a été faite, et qui a accepté dans les six mois d'une adjudication de biens nationaux, en vertu des réserves et aux mêmes conditions qui y sont stipulées , une déclaration de command ou élection d'ami portant sur tous les biens compris dans ladite adjudication , est de plein droit subrogée à l'acquéreur qui a fait cette déclaration ou élection d'ami , et ne peut, en payant à la nation le prix de ces biens, être recherchée ni poursuivie, soit hypothécairement, soit autrement, par qui que ce soit, du chef de l'acquéreur.

On doit remarquer principalement dans les termes de cette loi, 1°. que pour être admis à faire une déclaration de command, il faut en avoir fait la réserve dans le procès-verbal d'adjudication, c'est-à-dire avoir déclaré que l'on acquiert pour soi ou pour son ami à élire; 2°. que pour faire et accepter cette déclaration, le délai est de six mois, à compter du jour de l'adjudication ; 3°. qu'il ne suffit pas que la déclaration soit faite par celui qui a acquis *avec réserves*, mais qu'il faut encore qu'elle soit *acceptée* par celui qui se trouve nommé command ou ami.

On est en droit d'exiger de ceux qui sont nommés, les mêmes justifications ou conditions que des enchérisseurs.

Suivant l'instruction décrétée le 3 juillet 1791 , lorsqu'un bien compris en un *seul lot* d'évaluation ou d'estimation, crié et adjugé pour un seul et même prix, est *divisé ensuite*, soit entre l'adjudicataire et ses commands, soit entre différens particuliers, par des *élections d'amis ou nominations de commands*, faites après ou dans l'adjudication même, la *créance* de la nation n'en demeure pas moins une, *indivisible*; l'adjudication ne devient, pour l'adjudicataire primitif, un titre réel, incommutable ; la propriété ne se fixe irrévocablement sur sa tête, que du jour où il en a rempli les conditions. Jusque-là

Jusque-là les diverses parties du bien adjugé demeurent hypothéquées à la totalité du paiement, et restent toutes également sujètes à la revente à la folle-enchère, à défaut de paiement d'une partie du prix de l'adjudication.

Il est essentiel que les adjudicataires ou commands, et les administrateurs et secrétaires qui ont concouru à une adjudication ou acceptation de command, ne sortent pas du local de la séance sans avoir apposé leur signature à ces actes, qui, d'après l'art. 4 du tit. 3 du décret du 14 mai 1790, ne sont susceptibles, ni de tiercement, ni de doublement, ni de triplement.

Quant au droit d'enregistrement à payer relativement aux déclarations de command, *voyez* le mot ENREGISTREMENT.

COMMERCE. Aucun agent de l'administration forestière ne peut faire le commerce de bois, ni exercer ou faire exercer aucun métier à bois directement ni indirectement, sous peine de destitution. *Loi du 29 septembre 1791, tit. 3, art. 14.*

COMMISSAIRE. La loi du 29 septembre 1791 donnait le titre de *commissaires* de la conservation générale des forêts aux cinq fonctionnaires que la loi du 16 nivôse an 9 nomme *administrateurs.* (*Voyez* ADMINISTRATION FORESTIÈRE).

COMMUNES. On appelle vulgairement communes les terres, prés, bois, eaux, varennes, landes, bruyères, pâturages qui appartiennent à une communauté d'habitans, qui elle-même porte le nom de *commune.*

Une loi du 28 août 1792 a rétabli les communes dans les propriétés dont elles avaient été dépouillées par l'effet de la puissance féodale. Cette loi contient les dispositions suivantes :

Art. 1. L'article 4 du titre 25 de l'ordonnance des eaux-et-forêts de 1669, ainsi que tous édits, déclarations, arrêts du conseil et lettres patentes qui, depuis cette époque, ont autorisé les *triage, partage, distribution partielle* ou *concessions de bois* et *forêts domaniales et seigneuriales*, au préjudice des communautés usagères, soit dans les cas, soit hors des cas permis par ladite ordonnance, et tous les jugemens rendus et actes faits en conséquence, sont révoqués, et demeurent à cet égard comme non avenus.

Et pour rentrer en possession des portions de leurs biens communaux dont elles ont été privées par l'effet de ladite ordonnance et desdits édits et déclarations, arrêts, lettres patentes, jugemens et actes, les communautés seront tenues de se pourvoir, dans l'espace de cinq ans, par-devant les tribunaux, sans pouvoir prétendre aucune restitution des fruits perçus , et sans qu'il puisse y avoir lieu contre elles à aucune action en indemnité pour cause d'impenses.

2. Les édits, déclarations, arrêts du conseil, lettres patentes , et tous les jugemens rendus et actes faits en conséquence , qui, depuis la même année 1669, ont distrait, sous prétexte du droit de tiers-denier au profit de certains seigneurs des ci-devant provinces de Lorraine, du Barrois, du Clermontois et autres, où ce droit pourrait avoir lieu, des *portions de bois* et autres biens dont les communautés jouissent à titre de propriété ou d'*usage*, sont également révoqués; et les communautés pourront, dans le tems et par les voies indiquées par l'article précédent , rentrer dans la jouissance desdites portions, sans aucune répétition des fruits perçus, sauf aux ci-devant seigneurs à percevoir le droit de tiers-denier sur le prix des ventes de bois et autres biens dont les communautés ne sont qu'usagères, dans les cas où ce droit se trouvera réservé dans le titre primitif de concession de l'usage, qui devra être représenté.

3. Les dispositions portées par les deux articles précédens, n'auront lieu qu'autant que des ci-devant seigneurs se trouveront en possession actuelle desdites portions de bois et autres biens dont les communautés auront été dépossédées; mais elles ne pourront exercer aucune action en délaissement, si des ci-devant seigneurs ont vendu lesdites portions à des particuliers non seigneurs, par des actes suivis de leur exécution.

5. Conformément à l'art. 8 du décret du 19 septembre 1790, les actions en cantonnement continueront d'avoir lieu dans les cas de droit, et le cantonnement pourra être demandé tant par les usagers que par les propriétaires.

6. Et néanmoins, tous les cantonnemens prononcés par édits, déclarations, arrêts du conseil, lettres patentes et jugemens, ou convenus par transactions et autres actes de ce genre, pourront être révisés, cassés ou réformés par les tribunaux de district. Tous jugemens, accords ou transactions qui, sans prononcer de cantonnement, auraient statué sur des questions de propriété ou d'usage entre les ci-devant seigneurs et les communautés, ainsi que tous arrêts du conseil, jugemens, accords ou transactions qui auraient ordonné ou autorisé des arpentemens , agrimensations, bornages ou repassemens de chaînes entre les communautés ou les particuliers et les ci-devant seigneurs, ou qui, à ce sujet, auraient adjugé des revenans-bons à ces derniers, pourront être également révisés, cassés ou réformés; et pour l'effet des dispositions ci-dessus, les communautés seront tenues de se pourvoir, dans le délai de cinq ans, par-devant les tribunaux ordinaires.

14. Tous les *arbres* existant actuellement sur les chemins publics, autres que les grandes routes nationales, et sur les rues des villes, bourgs et villages, sont censés appartenir aux propriétaires riverains, à moins que les communes ne justifient en avoir acquis la propriété par titre ou possession.

15. Tous les *arbres* actuellement existant sur les places des villes, bourgs et villages, ou dans des marais, prés et autres biens dont les communautés ont ou recouvreront la propriété, sont censés appartenir aux communautés, sans préjudice des droits que des particuliers non seigneurs pourraient y avoir acquis par titre ou par possession.

16. Dans les cas même où les *arbres* mentionnés dans les deux articles précédens, ainsi que ceux qui existent sur les fonds mêmes des riverains, auraient été plantés par les ci-devant seigneurs, les communautés et les riverains ne seront tenus à aucune indemnité ni à aucun remboursement pour frais de plantation ou autres.

17. Dans les lieux où les communes pourraient être dans l'usage de s'approprier les *arbres* épars sur les fonds des propriétaires particuliers, ces derniers auront la libre disposition desdits arbres.

18. Jusqu'à ce qu'il ait été prononcé relativement aux *arbres* plantés sur les *grandes routes* nationales, nul ne pourra s'approprier lesdits arbres et les abattre : leurs fruits seulement, les bois morts, appartiendront aux propriétaires riverains ; il en sera de même des émondages quand il sera utile d'en faire, ce qui ne pourra avoir lieu que de l'agrément des corps administratifs, à la charge par lesdits riverains d'entretenir lesdits arbres et de remplacer les morts.

Une loi du 7 brumaire an 3 (*B.* 78, N°. 410) a suspendu toute exploitation de *bois* dans laquelle des communes seraient entrées en vertu de *sentences arbitrales.*

Une seconde loi du 10 floréal suivant (*B.* 142, N°. 794) a déclaré que la première n'était applicable qu'aux forêts nationales et à celles dans la possession desquelles la nation avait ou aurait quelque intérêt.

Les dispositions de la loi du 7 brumaire an 3 ont été, par une loi du 29 du même mois de floréal (*B.* 149, N°. 862), déclarées applicables aux réintégrations prononcées par des *jugemens des tribunaux* ou des *arrêtés de département.*

Il a été ordonné, par une loi du 28 brumaire an 7 (*B.* 241, N°. 2189), aux communes auxquelles des jugemens arbitraux avaient adjugé la propriété de certaines forêts que la république prétendait nationales, et à l'exploitation desquelles il avait été sursis le 27 brumaire, de produire dans le mois les jugemens et les pièces justificatives à l'administration de leur département.

Les autres articles de cette loi sont ainsi conçus :

2. Les commissaires près les administrations centrales se pourvoiront de suite par appel, dans les formes ordinaires, contre ceux de ces jugemens que les administrations centrales auront reconnus susceptibles d'être réformés.

3. Ceux que l'administration centrale croira devoir être maintenus, seront, dans le mois suivant, adressés, avec son avis et les pièces justificatives, au ministre des finances, qui sera tenu de prononcer, dans les deux mois suivans, si l'appel doit ou non en être interjeté.

4. Si le ministre n'a pas prononcé dans le délai prescrit par l'article précédent, les communes seront envoyées en possession.

5. Ne seront pas assujétis aux formalités ci-dessus exigées, et seront exécutés sans aucun délai, ceux desdits jugemens arbitraux qui n'auront fait que confirmer des premiers jugemens rendus en faveur des communes par les tribunaux de l'ancien régime.

Les délais fixés par la loi ci-dessus, pour la production des pièces justificatives des jugemens arbitraux, ont été prorogés de six mois par une autre loi du 11 frimaire an 9 (*B.* 57, N°. 413); il a été accordé un an pour l'examen ordonné par les art. 2 et 3 de celle du 28 brumaire an 7, à compter du jour de la remise des pièces, et une année également pour prononcer sur les jugemens et pièces justificatives précédemment produits, et sur lesquels il n'avait pas été statué; après l'expiration desquels délais, les jugemens non attaqués par la voie de l'appel, auraient leur plein et entier effet.

COMPÉTENCE. (*Voyez*, sous le mot CONSERVATION DES FORÊTS, l'instruction donnée, le 9 prairial an 7, par *l'administration forestière*).

COMPLOT. (*Voyez* MONOPOLE).

CONCESSION. La loi du premier décembre 1790, relative aux domaines nationaux concédés ou échangés renferme les dispositions suivantes :

Art. 31. Les aliénations faites jusqu'à ce jour par contrats d'inféodation, baux à cens ou à rente, des terres vaines et vagues landes, bruyères, palus, marais et terrains en friche, autres que ceux situés dans les forêts, ou à cent perches d'icelles, sont confirmées, et demeurent irrévocables par le présent décret, pourvu qu'elles aient été faites sans dol ni fraude, et dans les formes prescrites par les règlemens en usage au jour de leur date.

32. Aucun concessionnaire ou détenteur, quel que soit son titre, ne peut disposer des bois de haute-futaie, non plus que des taillis recrûs sur les futaies coupées ou dégradées.

33. Il en est de même des pieds corniers, arbres de lisière, baliveaux anciens et modernes des bois taillis, dont il est d'ailleurs défendu d'avancer, retarder ni intervertir les coupes.

Le titre 10 de la loi du 29 septembre 1791 renferme des dispositions relatives à l'administration des bois nationaux ci-devant aliénés à titre de concession, douaire, engagement, usufruit ou échange non consommé. (*Voyez* ADMINISTRATION FORESTIÈRE).

CONE. On donne ce nom à l'assemblage arrondi ou ovoïdal d'écailles coriacées ou ligneuses, imbriquées en tout sens autour d'un axe commun. Tel est le fruit du pin, du sapin, du cyprès, du mélèze, de l'aune, etc.

L'accroissement des arbres se fait au moyen de cônes ligneux, dont le mécanisme est expliqué sous le mot CROISSANCE.

CONFISCATION. En condamnant à l'amende pour bois coupés en délits, on prononce la confiscation des scies et instrumens tranchans, ainsi que des armes dont les délinquans ont pu être trouvés saisis. Lorsqu'il s'agit d'enlèvement nocturne de bois coupés en délit, ou lorsqu'il y a eu rébellion, la confiscation peut même s'étendre aux voitures et bêtes de trait.

Il en est de même des boucs et chèvres trouvés dans les bois confisqués, et des autres bestiaux, si on les trouvait en délits, à garde faite, une heure avant ou après le coucher du soleil. (*Voyez* AMENDE, DÉLITS).

CONGÉ. Les congés de plus de quinze jours entraînent la perte du traitement pour le tems qui excède.

CONGÉ DE COUR. On appelle ainsi la décharge qui est donnée à l'adjudicataire après le récolement d'une vente exploitée. Les conservateurs donnent leur consentement à la délivrance de ces décharges d'exploitation lorsqu'ils trouvent que les adjudicataires ont satisfait à leurs obligations. *Loi du 29 septembre 1791, tit. 6, art. 20. (Voyez*, sous le mot Conservation des forêts, l'art. 25 du § 1 de la deuxième section de l'instruction du 7 prairial an 9, et le procès-verbal y annexé n°. 11).

CONIFÈRE. Arbre qui, comme le pin, a les fleurs ou fruits en cônes ou strobiles.

CONSERVATEUR. (*Voyez* Administration et Conservation des forêts).

CONSERVATION DES FORÊTS. La loi du 16 nivôse an 9 (*B.* 57, N°. 454) a établi des *conservateurs*, des *inspecteurs* et des *sous-inspecteurs forestiers.*

Deux arrêtés du 6 pluviôse, même année (*B.* 65, N°ˢ. 498 et 499), ont fixé le nombre, les arrondissemens et la résidence des conservateurs pour les bois et forêts de la république, situés en Europe. (*Voyez* le mot Administration forestière).

Les fonctions des conservateurs ont été réglées par le titre 6 de la loi du 29 septembre 1791, insérée sous le même mot, et par l'instruction des membres de l'administration forestière, en date du 7 prairial an 9, à laquelle le ministre des finances a donné son approbation.

Instruction pour les Conservateurs, Inspecteurs et Sous-Inspecteurs forestiers.

L'ordre et la célérité du service dans toute administration, dépendent essentiellement de l'uniformité des mesures d'exécution; et plus l'objet qu'elles concernent est étendu, plus il importe de le présenter sous des aperçus faciles à saisir.

Ce principe ne saurait mieux s'appliquer qu'aux forêts : elles sont répandues sur un territoire aussi varié qu'il est vaste ; et tout ce qui intéresse leur conservation, donne lieu à un si grand nombre de détails, que si tous les agens forestiers n'opéraient pas d'une manière uniforme, on n'obtiendrait que des résultats erronés ou incertains.

C'est pour parer à cet inconvénient, et avoir sans cesse des notions exactes sur la plus importante portion du domaine public, que les administrateurs généraux des forêts ont cru devoir tracer à leurs coopérateurs la marche qu'ils auront à suivre.

Dispositions générales.

Résidence. Art. I. Les conservateurs, inspecteurs et sous-inspecteurs forestiers résideront dans les chefs-lieux de leur conservation, inspection et sous-inspection, et ne pourront s'absenter de leurs arrondissemens respectifs sans congé de l'administration.

Congés. II. Les congés de plus d'une quinzaine, entraîneront, pour le tems qui excédera, la perte du traitement.

Archives. III. Les titres, plans, papiers et documens relatifs à la propriété, aux aménagemens et usages des bois, seront recueillis et rassemblés avec soin. Il sera fait un triage de ceux existant dans les dépôts des ci-devant maîtrises, et déjà inventoriés; le conservateur se réservera ceux qu'il jugera lui être utiles ou nécessaires, et chargera des autres, les préposés correspondant immédiatement à lui, et qui auront dans leurs arrondissemens les bois que ces papiers concernent. Il sera fait de leur triage et répartition un état double, signé du conservateur pour ceux dont il aura fait choix, et pour les autres, de l'agent forestier dépositaire; le double de ces divers états sera envoyé à l'administration. Il en sera usé de même relativement aux découvertes de papiers qui pourraient avoir lieu à l'avenir.

IV. Ces titres, plans et papiers constitueront les archives de chaque conservation, inspection et sous-inspection; et lors de la vacance de ces places, il sera fait, tant de ces papiers que de la minute du livre-journal mentionné dans l'article ci-après, et de la correspondance administrative, un bref inventaire, au moyen duquel les nouveaux pourvus seront chargés de ces archives, et en répondront à la république.

Correspondance, registres et marteaux. V. Le sous-inspecteur correspondra avec l'inspecteur ou avec le conservateur, lorsque celui-ci sera son supérieur immédiat, l'inspecteur avec le conservateur, et le conservateur avec l'administration générale.

Ils seront tenus d'avoir à leurs frais un registre ou livre-journal, un sommier de correspondance, et un marteau particulier pour la marque des bois de délit et des chablis abattus.

VI. Ces divers marteaux porteront pour empreinte le numéro de la conservation, et, de plus, la lettre *C.* pour le conservateur, la lettre *I.* pour l'inspecteur, et les lettres *S. I.* pour le sous-inspecteur.

Conformément aux règlemens, l'empreinte du marteau du conservateur sera déposée au greffe du tribunal d'appel; et celle des marteaux de l'inspecteur et sous-inspecteur, aux greffes des tribunaux de première instance.

VII. Indépendamment de ces marteaux, il y en aura un national uniforme, qui portera les lettres *R. F.* [*République Française*], et le numéro de la conservation.

Cette empreinte sera déposée aux greffes des tribunaux d'appel et de première instance.

Ce marteau sera déposé, hors le tems des opérations, dans un étui placé chez le premier agent de l'arrondissement forestier, et fermant à trois clefs, dont l'une restera entre les mains de cet agent, une autre en celles de l'agent correspondant, et la troisième en celles du garde général.

Ces divers marteaux seront fabriqués suivant le modèle ici figuré :

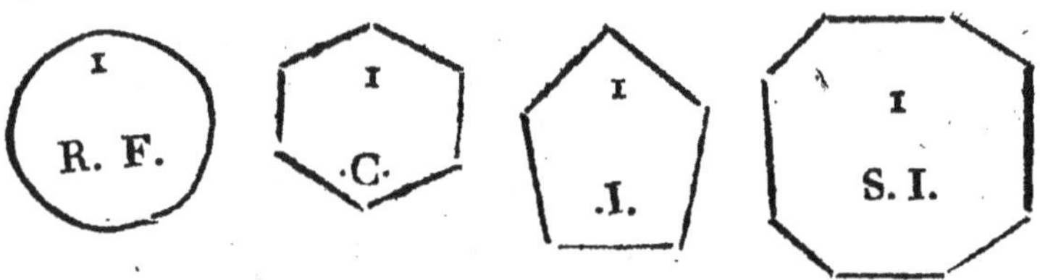

Uniforme. VIII. Les conservateurs, inspecteurs et sous-inspecteurs seront tenus d'avoir un cheval pour leur service, et de se montrer vêtus de leur uniforme dans l'exercice de leurs fonctions.

IX. Il ne s'exécutera rien dans les bois, en ce qui concerne le régime forestier, que par les ordres de l'administration et sous la direction de ses agens.

Tous actes publics relatifs à ce régime, porteront en tête : *Administration générale des forêts.*

Dispositions particulières.

§ Ier.

Du Conservateur.

Sommier des bois. Art I. Le conservateur formera, tant des bois nationaux de sa conservation et des titres y relatifs, que des bois communaux, et de ceux des hospices et maisons d'éducation nationales, un sommier conforme au modèle n°. 1, annexé à la présente instruction. Aussitôt qu'il sera formé, il en transmettra un double, en forme d'état, à l'administration.

Il tiendra, de ces opérations journalières, un registre dont le modèle est pareillement ci-annexé sous le n.° 2. Il enverra, chaque mois, à l'administration un bref extrait, en deux colonnes, de ce registre : l'une intitulée, *Opérations du mois* ; l'autre, *Observations.*

Tournées, assiettes et cahier des charges. II. Il fera annuellement, dans le cours de pluviôse, ventôse et germinal, la visite générale des bois de son arrondissement, la vérification de l'état de leurs bornes, de celui des chemins intérieurs, et des fossés établis autour, et se fera remettre par les inspecteurs et sous-inspecteurs, les projets ou états des coupes de l'ordinaire subséquent : il les examinera, et désignera dans un procès-verbal, conforme au modèle ci-joint, sous le n° 3, l'arbre d'assiette indicatif de chaque coupe, et adressera successivement à l'administration un double, signé de lui, de ces états, dont le modèle est ci-annexé, sous le n°. 4.

Arpentage. III. Il fera faire, après qu'ils auront été approuvés, les arpentages des coupes dans les bois où un aménagement ou mise en règle ne les a pas encore déterminées invariablement ; il prescrira à l'arpenteur de dresser le plan géométrique de la coupe sur une échelle d'un décimètre pour 432 mètres, de l'orienter de manière que le nord soit toujours en haut et le sud perpendiculairement au-dessous ; de rattacher, autant qu'il sera possible, ce plan à deux points fixes, tels que des clochers et établissemens publics qu'il y désignera, ainsi que les bornes, arbres de lisière, pieds-corniers, chemins et fossés. Il en sera fait deux expéditions, l'une pour rester à la conservation, et l'autre être envoyée à l'administration. Il veillera à ce que les procès-verbaux d'arpentage soient doubles, conformément au modèle ci-annexé, sous le n° 5. S'il survient quelque difficulté au sujet de l'arpentage, et qu'il devienne nécessaire de réarpenter les coupes, il sera dressé de cette opération un procès-verbal conforme au modèle n°. 5 *bis.*

Coupes extraordinaires. IV. En cas qu'il y ait lieu à coupes extraordinaires, le conservateur, après en avoir vérifié la nécessité, fera dresser procès-verbal de l'état, âge, essence et nature des bois sous lesquels elles devront être assises, et du nombre des réserves qu'elles comporteront sans nuire au recru. Il enverra ce procès-verbal à l'administration, à l'effet d'obtenir l'autorisation du gouvernement. Il formera de ces coupes un état particulier.

Cahier des charges. V. Il arrêtera, d'après la loi et l'instruction de l'administration, les conditions du cahier des charges, et veillera à ce qu'il n'y soit rien inséré d'insolite, ou de préjudiciable aux prix des ventes.

Empêchement pour cause d'absence ou autres motifs. VI. Si, pour absence ou autres motifs, le conservateur était empêché de faire sa tournée, il en préviendrait l'administration, et demanderait l'autorisation nécessaire à l'effet d'être suppléé par un inspecteur de la conservation, à qui il tiendrait compte des frais de tournée.

Récolement. VII. Le conservateur mettra au nombre de ses devoirs essentiels, le récolement des ventes usées de l'ordinaire précédent, ou la vérification du récolement, s'il se trouvait déjà fait. Il se fera représenter en conséquence les procès-verbaux d'arpentage et de balivage ; s'assurera si les délimitations des ventes ont été respectées, si le nombre des baliveaux portés au procès-verbal existe, s'il n'en a pas été marqué un plus grand nombre qu'il n'y en est énoncé, s'il n'est survenu aucune substitution dans le choix qui en aura été fait, si ce choix est bon, si les adjudicataires n'ont pas outre-passé leurs droits, et n'ont porté aucun préjudice à la république soit dans l'intérieur de la vente, soit au dehors, à la distance prescrite par la loi, et si, en cas de souchetage, les formalités nécessaires ont été remplies.

Il veillera à ce que les procès-verbaux de récolement soient rédigés conformément au modèle ci-annexé, sous le n°. 6, et à ce qu'il soit procédé à cette opération par un arpenteur autre

que celui qui aura fait l'assiette, mais en présence tant de ce
dernier que de l'adjudicataire, ou eux dûment appelés.

Les mesures ou moins de mesure qui pourront résulter de
cette opération, seront mentionnées dans le procès-verbal de
recolement, et le conservateur en dressera annuellement un
état général conforme au modèle n°. 6 *bis.*, qu'il transmettra à
l'administration.

Usines. VIII. Il visitera dans sa tournée les usines établies dans
les bois, s'informera si le nombre de ces établissemens, notamment des scieries, excède ou non la possibilité des forêts ; si
les affectations accordées à quelques-unes sont nécessaires et
doivent être maintenues ; et si, en renvoyant leurs entrepreneurs à s'approvisionner par les voies ordinaires du commerce,
on porterait quelque préjudice à l'industrie.

Repiquement. IX. Il s'expliquera successivement sur les cantons vides qui peuvent être plantés ou ensemencés, et dressera,
dans ce cas, un état conforme au modèle ci-annexé sous le
n° 7. Il indiquera les moyens les plus économiques de repiquement des clairières de ventes, et les routes à faire dans les forêts
pour les assainir, y rendre les incendies moins dangereux, et
donner à la sève plus d'activité.

Visa *des livres-journaux.* X. Il s'assurera, tant par ce travail
que par la représentation du registre ou livre-journal des inspecteurs et sous-inspecteurs, de leur exactitude, zèle et capacité ;
il visera ce registre, et rendra compte à l'administration de l'examen qu'il en aura fait.

Revue des gardes. XI. Il fera, lors de sa tournée, et dans
les bois mêmes, la revue des gardes, dont la réunion au cantonnement du garde général ne les déplacera que pour quelques
heures de leurs triages respectifs.

Il s'informera de leur tenue ordinaire, de leur demeure, de
leur nombre, de leur service ; il fera connaître au garde général
que sa responsabilité est intéressée à la mauvaise conduite des
gardes particuliers, lorsqu'il néglige d'en rendre compte ; il s'assurera s'il fait constamment sa tournée à cheval, et s'il n'a pas,
avec les gardes qui lui sont subordonnés, des habitudes nuisibles au bien du service.

Embrigadement. XII. Par-tout où trois ou cinq gardes particuliers
pourront se rassembler facilement et sans s'éloigner de leurs
triages, le conservateur fera d'eux une sorte d'embrigadement,
et nommera pour chef celui d'entre eux qui aura constamment
montré un caractère actif et ferme ; il lui recommandera d'informer le garde général des apparitions dans les bois de gens
suspects, et de tous ce qui s'y passera de contraire à la sûreté
publique ; et au garde général, de transmettre avec célérité cette
information à l'officier de gendarmerie.

La brigade forestière se joindra, si cet officier le requiert,
à la force armée, mais dans l'étendue de la forêt seulement.

XIII. Dans les arrondissemens forestiers où la dispersion des
bois serait un obstacle à cet embrigadement, le conservateur
prescrira aux gardes particuliers, en cas de rencontre de va-
gabonds ou gens sans aveu rôdant dans les bois, d'en informer
sur-le-champ le garde général, qui fera passer cette informa-

tion à la gendarmerie, et l'aidera ou la fera aider pour les fouilles des bois, quand elles seront reconnues nécessaires.

Améliorations et encouragemens. XIV. L'exemple de quelques gardes qui, en insérant des glands, faînes ou jeunes plants dans les clairières, pendant le cours de leurs visites journalières, sont parvenus à repeupler sans frais leurs triages, méritant d'être cité et encouragé, le conservateur annoncera aux gardes dont ces semis ou plantations feraient remarquer le zèle, qu'il demandera pour eux, à l'administration, des encouragemens et leur avancement.

XV. Conformément à la loi du 29 septembre 1791, le conservateur proposera de prendre ces encouragemens sur la moitié du produit des amendes, déduction faite de tous frais de poursuites et de recouvrement.

Il s'assurera, en conséquence, du montant de ce produit net, et en rendra compte à l'administration.

XVI. Le conservateur comprendra ces divers objets dans un procès-verbal de tournée, dont il enverra un double à l'administration, au plus tard, dans le courant de messidor.

Balivage et martelage. XVII. Il remplira les fonctions d'inspecteur dans l'arrondissement du chef-lieu de sa résidence, y procédera en conséquence aux opérations de balivage et de martelage, et s'adjoindra, à cet effet, le sous-inspecteur attaché à cet arrondissement, et le garde général du canton, qu'il admettra à signer avec lui le procès-verbal de balivage et martelage, dont un modèle est joint à la présente instruction, sous le n°. 8, ainsi que de l'état à former.

XVIII. Dans le cas où, pour cause réelle d'empêchement, il ne pourrait procéder par lui-même à ces opérations, il commettra, pour le suppléer, un inspecteur ou sous-inspecteur des arrondissemens voisins, et en rendra compte à l'administration.

Il veillera à ce qu'il y ait toujours présens aux opérations de ce genre, trois agens, savoir: l'inspecteur, le sous-inspecteur, le garde général, outre le garde du triage. Il n'y aura d'exception que pour les arrondissemens dont la grande étendue, occasionnée par la rareté des bois, rendrait ce concours, sinon impossible, du moins extrêmement difficile : l'agent supérieur opérera, dans ce cas, avec le garde général ou particulier seulement.

Bois de marine. XIX. Pour faciliter et assurer les opérations des agens de la marine, le conservateur fera parvenir, soit directement, soit par les inspecteurs ou sous-inspecteurs, à l'officier du génie maritime de l'arrondissement, l'état des ventes de futaie et baliveaux sur taillis qui devront avoir lieu chaque année, afin que cet officier puisse faire marquer les arbres propres aux constructions navales ; donner les ordres nécessaires pour que les charpentiers de marine soient accompagnés, dans leurs visites, par un garde général ou particulier, et conservera pardevers lui un double des procès-verbaux de martelage relatifs à la marine que lui adresseront les contre-maîtres avant l'époque des adjudications, et dont il enverra copie à l'administration, en fructidor.

Affiches, estimations et adjudications. XX. Les affiches des ventes seront rédigées , autant que faire se pourra , par le conservateur , mais au moins par le premier agent de l'arrondissement forestier: elles contiendront les clauses les plus essentielles à une bonne exploitation et au meilleur prix des ventes.

XXI. Le conservateur prendra les mesures nécessaires pour que les ventes, qui doivent se faire en présence des préfets ou sous-préfets , commencent en vendémiaire , et finissent , au plus tard , le 12 nivôse suivant ; qu'elles se succèdent de manière à y favoriser la plus grande concurrence ; qu'il lui soit fourni successivement, par inspection et sous-inspection , l'état de celles qui auront été faites dans chaque arrondissement , et qu'il puisse en transmettre à l'administration un état général , conforme au modèle numéro 9.

Il assistera lui-même aux ventes ; et s'il ne le peut, il se fera suppléer par l'inspecteur ou le sous-inspecteur de l'arrondissement forestier qui aura fait l'estimation des coupes.

XXII. Ces estimations faites en commun, en même-tems , par les mêmes agens qui auront procédé au balivage et martelage et à la suite de ces opérations , ne seront point mentionnées dans le cahier des charges , et ne seront connues que de ces agens ; elles serviront de mise à prix des ventes , et les feux ne pourront être allumés que lorsque les offres égaleront le montant des estimations , ou s'en rapprocheront beaucoup , et qu'ils auront invité le fonctionnaire présent aux ventes à ouvrir les enchères: l'estimation des coupes sera signée des agens qui l'auront faite , et un double en sera envoyé au conservateur , en même-tems que de celui du montant des ventes.

Dans le cas où les offres n'atteindraient pas l'estimation ou ne s'en rapprocheraient pas , les agens forestiers inviteront également ledit fonctionnaire à remettre la vente à un autre jour.

XXIII. Rien n'étant plus contraire au succès des ventes que des taxes ou rétributions imposées aux adjudicataires , sous prétexte de salaire de secrétariat , ou pour tout autre motif , le conservateur opposera toute sa vigilance à toute introduction d'abus à cet égard , et dénoncera à l'administration ceux qui pourraient venir à sa connaissance.

XXIV. Il ne pourra être imposé aux adjudicataires aucune autre charge que le paiement des droits de timbre et d'enregistrement, d'impression d'affiches , criées et publication , du décime pour franc , et de quatre expéditions du procès-verbal de vente ; une pour l'administration générale , une pour le conservateur , une pour l'inspecteur ou sous-inspecteur , et la quatrième pour le préposé de la régie du domaine national. Ces expéditions seront taxées modérément par le fonctionnaire qui aura procédé à la vente ; de laquelle taxe il sera fait mention au bas de chaque expédition.

Décharge d'exploitation. XXV. Il donnera son consentement à la délivrance des congés de cour ou déchargées d'exploitation , lorqu'il aura vérifié par lui-même , et , s'il ne le peut, par l'inspecteur ou sous-inspecteur , que les adjudicataires auront rempli leurs obligations ; ce dont il sera dressé un procès-verbal conforme au modèle ci-annexé , n°. 11 ; et les congés de cour ne pourront être délivrés que sur le vu de ce procès-verbal.

Chablis et bois de délits. XXVI. Il se fera remettre les résultats

des visites de l'inspecteur ou sous-inspecteur dans leur arrondissement, l'état des ventes de chablis et arbres de délits, et autres menus marchés, et les transmettra à l'administration.

Panages et glandées. XXVII. Le prix que la nation retire
des pâturages, panages et glandées qui sont adjugés dans ses
forêts, l'évaluation des coupes de bois affermées conjointement
avec des usines ou affectées à leur alimentation, les droits d'u-
sage que la nation exerce dans quelques forêts, le prix des
feuilles dont profitent les adjudicataires en retard d'exploiter
dans le délai porté au cahier des charges de leur adjudication,
enfin le prix des sur-mesures qui ont lieu lorsque les coupes
excèdent en étendue celles portées dans ce même cahier des
charges, entrant dans la composition du produit des bois, le
conservateur en formera, par exercice, un état conforme au modèle ci-annexé, sous le n°. 10. Il y portera en outre, comme
cet état l'indique, le montant des moins de mesure que les
adjudicataires trouvent quelquefois dans leurs coupes, et qui
réduit d'autant le produit. Il transmettra cet état à l'administration générale, en envoyant l'état général des ventes.

XXVIII. Il ne provoquera ni ne fera provoquer de ventes
de glandées, qu'après s'être assuré si le repeuplement des bois
n'en éprouvera aucun préjudice.

Poursuite des délits. XXIX. Le prompt jugement des délits
forestiers, et le recouvrement exact des amendes prononcées,
seront regardés par le conservateur comme le moyen le plus
propre à rétablir l'ordre dans les bois : en conséquence, il se
fera fournir exactement l'état des procès - verbaux rapportés
contre les délinquans, des jugemens rendus, et des recouvremens
des amendes ; il établira, à cet effet, sa correspondance non-
seulement avec les agens qui lui sont subordonnés, mais encore
avec les commissaires du gouvernement près les tribunaux et avec les
directeurs de la régie du domaine national. Il fera dresser, desdits
délits et jugemens, un état conforme au modèle ci-annexé, sous
le n°. 12, et en enverra, à la fin de chaque mois, un double à
l'administration.

Droits d'usages. XXX. Il se fera rendre un compte exact des
usages exercés dans les bois nationaux par des communes ou
des particuliers, se fera représenter les titres primordiaux ou
confirmatifs de ces usages, examinera si l'exercice en est indispensable ou non aux habitans des cantons pour la subsistance de
leurs bestiaux, si la suppression de ce droit, moyennant indemnité, dans le cas où il aurait été acquis à titre onéreux, serait
une disposition nécessaire, et quel mode d'indemnité, soit en
argent, soit par cantonnement, serait préférable ; il dressera du
tout procès-verbal, qu'il transmettra, avec son avis, à l'administration.

XXXI. Il vérifiera et indiquera les cantons défensables, et en
fera publier la déclaration dans les communes usagères.

Bois indivis et autres. XXXII. Il exercera la même surveillance sur les bois indivis avec la république, sur ceux des maisons nationales d'éducation et des hospices, sur ceux tenus de
la nation par des particuliers à titre d'engagement ou d'usufruit,
et généralement sur tous ceux soumis au régime forestier.

Bois communaux. XXXIII. Il visitera les bois communaux, en surveillera la manutention, y fera procéder par l'inspecteur ou sous-inspecteur de l'arrondissement aux opérations de balivage et martelage, veillera à la poursuite des délits qui s'y commettront, y empêchera toute délivrance extraordinaire qui n'aura pas été approuvée préalablement par le gouvernement; et faute par les communes d'établir des gardes, il mettra l'administration à portée d'y pourvoir à leurs frais, en lui indiquant des candidats.

XXXIV. Il arrêtera, conformément à la loi du 15 août 1792, et à celle du 29 floréal an 3, les vacations dont les-communes seront tenues, pour les opérations de balivage et martelage de leurs coupes ordinaires délivrées en nature, veillera à ce qu'elles en versent le montant entre les mains du préposé de la régie du domaine national, pour être employé, sur les ordres du ministre des finances, à la restauration des bois nationaux. Il aura soin de former, de ces vacations, un état conforme au modèle ci-annexé, sous le n°. 13, et d'en envoyer un double à l'administration.

Forêts situées sur plusieurs arrondissemens. XXXV. Les forêts qui se trouveront mi-parties entre deux inspections, sous-inspections ou départemens d'une même conservation, ou entre deux conservations, seront sous la surveillance du sous-inspecteur, inspecteur ou conservateur qui aura dans son arrondissement la plus forte portion de leur contenance. S'il survient des difficultés à cet égard, le conservateur en référera à l'administration.

Aménagement. XXXVI. La meilleure forme d'aménagement des bois dépendant de la nature et de l'exposition du terrain sur lequel ils sont assis, de l'étendue et du genre de consommation qui s'en fait, du tems que mettent les coupes à acquérir la plus haute valeur, du besoin d'arbres propres aux constructions navales, civiles et militaires, le conservateur examinera, dans chaque bois, la qualité et la profondeur du sol, quelles essences lui conviennent, et auxquelles les communes voisines donnent la préférence; à quel âge peut s'obtenir le plus haut degré d'accroissement, et le plus haut prix du bois; auquel de ces deux systèmes il sera utile de s'arrêter, ou des baliveaux sur taillis et de la distinction du quart des bois à croître en futaie, ou de la répartition du sol du bois en taillis seulement là où après quarante ans les arbres dépériraient, en boqueteaux de futaie sur les portions de terrain où les arbres pourraient profiter jusqu'à quatre-vingts ou cent ans et plus, et en bordure autour des coupes du côté du nord et de l'ouest principalement; enfin quels nouveaux débouchés peuvent s'établir, soit par des routes ou canaux, soit par des établissemens d'industrie.

Le conservateur donnera successivement ses vues sur chacun de ces objets, à l'administration générale.

XXXVII. Dans les conservations où il existe, soit des bois dont il n'est tiré aucun parti à cause de la difficulté de leur accès, soit des montagnes pelées qui étaient autrefois ombragées d'arbres, le conservateur proposera aussi ses vues pour donner aux premiers la valeur dont ils sont susceptibles, en leur ouvrant des débouchés, ou en y établissant des usines, et pour restituer les autres à quelque culture, et empêcher les éboulis de ces sols escarpés.

XXXVIII. Dans la quantité de terrains nationaux vagues à soumettre à la culture, le conservateur s'arrêtera d'abord à ceux qui sont les plus voisins des grandes communes, qui présenteraient plus de facilité pour le débit. Il examinera quelles essences conviennent au sol, et quel mode de repeuplement, de l'ensemencement ou de la plantation, serait préférable; à combien se monterait la dépense dans l'un et l'autre cas, et quels en seraient les résultats.

Malgré la préférence à accorder à ces sortes de terrains, à raison de la localité, le conservateur ne négligera pas néanmoins ceux qui ne deviendraient pour la nation de quelque intérêt que dans un tems reculé.

Plantation des routes. XXXIX. Le conservateur surveillera et fera surveiller les plantations des routes, et informera l'administration de l'état de ces plantations, des lignes de routes qui ne sont pas encore plantées, des moyens de parvenir à les planter, des avantages qui en résulteraient, des secours qu'on retirerait, pour cet objet, des pépinières départementales, ou de celles des forêts; il s'opposera à toutes coupes des arbres existans, à moins qu'il ne lui apparaisse d'une autorisation du gouvernement, et à tout élagage de la part des riverains qui ne justifieraient pas de leur droit ou d'une permission légale; il recommandera spécialement de rapporter des procès-verbaux contre tout délinquant, et de le poursuivre sans délai.

Plantations des chemins communaux. XL. Le conservateur exercera ou fera exercer la même surveillance sur les plantations de commune à commune, et à elles appartenantes, et sur celles des places communales; s'opposera à tout abattage de ces arbres qui n'aurait pas été dûment autorisé, et fera poursuivre ceux qui se permettraient ces entreprises.

Il invitera, dans le cours de ses tournées, les communes à s'occuper des moyens de planter les terrains communaux.

Pépinières. XLI. Il fera choix, dans la forêt la plus centrale de son arrondissement, d'un terrain propre à l'établissement d'une pépinière d'arbres indigènes et exotiques, pour servir aux plantations des routes, des canaux, des vides et clairières des bois; il adressera, à cet égard, à l'administration, un mémoire contenant ses observations sur l'utilité dont pourrait être cet établissement, et les frais qu'il occasionnerait.

Chasse. XLII. Le droit de chasse dans les bois nationaux, faisant partie du domaine public, le conservateur chargera les divers agens de rapporter procès-verbal contre quiconque se livrerait à cet exercice dans ces bois sans une autorisation expresse, ou qui y serait rencontré armé d'un fusil hors les routes de passage; il se fera au surplus représenter les permissions qui auraient été accordées, et en rendra compte à l'administration.

Quant à la chasse aux loups et animaux nuisibles, il veillera à ce que toutes les formalités prescrites à cet égard par l'arrêté du directoire exécutif du 19 pluviôse an 5, soient ponctuellement suivies, et recommandera de rapporter des procès-verbaux contre

les individus appelés pour les battues, et qui les abandonne-
raient pour la chasse du gibier; il proposera la destitution des
gardes qui auraient contrevenu aux dispositions des lois à ce
sujet.

Pêche. XLIII. Le conservateur empêchera également tout exercice de la pêche dans les portions de ruisseaux et rivières qui
se trouvent dans les forêts, soit qu'ils y prennent naissance,
soit qu'ils viennent d'ailleurs, et fera veiller, sur les rivières
navigables, à ce que cet exercice n'ait lieu que conformément
aux lois, et, en conséquence, rapporter des procès-verbaux contre
tout individu qui emploierait, pour pêcher, des instrumens
nuisibles à la conservation de la pêche.

Il aura soin que les ruisseaux qui servent à la vidange et au
flottage des bois, soient entretenus propres à cette destination.

Arbres renversés par les ouragans. XLIV. Lorsque des vents
impétueux ou des ouragans auront causé des renversemens d'arbres, il se portera, ou prescrira aux agens qui lui sont subordonnés, de se porter sur-le-champ, dans les bois, pour y constater les chablis, et en dresser procès-verbal.

Incendies. XLV. Même célérité sera recommandée en cas d'incendie dans les bois; les riverains seront appelés pour l'éteindre, et
s'ils s'y refusent, il en sera dressé contre eux procès-verbal :
toutes perquisitions, informations ou diligences seront faites pour
découvrir et faire poursuivre les auteurs de ces accidens, et il
sera aussi dressé procès-verbal de ces mesures.

Instances relatives à la propriété des bois. XLVI. Si des instances
relatives à la propriété des bois sont portées au tribunal d'appel, d'après le consentemeut et les instructions de l'administratiou,
le conservateur fournira au commissaire du gouvernement les
mémoires nécessaires au soutien des intérêts de la république.

Proposition de candidats pour les places de gardes. XLVII. Lors
de vacance de places de gardes généraux ou particuliers, le
conservateur proposera trois candidats à l'administration.

Traitemens. XLVIII. Les traitemens des inspecteurs, sous-inspecteurs, et de tous autres préposés des bois, ne seront acquittés
que sur des états de service visés par le conservateur. Il en formera un tableau conforme au modèle n°. 14, et l'enverra, signé
de lui, à l'administration. Il sera payé lui-même sur un certificat
de service que l'administration lui adressera à la fin de chaque
trimestre. Ces paiemens n'auront lieu que sous la retenue prescrite par la loi du 16 nivôse an 9, et qui sera d'un pour cent.

Ports de lettres. XLIX. Il formera, jour par jour, des ports
de lettres et paquets relatifs à l'administration des bois, un état
conforme au modèle n°. 15; il en transmettra, à la fin de chaque
trimestre, un double, certifié de lui, à l'administration.

Il se fera fournir pareil état, en double, par les inspecteurs
et sous-inspecteurs qui auraient des ports de lettres et paquets
à réclamer, et les vérifiera avec soin, en s'assurant du contenu aux
lettres et paquets, et en s'en faisant représenter les adresses ou
enveloppes.

Il enverra à l'administration un des doubles de ces états,
certifié des inspecteurs ou sous-inspecteurs, et visé de lui.

L'administration

L'administration prendra les mesures nécessaires pour le remboursement du montant de cette dépense.

§. I I.

De l'Inspecteur.

Livre-journal. Art. I. Il fera coter et parapher son livre-journal par le conservateur ; il y transcrira en substance tous les actes de ses fonctions , sans exception ; et il en remettra, chaque mois, au conservateur , un extrait en deux colonnes , l'une intitulée *Opérations du mois*, et l'autre *Observations*.

Tournées dans les bois. II. Il fera , en frimaire et nivôse, une tournée générale dans les bois de son inspection, et une autre en prairial et mois suivans, en même tems qu'il procédera aux balivage et martelage.

Il se fera représenter, lors de ses tournées, les registres des sous-inspecteurs , des gardes généraux et particuliers, arrêtera ces registres, et fera mention, dans l'arrêté, du lieu où il se trouvera, de la présence de l'agent forestier que le registre concerne , du quantième du mois, et il enverra un double de son procès-verbal de tournée au conservateur.

III. Il accompagnera , dans son arrondissement seulement, le conservateur , lors de sa tournée; sera présent aux ordres que celui-ci donnera aux arpenteurs pour les assiettes, et au récolement des ventes usées, et signera, après lui, les actes relatifs à son inspection.

Balivage et martelage. IV. Dès la réception des états des coupes ordinaires , l'inspecteur désignera le jour le plus prochain , pour , conjointement avec le sous-inspecteur , commencer les opérations de balivage et martelage, à eux joint le garde général , et les suivra sans interruption , jusqu'à ce qu'elles soient consommées. S'il a dans son inspection plusieurs arrondissemens , il y fera successivement les mêmes opérations avec les sous-inspecteurs y existans , et en dressera des procès-verbaux et états conformes aux modèles déjà énoncés à cet égard sous le n°. 8, signés de lui , du sous-inspecteur et du garde général du cantonnement.

V. Il aura soin que la réserve soit bien espacée ; il portera dans les procès-verbaux le nombre exact et les essences des arbres qu'il aura balivés et martelés , et ne se permettra , sous aucun prétexte, d'en marquer au-delà du nombre qu'il aura indiqué dans ce procès-verbal.

Il dressera , de concert avec le préposé de la régie du domaine , le cahier des charges des ventes; et se donnera les soins nécessaires pour que la fixation des jours de vente soit la plus favorable au commerce.

Assistance aux ventes. VI. L'inspecteur ou le sous-inspecteur sera toujours présent aux ventes , afin de concourir à prévenir toute association tendant à obtenir les bois à vil prix, et de réclamer contre l'ouverture des enchères , tant que les offres n'égale-

Diction. Forestier. Part. I.   Q

ront pas ou ne se rapprocheront pas des mises à prix résultantes des estimations.

VII. Il s'opposera à la réception d'enchères de la part de gens inconnus, à moins qu'ils ne se recommandent de cautions solvables, présentes à la vente. Il dressera, des ventes de son inspection, un état conforme au modèle n°. 9.

Menus marchés. VIII. Il provoquera devant les maires et adjoints des communes, la vente des arbres de délit et des chablis abattus qu'il trouvera marqués dans les bois, ou qu'il aura marqué lui-même de son marteau, si l'estimation qu'il en aura faite n'excède pas deux cents francs. Il enverra au conservateur un état de ces menus marchés, contenant le nombre des chablis, leur escence, le montant de l'estimation et celui de la vente. Cet état sera conforme au modèle n°. 16.

Ouverture des ventes. IX. Il ne laissera commencer les exploitations que lorsque l'adjudicataire aura satisfait aux conditions préalables portées au cahier des charges ; et pendant que dureront ces exploitations, il veillera à ce qu'elles soient faites dans les bois ordinaires à tire et aire à fleur de terre et nette de chicots et broutilles ; et dans les bois résineux, en suivant l'usage des lieux, et sans dommage.

Il veillera aussi à ce que les chemins ouverts pour la vente, soient le moins nuisibles possible ; qu'ils restent libres pour la vidange du bois, et soient les seuls dont on puisse faire usage. Il s'assurera si les bois qui en sortent ont la marque du marteau de l'adjudicataire. Il enverra au conservateur, en messidor, un procès-verbal indicatif des cantons où il peut être fait, sans inconvénient, des adjudications de glandées et de la quantité de porcs à admettre en paisson.

Adjudicataires en retard d'exploiter. X. Si les coupes ne sont pas consommées au tems porté au cahier des charges, il en dressera procès-verbal. Il saisira le bois encore sur pied, et celui qui, étant abattu, ne se trouverait pas encore enlevé ; il en poursuivra la confiscation. Si les coupes sont entièrement usées, il en fera le récolement, conjointement avec le sous-inspecteur, dans le tems prescrit par loi.

Citation des délinquans. XI. Il se fera remettre exactement les procès-verbaux de délits, citera au nom de l'administration, et sans délai, les délinquans devant le tribunal d'arrondissement, fournira au commissaire du gouvernement les mémoires nécessaires pour obtenir de prompts jugemens, demandera, à cet effet, au président du tribunal, d'assigner un jour par décade pour le jugement de ce genre d'affaires.

Assistance aux audiences. XII. Il assistera, autant que possible, au jour indiqué, à l'audience du tribunal ; et s'il croit utile d'éclaircir quelques doutes, ou de rappeler quelques dispositions des lois forestières, il demandera d'être entendu.

Exécution des jugemens. XIII. Il pressera l'expédition des jugemens après le quatrième jour de leur date, s'il n'en a pas été appelé, et invitera, en cas de retard, le commissaire du gouvernement à la presser lui-même, et à faire signifier le jugement. Il mettra ensuite tous ses soins pour que, sur l'acte de signification de ce jugement, le préposé de la régie en poursuive dili-

gemment l'exécution; et s'il est besoin d'user du ministère d'huissier, il s'entendra avec ce préposé pour employer l'huissier le plus
voisin, et éviter ainsi des frais onéreux à la république.

Frais de poursuites et recouvremens des condamnations. XIV. Il
s'assurera ensuite du montant de ces frais, et du recouvrement
des amendes; il fournira chaque mois au conservateur un état
déjà énoncé, conforme au modèle n°. 12. il se fera fournir un
semblable état par le sous inspecteur de son arrondissement, dont
il transmettra ausssi un double au conservateur; il demandera
au sous-inspecteur les mêmes comptes qu'il aura à rendre lui-
même au conservateur, en exécution de ces instructions, et
comprendra dans l'état les procès-verbaux rapportés tant par lui et
par eux, que par les gardes généraux et particuliers.

Revue des gardes. XV. Il fera, lors de ses tournées, même
revue des gardes particuliers que le conservateur, et se fera
rendre compte de l'utilité dont ils auront pu être à la gendarmerie pour l'arrestation des malfaiteurs.

Double du livre-journal. XVI. Il se fera remettre chaque mois,
par le sous-inspecteur ou le garde général servant immédiatement
sous lui, un double du registre-journal de cet agent.

XVII. Tous les moyens d'amélioration rappelés dans le para-
graphe premier, doivent être vérifiés et médités par l'inspecteur,
afin de se mettre à même de fournir au conservateur tous les
éclaircissemens dont celui-ci aura besoin pour répondre aux
demandes de l'administration.

§. I I I.

Du Sous-inspecteur.

Livre-journal. Art. I. Il fera coter et paraplier son registre
ou livre-journal par le conservateur, s'il ressortit immédiatement à lui, ou par l'inspecteur qu'il aura pour supérieur immédiat.
Il inscrira dans ce registre son travail de chaque jour, et les
rapports que lui auront faits les gardes généraux ou particuliers.

Tournées. II. Il fera deux tournées générales, l'une en brumaire,
l'autre en prairial, dans les arrondissemens qui comprendront
la totalité d'une inspection ou d'un département; il en fera quatre
dans les inspections divisées en plusieurs sous-inspections :
elles auront lieu en brumaire, nivôse, germinal et fructidor. Il
dressera procès-verbal de ces tournées, et le fera signer par les
gardes généraux, à son passage dans leurs cantonnemens respectifs.

III. Il se fera représenter les registres des gardes généraux et
particuliers; il s'assurera par un examen fait avec soin, s'ils
ont rempli leurs obligations tant pour la tenue des bois que contre
les délinquans.

IV. Il assistera le conservateur dans sa tournée, et lui fournira
tous les renseignemens par lesquels il pourra concourir à la
rendre utile: il assistera aussi à celles de l'inspecteur qui au-

ront pour but des opérations conjointes ; il lui donnera d'ailleurs tous les renseignemens qu'il desirera de lui.

Etats à dresser. V. Il dressera, par trimestre, l'état des gardes généraux et particuliers qui lui sont subordonnés, il certifiera de leur service et de leur assiduité à leur poste ; il transmettra un double de cet état à l'inspecteur, qui le visera, et le fera passer au conservateur.

VI. Il dressera aussi, des rétributions dues aux arpenteurs, un état conforme au modèle ci-annexé, n°. 17. Il en enverra pareillement un double à l'inspecteur, pour être par lui transmis au conservateur, qui y apposera le *visa* nécessaire pour le paiement.

VII. Les fonctions et obligations du sous-inspecteur étant de même nature que celles de l'inspecteur, les instructions concernant celui-ci sont communes à l'autre.

MODÈLE No. Ier.

CONSERVATION
d }

ÉTAT, par Conservation, des Forêts de la République.

DÉPARTEMENS.	ARRONDISSEMENS forestiers.	DÉNOMINATION des forêts nationales.	ORIGINE de forêts.	LEUR ÉTENDUE EN HECTARES.			ESSENCE dominante.	AMÉNAGEMENT.	LEUR SITUATION.		TITRES de propriété.	USAGES et affectations auxquels les forêts sont soumises.	TITRES de ces usages ou affectations.	INSTANCES qui peuvent exister à l'égard des bois.	OBSERVATIONS.
				Ci-devant domaine.	Ci-devant clergé.	Émigrés ou ci-devant possédés par les princes étrangers.			Arrondissemens communaux.	Communes.					

MODÉLE No. Ier. (bis).

CONSERVATION
d

ÉTAT, par Conservation, des Bois communaux.

DÉPARTEMENS.	ARRONDISSEMENS forestiers.	DÉNOMINATION des bois.	LEUR ÉTENDUE en hectares.	ESSENCE dominante.	AMÉNAGEMENT.	LEUR SITUATION.		TITRES de propriété.	USAGES et affectations auxquels les bois sont soumis.	TITRES de ces usages ou affectations.	INSTANCES.	OBSERVATIONS.
						Arrondissem. communaux.	Communes.					

MODÈLE Nº. II.

LIVRE-JOURNAL du Conservateur d

Année.	Mois.	Jour.	BREF-EXTRAIT des lettres, instruct. et informations reçues, écrites ou données.	NOTES relatives aux tournées générales et particulières dans les bois, aux opérations de balivage, adjudica-tions, exploitations et récolemens.	ANALYSE des procès-verbaux de délits, des poursuites contre les délinquans, des jugemens rendus et de leur exécution.	OBSERVATIONS sur l'état des bois, et projets d'amélioration.

MODÈLE No. III.

CONSERVATION
d

Arrondissement forestier
d

Bois ou forêt.
d

Nº. de la coupe ou
de l'aménagement.

ORDINAIRE AN

ASSIETTE.

LE   du mois de   an
Nous
nous nous sommes transporté dans l
de   triage de   à l'effet d'y
procéder au choix et marque de l'arbre d'assiette devant servir de point de départ pour
l'arpentage de la coupe   ordinaire d
pour l'an   et nous avons reconnu que
l'arbre d'assiette qu'il convenait de choisir,
était
Nous avons, en conséquence, marqué ledit
    ci-dessus désigné, de notre mar-
teau   à un mètre de terre, en
présence des citoyens
qui l'ont aussi marqué de leur marteau particulier, à   de terre : de tout
quoi nous avons dressé le présent procès-
verbal, que lesdits citoyens
ont signé avec nous.

MODÈLE No. IV.

CONSERVATION
d

ÉTAT *des ventes de bois nationaux à asseoir*
pour l'ordinaire de l'an

Départemens.	Arrondissemens forestiers.	Dénomination des forêts.	Triage.	NUMÉRO ou Nom de la vente.	LEUR CONTENANCE.			Leur essence.	Aménagemens.	OBSERVATIONS.
					Hectares.	Ares.	Centiares.			

MODÈLE N°. V.

ARPENTAGE.

CONSERVATION

d

Arrondissement forestier

d

Bois ou forêt

d

N°. de la coupe ou de l'aménagement.

Le   du mois de   an   je   soussigné arpenteur-géomètre attaché à l'arrondissement forestier de   en exécution de l'ordre du Cit. conservateur à la résidence de   me suis transporté dans l   de   triage de   à l'effet d'y procéder au mesurage de la coupe de l'ordinaire de l'an   et assisté du cit.   garde général de   et du cit.   garde particulier dudit triage, j'ai reconnu, en leur présence, l'arbre d'assiette de ladite coupe, qui, ainsi qu'il est désigné au procès-verbal d'assiette du   est un   de   centimètres de pourtour.

En partant dudit arbre d'assiette, j'ai arpenté et mesuré la quantité de   hectares,   ares,   centiares, lesquels forment entre eux   angles; savoir:

Le premier, au point de départ de l'arbre d'assiette, un angle de

Le second, en allant vers le (*ici l'aire de vent*) de la coupe, un angle de

Le troisième, en allant vers le (*ici l'aire de vent*) de la coupe, un angle de

Le quatrième, de

Le cinquième, de

A tous lesquels angles se trouvent placés des pieds corniers pour limiter ladite coupe; savoir:

Au premier (*point de l'assiette*) l'arbre qui en a servi, et qui est (*point fixe*), ou emprunté de

Au second angle, un (*espèce*) de (*pourtour*), qui est (*idem*);

Au troisième angle, un (*idem*) de (*idem*), qui est (*idem*);

Au quatrième, de

Tous lesquels pieds corniers, marqués de mon marteau sur les faces et dans la direction des lignes qui forment lesdits angles, sont au nombre de   La longueur précise desdites lignes est, savoir, la ligne *A*, de mètres; la ligne *B*, de   mètres.

J'ai marqué sur la ligne (   )   parois, qui sont (*espèce et pourtour*); sur la ligne (   )   parois, qui sont (*espèce et pourtour*).

Le tout en présence des cit.   garde général et particulier, qui ont aussi marqué à   de terre, en ma présence, lesdits pieds corniers et parois, de leur marteau, et se sont chargés de leur conservation. En foi de quoi j'ai rédigé le présent procès verbal, que lesdits citoyens ont signé avec moi.

PLAN GÉOMÉTRIQUE.

CONSERVATION
d

Arrondissement forestier
d

Bois ou forêt
d

Nᵒ. de la coupe ou de l'aménagement.

Jɛ soussigné, arpenteur-géomètre attaché à l'arrondissement forestier de
certifie le plan ci-dessus exact et conforme au plan parterre de la coupe nᵒ.   d
de   triage de   destiné à l'ordinaire an

A   ce   an

MODÈLE Nᵒ. V (bis).

CONSERVATION
d

Arrondissement forestier
d

Bois ou forêt.
d

Nᵒ. de la coupe ou de l'aménagement.

REARPENTAGE.

Lᴇ   du mois de   an   je soussigné, arpenteur-géomètre attaché à l'arrondissement forestier d   en exécution de l'ordre du cit.   (*conservateur ou inspecteur*) des forêts, me suis transporté dans l   de   triage de   coupe nᵒ.   ordinaire de l'an   à l'effet de procéder, en présence du cit.   adjudicataire de ladite coupe, ou lui dûment appelé, au réarpentage de   hectares   ares   centiares. Parvenu sur ladite coupe, où se sont trouvés (*exprimer la présence ou l'absence de l'adjudicataire, et du garde général ou particulier*).

J'ai reconnu, en la présence des ci-dessus

dénommés (*si l'arpenteur retrouve sur pied et identiquement les arbres d'assiette, pieds corniers et parois indiqués au procès-verbal d'arpentage*), la quantité et identité des arbres d'assiette, pieds corniers et parois énoncés au procès-verbal d'arpentage du

(*S'il manque ou l'arbre d'assiette, ou quelque pied cornier ou paroi*) que des arbres d'assiette, pieds corniers et parois énoncés au procès-verbal d'arpentage, il n'existe sur pied et identiquement que (*exprimer ce qui existe*), et que le surplus a été, ou coupé, ou brisé par les vents (*exprimer ce qui manque*);

J'ai vérifié l'ouverture des angles indiqués au procès-verbal d'arpentage, et reconnu que ladite coupe formait   angles; savoir:

Le premier, au point de l'assiette, un angle de

Le second, en allant vers (*aire de vent*) de la coupe, un angle de

Le troisième, de

Le quatrième, de

J'ai vérifié pareillement la longueur des lignes cotées au plan d'arpentage, et reconnu (*exprimer leur similitude ou différence*).

D'après toutes lesquelles vérifications et mesures, je certifie que ladite coupe contient la quantité de   hectares   ares centiares, et   arbres, comme il est mentionné ci-dessus.

En foi de quoi j'ai rédigé le présent procès-verbal, en présence desdits cit.   adjudicataire, et   gardes général et particulier, qui ont signé avec moi.

MODÈLE N°. VI.

ORDINAIRE AN

RECOLEMENT.

<table>
<tr><td>CONSERVATION
d</td><td></td></tr>
</table>

CONSERVATION
d

Arrondissement forestier
d

Bois ou forêt.
d

N°. de la coupe ou de l'aménagement.

Le   du mois de   an   Nous soussigné

nous nous sommes transporté sur la coupe de   triage de   adjugée pour l   ordinaire de l'an   au cit.

à l'effet de procéder au récolement de cette coupe, en présence de l'adjudicataire, ou lui dûment appelé par acte en date du

Le cit.   adjudicataire présent, nous avons procédé à la visite des arbres d'assiette,

pieds corniers et parois servant de limites à
la coupe usée; nous avons parcouru et examiné l'intérieur de cette coupe, pour nous
assurer de sa bonne ou mauvaise exploitation,
ainsi que de sa vidange; et procédé à la reconnaissance et compte des baliveaux y réservés, et reconnu;
1°.

MODÈLE N°. VI (bis).

CONSERVATION
d

*État des sur-mesures ou moins
de mesures des coupes de
l'ordinaire de l'an*

ARRONDISSEMENS forestiers.	NOMS des forêts.	NUMERO de la coupe.	Son étendue.	NOM de l'adjudicataire.	MONTANT de l'adjudication.	Sur-Mesures.	MOINS de mesures.	OBSERVATIONS.

MODÈLE No. VII.

ÉTAT concernant les vides des Bois.

CONSERVATION d

OBSERVATIONS.	
PRIX MOYEN DES BOIS dans les communes environnantes.	
DÉPENSE du repeuplement.	
ESSENCES propres au repeuplement.	
MODE DE REPEUPLEMENT. { Couchage.	
Plantations.	
Semis.	
NATURE du sol.	
ÉTENDUE des vides.	
DÉNOMINATION { du TRIAGE.	
de LA FORÊT.	
ARRONDISSEMENS forestiers.	
DÉPARTEMENS.	

MODÈLE No. VIII.

CONSERVATION

d

Arrondissement forestier

d

Bois ou forêt

d

N°. de la coupe ou de l'aménagement.

MARTELAGE ET BALIVAGE.

LE   du mois de   an   Nous soussigné nous nous sommes transporté dans l   de   triage de   où, par procès-verbal du cit.   arpenteur, a été mesurée et arpentée la coupe d   pour l'ordinaire de l'an

Vu ledit procès-verbal d'arpentage et le plan y annexé, nous avons reconnu que ladite coupe est déclarée contenir   hectares   ares   centiares, et être limitée par   pieds corniers, y compris l'arbre d'assiette et   parois. Nous avons procédé à la visite desdits arbres d'assiette, pieds corniers et parois, et nous en avons reconnu l'identité avec ceux mentionnés audit procès-verbal du

En conséquence, nous avons marqué du marteau national   lesdits   pieds corniers et   parois, pour servir de bornes et limites invariables à ladite coupe.

Procédant ensuite au choix des baliveaux qui nous ont paru les plus sains et les mieux venans, nous avons marqué dudit marteau   à un mètre de terre.

De tout quoi nous avons dressé procès-verbal, que lesdits citoyens ont signé avec nous.

OBSERVATIONS.	
Leur âge.	
ARBRES d'espérance p. la marine.	
NOMBRE des baliveaux réservés.	
EXTRAIT du MARTELAGE des pieds corn. et parois.	
LEUR CONTENANCE { Centiares.	
Ares.	
Hectares.	
NUMÉROS ou Noms des coupes.	
NOMS des forêts.	
ARRONDISSEMENS forestiers.	
DÉPARTEMENS.	

MODÈLE

*ÉTAT général des ventes des ...
l'étend...*

DÉPARTEMENS.	ARRONDISSEMENS forestiers.	DATES des adjudications.	DÉNOMINATION des forêts.	Leur origine.	Triages	NATURE des coupes.	Leur aménagement.	CONTENA... DES COUPE...	
								Hectares.	Ares.

MODÈLE

ÉTAT du Produit des divers objets re...

DÉPARTEMENS.	ARRONDISSEMENS forestiers.	MONTANT des baux ou adjudications de				MONTANT des redevances pour		ÉVALUATION des droits d'usage appartenant à la nation.	DÉNOMINAT... des bois afferm... affectés ou chargés ... ou redevances ci-c... et leur situati...
		pâturages.	panages.	glandées.	bois affermés ou affectés aux usines.	scieries.	autres usines.		Forêts.

N°

I X.

ois nationaux faites pour l'an   dans
nservation d

NTITÉ VENDUE		NOMS ET DEMEURES			ESTIMATION	MONTANT		TOTAL.	OBSERVATIONS.
de		des			des Coupes.	des Ventes.			
Chablis.	Arbres épars.	Adjudicataires.	Cautions.	Certificateurs.		Principal.	Décime pour franc.		

X.

bois, pendant l'exercice de l'an

| X lles Hais ation nge és ires. | MONTANT des sur-mesures constaté lors des récolemens. | TOTAL GÉNÉRAL des divers objets relatifs aux bois détaillés dans cet état. | MONTANT des moins de mesure à déduire. | RESTE. | NOMS DES ADJUDICATAIRES, et désignation des coupes que concernent le prix des feuilles, le montant des sur-mesures et moins de mesure. | | OBSERVATIONS. |
| | | | | | Adjudicataires | Coupes. | |

on. Forestier. Part. I.   R

MODELE. No. XI.

CONSERVATION
d

PROCÈS-VERBAL à l'effet d'obtenir acquit et décharge d'exploitation.

Vu par nous (*conservateur, inspecteur ou sous-inspecteur*) à la résidence d   le procès-verbal de réarpentage de la coupe n°.
de   duquel il résulte que ladite coupe contient la quantité de   hectares
ares   centiares

Vu pareillement le procès-verbal de récolement de ladite coupe, en date du
duquel il résulte que ladite coupe a été bien exploitée, que la vidange en est parfaite, et que les réserves des arbres d'assiette,
pieds corniers,   parois et
baliveaux y ont été respectés, (*ou bien*) que le cit.   adjudicataire de ladite coupe, a été condamné, par jugement du tribunal de première instance de   en date du
en   pour réparation des délits constatés dans son exploitation de ladite coupe, et qu'il a satisfait au paiement des condamnations :

Estimons qu'il doit être accordé acquit et décharge d'exploitation au cit.   adjudicataire de la coupe n°.   de
triage de   .pour l'ordinaire an
et à ce que ledit acquit et décharge soit notifié au cit.   garde particulier de   lequel demeure prévenu que ladite coupe rentrera entièrement et expressément sous sa garde.

A   ce   an

MODÈLE No. XII.

CONSERVATION
d

ÉTAT des Procès-verbaux de délits forestiers, des poursuites et jugemens auxquels ils ont donné lieu, et des recouvremens sur le montant des condamnations.

DÉPARTEMENS.	ARRONDISSEMENS forestiers.	DATE des procès-verbaux.	NOM DU GARDE qui les a rapportés.	NATURE du délit.	NOM et demeure du délinquant.	DATE et prononcé des jugemens.	DILIGENCES faites.	PRODUIT des condamnations.	RESTANS à recouvrer.	Observations.

MODÈLE No. XIII.

CONSERVATION *ÉTAT des Vacations dues par les communes, hospices et autres établissemens publics,*
d *pour raison des délivrances en nature des coupes ordinaires des bois à eux appartenant.*

DÉPARTEMENS.	ARRONDISSEMENS forestiers.	DÉNOMINATION des bois.	NOM de la commune ou établissem.	TRIAGE de la coupe.	SON ÉTENDUE.			MONTANT des vacations, d'après les lois des		DÉNOMINATION du bureau du domaine national où la coupe est située.	DATE du paiem. des vacations entre les mains du preposé de ce bureau.	OBSERVATIONS.
					hectares.	ares.	centiares.	15 août 1792.	29 floréal an 3.			

CONSERVATION
d
TRAITEMENT
des
Agens forestiers supér.

TRIMESTRE de

MODÈLE No. XIV.

ÉTAT du traitement des Inspecteurs, Sous-Inspecteurs et Gardes généraux forestiers, et des paiémens à eux faits pour le trimestre de

DÉPARTEMENS.	ARRONDISSEMENS forestiers.	NOMS des préposés.	LEUR GRADE.	MONTANT de leur traitement.		TEMS du service.		MONTANT du traitement à raison du tems de service.	RETENUE de 1 p. cent pour la caisse des pensions.	PAIEMENS effectifs.	TOTAL de la retenue et des paiemens effectifs.	OBSERVATIONS.
				par an.	par trimestre.	Mois.	Jours.					

MODELE N⁰. XIV (bis).

CONSERVATION
d

TRAITEMENT
des Gardes particuliers.

TRIMESTRE de

ÉTAT du traitement des Gardes particuliers forestiers, et des paìemens à eux faits pour le trimestre de

DÉPARTEMENS.	ARRONDISSEMENS.	NOMS des gardes particuliers.	MONTANT de leur traitement.		TEMS du service.		MONTANT du traitement à raison du tems de service.	RETENUE de 1 p. cent pour la caisse des pensions.	PAIEMENS effectifs.	TOTAL de la retenue et des paiemens effectifs.	OBSERVATIONS.
			par an.	par trimestre.	Mois.	Jours.					

CONSERVATION
d

MODELE N°. XV.

*Éт**a**т des ports de lettres ou paquets reçus par le (Conservateur, Inspecteur ou Sous-Inspecteur) de*

RÉCEPTION des lettres et paquets.			LIEU du départ des lettres et paquets.	LEUR OBJET succinct.	NOM de celui qui les envoie.	TAXE des ports des lettres et paquets.	OBSERVATIONS.
Année.	Mois.	Jours.					

MODELE N°. XVI.

ÉTAT des menus Marchés.

CONSERVATION d

DÉPARTEMENS.	ARRONDISSEMENS forestiers.	DÉNOMINATION des forêts.	NOMS des triages.	BOIS de délits ou volés.	Leur âge.	PRIX de l'estimation.	MONTANT des adjudications.		TOTAL.	NOMS des		OBSERVATIONS.
							Principal.	Décimes pour franc.		Adjudicataires.	Cautions et certificateurs	

MÓDELE No. XVII.

ÉTAT des rétributions dues aux Arpenteurs forestiers.

CONSERVATION
d

DEPARTEMENS.	INSPECTIONS ou SOUS-INSPECTIONS.	DÉNOMINATION des FORÊTS.	TRIAGES.	COUPES.	ÉTENDUE des COUPES.	MONTANT des RÉTRIBUTIONS.	OBSERVATIONS.

CONTRAINTE PAR CORPS. (*Voyez* EMPRISON-
NEMENT).

CONTRAVENTION. Les conservateurs sont spécialement chargés de la poursuite des contraventions
aux lois forestières. (*Loi du 29 septembre 1791, tit. 9,
art. 6*). Ils sont responsables de celles qu'ils auraient
commises eux-mêmes, ou des négligences et malversations des inspecteurs qu'ils n'auraient pas constatées.
(Ibid. *tit. 14, art. 5*).

CONTRIBUTION. Une loi du 19 ventôse an 9 a
déclaré que les forêts et bois nationaux ne paieraient
pas de contribution, et n'y seraient assujétis que lorsqu'ils rentreraient dans les mains particulières par la
voie de fermage, de vente ou levée de séquestre.

C'est par la vente annuelle d'une portion suffisante
des bois d'usage qu'il est pourvu à l'acquit de la contribution foncière dont les *bois communaux* sont chargés. (*Loi du 11 frimaire an 7, art. 5*). *Voyez* COUPE
DE BOIS.

CONVENANT. (*Voyez* DOMAINES CONGÉABLES).

CONVERSION DES MESURES. (*Voyez* ARE,
MESURES, MÈTRE, STÈRE).

COPEAU. On nomme *copeaux* ou *coupeaux* les
portions de bois retranchées des grosses pièces que
l'on a abattues et façonnées. Dans certaines forêts on
les abandonne aux ouvriers, qui en font leur profit,
ce qui est sujet à beaucoup d'abus; dans d'autres, on
leur en permet l'usage seulement pour brûler dans leurs
loges ; mais les marchands qui exploitent du charbon
réservent les gros copeaux pour mettre au centre de
leurs fourneaux, ou les vendent par tas aux habitans
des communes voisines.

On appelle aussi *copeaux* les feuilles très-minces
dans lesquelles se débite sur-tout le bois de hêtre, pour
l'usage des gaîniers, et que les miroitiers emploient
aussi pour garantir les glaces.

COQUE DE LEVANT. C'est un petit fruit sphérique, des Indes orientales, qui enivre tellement les poissons, qu'ils paraissent morts à la surface des eaux. L'art. 14 du tit. 31 de l'ordonnance de 1669 défend d'en jeter dans les rivières, sous peine de punition corporelle.

CORDE. (*Voyez* Stère).

CORMIER. (*Voyez* Sorbier).

CORNOUILLER. Le cornouiller ou cornier, *cornus* (tétrandrie monogynie de Linné), a un calice très-petit, supérieur, caduc, à quatre dents; une corolle divisée jusqu'à sa base en quatre segmens lancéolés, pointus, ouverts; les filets des quatre étamines plus longs que la corolle; un ovaire inférieur, arrondi, surmonté d'un style de la longueur de la corolle; et pour fruit une baie arrondie ou ovoïde, ombiliquée, renfermant, dans un noyau osseux, deux amandes oblongues.

On trouve dans les bois et dans les haies deux espèces de cornouiller, mal-à-propos désignées sous les noms de mâle et femelle, puisque chacune possède les deux sexes. La première, le cornouiller des bois (*cornus sylvestris* ou *cornus mas*, Linné) est un arbrisseau de 3 ou 4 mètres de hauteur, rameux, dont les feuilles sont portées sur de courts pétioles, et dont les ombelles ont chacune une collerette de quatre folioles ovales, pointues et aussi longues que les rayons : ses fruits sont rouges dans leur maturité. La seconde espèce, le cornouiller sanguin (*cornus sanguinea*, L.) s'élève un peu moins que la précédente; ses rameaux deviennent souvent d'un rouge vif pendant l'hiver; ses feuilles ont de plus longs pétioles; ses fleurs forment des ombelles assez grandes, sans collerette, et dont les rayons sont rameux; les fruits sont noirâtres dans leur maturité.

Les cornouillers s'accommodent en général de toutes

sortes de terrains ; ils souffrent l'ombre des autres arbres : la seconde espèce trace beaucoup. On les multiplie par leurs fruits et par marcottes ou drageons. Les noyaux doivent être semés en automne, aussitôt que les fruits sont mûrs ; si l'on diffère, ils sont quelquefois un an et même deux sans lever ; mais ceux qu'on a semés en automne lèvent ordinairément au printems suivant. On arrose le jeune plant quand le tems est sec, on sarcle avec soin, et l'on transplante les jeunes arbres de la pépinière pendant l'automne de la même année. Deux ans après on les met en place.

Les rejetons que les cornouillers produisent, surtout quand ils se trouvent dans un sol humide et léger, fournisent le moyen d'en détacher des marcottes en automne pour les mettre en pépinière, et les y laisser une ou deux années.

Les boutures produisent difficilement d'aussi bonnes racines que les marcottes, et elles sont plus sujettes à donner des rejetons qui remplissent bientôt tout le terrain où ils se trouvent, ce qui devient fort incommode.

Les cornouillers tondus avec le croissant ou le ciseau produisent beaucoup de branches. Comme ils ne deviennent pas de grands arbres, leur bois, quoique fort dur, est de peu d'usage ; on en fait cependant des pilons, des maillets, des échelons, des peignes de tisserand, des cages, des brochettes qui ne tachent pas la viande, etc. Les fruits du cornouiller sanguin donnent leur quart pesant de bonne huile à brûler, qui peut entrer dans la composition du savon, et qu'on peut épurer et blanchir en la battant avec de l'eau.

COROLLE. L'enveloppe, ordinairement colorée, qui est destinée à protéger les organes sexuels, s'appelle corolle. Quand cette enveloppe est composée d'une seule pièce, elle se nomme *monopétale*, et lorsqu'il y en a plusieurs, *polypétale*. La corolle est supportée par le *calice*. (*Voyez* ce mot).

CORPS. On nomme corps d'un arbre la partie appelée tronc.

CORPS LIGNEUX. Le corps ligneux une fois formé, soit à la tige, soit aux branches, ne prend plus d'extension ni en longueur ni en grosseur. L'*accroissement* des arbres se fait de la manière indiquée sous ce mot.

CORRESPONDANCE. Le sous-inspecteur correspond avec l'inspecteur ou avec le conservateur, lorsque celui-ci est son supérieur immédiat, l'inspecteur avec le conservateur, et le conservateur avec l'administration générale. Ils ont à leurs frais un registre ou livre-journal, et un sommier de correspondance.

L'art. 49 du § 1 de la section 2 de l'instruction du 7 prairial an 9 indique les états à dresser par les agens forestiers pour le remboursement des frais de port de lettres et paquets. (*Voyez* CONSERVATION DES FORÊTS).

CORRETTIER. (*Voyez* SORBIER).

CORYMBE. Disposition de fleurs ou de fruits, telle que les rameaux ou pédoncules qui les portent, naissant de points différens, s'élèvent à-peu-près à la même hauteur, comme les fleurs du sorbier.

COSTUME. (*Voyez* UNIFORME).

COTE. (*Voyez* COLLINE).

COTRET. C'est le nom que l'on donne à une sorte de petits fagots, de 65 centimètres de longueur sur 48 centimètres de grosseur. (*Voyez* sous le mot ADMINISTRATION FORESTIÈRE, l'art. 15 du tit. 27 de l'ordonnance de 1669).

COTYLÉDON. On appelle ainsi les lobes séminaux, dont la présence, l'absence ou le nombre établissent trois grandes divisions parmi les plantes. Les unes sont *acotylédones*, c'est-à-dire que l'embryon est dénué de lobes ; les autres, *monocotylédones*, où l'embryon n'a qu'un lobe ; et le plus grand nombre, *dico-tylédones*, chez lesquelles l'embryon est muni de deux lobes.

Dans les plantes acotylédones ou cryptogames, les organes sexuels sont peu apparens et difficiles à découvrir. Les monocotylédones, tels que les palmiers, ont la tige formée d'un assemblage de grosses fibres, lisses, flexibles et légèrement comprimées, que l'on peut séparer facilement dans les jeunes troncs ou dans ceux qui commencent à tomber en putréfaction. La plupart de ces fibres ont une direction parallèle à l'axe de la tige, et se prolongent, sans interruption, depuis sa base jusqu'à son sommet ; les autres se portent obliquement, et font des angles plus ou moins aigus avec les premières. En coupant transversalement un tronçon de tige , on n'y aperçoit ni couches concentriques, ni canal , ni productions médullaires : les fibres ligneuses, placées irrégulièrement les unes à côté des autres, sont enveloppées par la moelle, qui remplit tous les intervalles ; elles se rapprochent sensiblement, diminuent de diamètre, et deviennent plus compactes en allant du centre vers la circonférence, de sorte que la tige a plus de solidité et de force auprès de la surface que dans l'intérieur, en sens contraire des arbres *dicotylédones* , dont la tige est composée de couches concentriques, emboîtées les unes dans les autres, dont les plus internes sont constamment les plus dures, et où la moelle, renfermée dans un conduit longitudinal, formé par la plus ancienne des couches ligneuses, jette des ramifications transversales, dont plusieurs se prolongent jusqu'à l'écorce.

COUCHE. On appelle couche, dans une membrure, la pièce de bois qui sert à unir les deux montans, et sur laquelle on pose le bois à mesurer.

COUCHES CORTICALES. Ces couches se trouvent sur la partie ligneuse, au-dessous de l'enveloppe cellulaire ; les fibres qui les composent sont parallèles à l'axe de l'arbre. Elles contiennent des vaisseaux lymphatiques et des vaisseaux propres , par lesquels montent et descendent les sucs qui doivent nourrir et entretenir la plante. On appelle *liber* la couche corticale la plus proche de l'aubier. Le tissu cellulaire recouvre les couches corticales, et se trouve entre elles et l'épiderme ; c'est une substance charnue et succulente, assez ordinairement d'un vert terne et foncé, dans laquelle le microscope fait apercevoir des pores multipliés , propres à lubréfier les canaux excrétoires qui viennent s'y rendre.

COUCHES LIGNEUSES. Le *liber* produit, chaque année, dans les arbres une couche ligneuse qui, d'abord blanche et tendre, devient successivement vrai bois, bien formé et dur. Ces couches, disposées en cercles à-peu-près concentriques , restent toujours assez distinctes pour qu'on puisse compter par leur nombre les années de végétation et de croissance de l'arbre. Elles sont composées des *vaisseaux lymphatiques* ou *fibres ligneuses*, des *vaisseaux propres*, des *trachées*, de la *moelle* et des *productions médullaires*. (*Voyez* VAISSEAUX).

COUDRAIE. Lieu planté en coudriers.

COUDRIER. (*Voyez* NOISETIER).

COULEUR. La couleur du bois peut faire juger de sa bonne ou de sa mauvaise qualité. Le jaune-clair, une teinte de rose , des couleurs uniformes, et qui deviennent plus foncées à mesure qu'elles approchent du centre, indiquent des arbres bien conditionnés ; si la différence n'est pas sensible , et si la nuance reste la même, la qualité du bois est parfaite. Des changemens subits de couleur, des veines blanchâtres, vergetées , nommées aussi *blanc de chapon*, sont des indices de pourriture. Lorsque les veines sont rousses, et semblent plus humides que le reste du bois, vergeté de cette teinte, l'arbre est sur le retour, et menace ruine.

COUPE. On nomme ainsi, en terme de forêts, l'étendue d'un terrain planté d'arbres qu'on se propose d'abattre. La division s'en fait en plantant des bornes, en marquant des arbres sur les lignes et aux angles, et, encore mieux, en pratiquant des ouvertures en droite ligne.

Pour faire cette opération régulièrement, il est nécessaire de lever d'abord le plan géométrique du bois en son entier, et de marquer sur ce plan les lignes de division, en observant de faire les portions plus petites dans les cantons où la qualité du bois est meilleure. Lorsqu'on est décidé sur le nombre de divisions à faire, et sur la manière de les tracer, l'échelle du plan indique les points où il faut planter les bornes, marquer les arbres, ou percer les chemins pour faciliter l'exploitation de chacune des portions.

Pour régler convenablement la coupe des taillis, fixée à dix ans par l'ordonnance de 1669, il ne faut pas perdre de vue que le bois, se nourrissant par les feuilles comme par les racines, plus il a de branches et de feuilles plus il profite ; qu'il faut, en général, dix ans à un taillis pour que ses branches couvrent tout le terrain, et parviennent à se toucher ; qu'alors seulement elles fournissent un ombrage capable d'étouffer les broussailles et les mauvaises herbes, de donner de la fraîcheur au pied, de lui procurer, par la chûte des feuilles, un engrais analogue à la nature du bois, et qu'à cette époque elles gagnent beaucoup plus en hauteur, chaque brin se dressant et s'élaguant de lui-même. Il y a cependant un terme où l'accroissement du bois est beaucoup moins rapide, celui où les branches occupant tout l'espace, et ayant acquis la hauteur et la grosseur ordinaire des bois épais, elles commencent à se détruire.

truire. Ce terme est le véritable point où il faut s'arrêter ; le produit annuel irait alors en décroissant.

Quoique dans un terrain médiocre l'accroissement puisse ainsi avoir lieu jusqu'à trente ans, la fixation des coupes est susceptible d'éprouver des modifications en raison de la facilité et des avantages du débit ou de la nature du bois. Quand l'essence d'une forêt est en bois blanc, et qu'il vient vîte, on peut couper le taillis à l'âge de dix ou douze ans ; mais quand elle est en bois dur, comme le chêne, le charme, le hêtre, il est convenable de régler les coupes à quinze ans. Dans les départemens où les bois ne se consomment qu'en fourneaux et forges, et où l'essence des forêts est en bois blanc, on peut les faire exploiter à l'âge de quinze à dix-huit ans ; mais s'il y a plus de bons bois, il vaut mieux en régler l'âge depuis vingt jusqu'à vingt-cinq ans. Dans les vignobles, où il faut beaucoup d'échalas, les bois peuvent être réglés à l'âge de dix ans. Dans les environs des grandes communes, où la plus grande partie des forêts se consomme en bois de chauffage et de charpente, l'âge du taillis doit, suivant la bonté du sol et l'essence du bois, être porté le plus haut possible : il y a de l'avantage à le couper en demi-futaie et haut taillis ; et dans ce cas, l'âge doit être de vingt-cinq à trente ans.

Quant à l'exploitation des jeunes taillis, les oseraies s'abattent tous les ans ; les saules, les marseaux, les peupliers s'étêtent tous les trois, six ou neuf ans ; les châtaigniers et les bouleaux, dont on fait des cercles, des cerceaux et des échalas, se coupent à six ou sept ans ; les coudriers, les mérisiers, destinés à fournir des baguettes pour les fleuristes, les chandeliers, et des rouleaux pour les échelles et les rateliers, peuvent se couper depuis cinq jusqu'à dix ans ; les épines, blanches ou noires, employées à la cuisson des briques ou de la chaux, se coupent tous les six ans ; les bois blancs, dont on fait les échalas nommés paisseaux, se coupent tous les quatre ans ; et quand les taillis de chêne sont employés à faire du charbon, ils peuvent, dans un bon fonds, être coupés à l'âge de dix ans.

On ne peut déterminer l'époque des coupes pour les bois de haute-futaie qui croissent plus ou moins lentement dans les différens terrains. La plus grande partie des forêts des départemens méridionaux de la France est peuplée en pins, en sapins et en chênes, que l'on emploie à la construction des vaisseaux. L'âge le plus avantageux, relativement à ce débit, est de soixante-dix ou quatre-vingts ans pour les pins et les sapins, et de cent vingt à cent cinquante ans pour les chênes dans un bon fonds.

Le tems de l'ouverture des coupes de taillis n'est pas prescrit par l'ordonnance de 1669, mais on est dans l'usage d'y mettre la cognée après la chûte des feuilles, pour que les fagots n'en restent pas garnis ; on peut cependant couper dès le 20 vendémiaire. Les taillis abattus les premiers repoussent aussi les premiers de la première année, et sur-tout à la première sève, tandis que ceux qu'on coupe seulement au mois de germinal ne repoussent qu'à la seconde sève, et même quelquefois à l'année suivante.

Au jour fixé l'adjudicataire, muni d'une expédition du procès-verbal d'adjudication, la présente au garde du canton, et lui ou son garde-vente prescrivent aux bûcherons par eux amenés l'ordre de leurs travaux, et en arrêtent le prix à raison de la nature des arbres à abattre, s'il n'y a pas déjà eu de conventions entre eux.

Aux termes de l'art. 40 du tit. 15 de l'ordonnance de 1669, l'abattage des arbres doit être terminé au 15 avril (25 germinal) ; mais il semblerait convenable qu'il le fût plutôt, afin de ne pas nuire aux repousses, qui en éprouvent un retard et un préjudice considérables.

D'après la méthode usitée pour la coupe des bois, l'âge en est le seul régulateur, et elles ont lieu uniformément pour tous les sols, à toutes les expositions, sous toutes les latitudes ; tandis que les causes qui retardent le progrès de la croissance et de la force, sont relatives à la qualité du sol, à la température du climat, et à beaucoup d'autres circonstances purement locales, avec lesquelles les réglemens généraux se trouvent souvent en opposition. Si, au contraire, on suivait, pour régler les coupes, l'ordre que présenteraient les angles décrits par les branches, ainsi qu'on l'a indiqué au mot AGE, on n'abattrait les arbres forestiers qu'à l'époque où leurs branches auraient atteint l'angle de perfection, où ils seraient parvenus au plus grand degré de force, et où le bois aurait acquis toutes les qualités qu'il pourrait tirer du sol.

Comme il ne serait cependant point praticable de jardiner les forêts, on sera obligé de suivre l'ordre des coupes actuelles, jusqu'à ce qu'on ait déterminé de nouveaux aménagemens, qui peuvent, dès-à-présent, s'exécuter par les réserves de baliveaux en bordures, ou de la seizième partie des coupes réglées de taillis, pour les laisser croître en futaies, selon les localités et les convenances. (*Voyez* AMÉNAGEMENT).

La cognée est l'instrument dont on doit se servir pour l'exploitation des coupes, la serpe et la scie étant nuisibles à la repousse du bois. La coupe doit, aux termes de l'art. 42 du tit. 15 de l'ordonnance de 1669, se faire le plus près de terre possible ; et il faut faire en sorte que les arbres ne brisent point dans leur chûte ceux qui sont réservés. L'ouvrier commence par couper les grosses racines qui excèdent le niveau du sol, et continue sa taille jusque dans le cœur de l'arbre, en suivant le même horizon. Quand l'arbre est abattu on recepe la bordure de la souche, après en avoir ôté les feuilles et les mousses, et on appuie la terre avec la tête de la cognée, comme on l'a indiqué, pour les brins de taillis, au mot SOUCHE. Le pied des chênes est déterré à la profondeur de 24 à 36 décimètres ; et quand on les a ainsi abattus, de belles espèces repoussent à quelque distance, sur des racines latérales.

Les agens forestiers ont le droit de faire l'assiette des *coupes ordinaires*, et d'en poursuivre l'adjudication. Lorsqu'il s'agit de coupes *extraordinaires* de *futaies* et de *quarts de réserve*, il faut, d'après les dispositions de l'art. 11 du tit. 12, et celles des art. 7 et suiv. du tit. 7 de la loi du 29 septembre 1791, l'autorisation du gouvernement, qui n'est donnée que sur le vu d'un procès-verbal régulier.

Un arrêté du directoire exécutif, du 8 thermidor an 4 (*B.* 62, N°. 571), contient, sur le même objet, les dispositions suivantes :

Art. 1. Les art. 1 du tit. 15, et 4 du tit. 24 de l'ordonnance des eaux et forêts, de 1669, et les art. 7, 8 et 9 du tit. 7 de la loi du 29 septembre 1791, concernant l'administration forestière, seront exécutés selon leur forme et teneur.

2. En conséquence, nulles coupes de quarts de réserve ou autres bois, autres que les coupes ordinaires, en conformité des procès-verbaux de leurs aménagemens, ne pourront être faites qu'elles n'aient été autorisées par le pouvoir exécutif.

3. Les corps administratifs ne pourront en ordonner ni adjuger aucune, qu'en vertu de cette autorisation, à peine de nullité desdites adjudications, et de tous dommages et intérêts envers ceux qui les ordonneraient et adjugeraient, et même envers les adjudicataires.

4. Lorsqu'une coupe extraordinaire aura été autorisée par le pouvoir exécutif, il sera fait mention expresse de l'autorisation dans les affiches et dans le procès-verbal d'adjudication.

5. Les agens forestiers et les préposés de la régie de l'enregistrement et du domaine national, sont chargés, sous leur responsabilité, de s'opposer à toute coupe extraordinaire qui ne serait pas revêtue de ces formalités, et d'en donner sur-le-champ connaissance au ministre des finances. (*Voyez* l'art. 4 du § 2 de la seconde section de l'instruction du 7 prairial an 9, insérée sous le mot CONSERVATION DES FORÊTS).

Si des travaux publics, exécutés pour le service militaire ou maritime, ou pour d'autres motifs quelsonques, exigeaient, de la part d'une commune, la vente du *quart de réserve* de ses bois, soit en partie, soit en totalité, il faudrait, pour obtenir l'autorisation du gouvernement, faire dresser un procès-verbal, dont voici le modèle :

Procès-verbal de visite préparatoire.

L'an   le   nous   inspecteur   nous étant transporté, sur la demande des habitans de   , accompagné du C maire de cette commune, dans le bois de   à elle appartenant, le C.   nous a représenté que les habitans sont obligés, pour parvenir à acquitter   (ou pour un autre objet d'utilité pu-blique) de solliciter du gouvernement la permission de vendre la superficie du quart de ce bois en *réserve*; qu'ils ne peuvent espérer d'obtenir cette autorisation avant que nous ayons constaté l'état de cette réserve, pourquoi ils nous invitent à en faire la visite et re-connaissance, et à en dresser un procès-verbal, dont les conclu-sions leur soient favorables, s'il y a lieu.

A quoi voulant déférer, nous nous sommes d'abord fait repré-senter le procès-verbal et le plan de réglement des bois de la commune de   , fait par   le   duquel il résulte :

1°. Que la totalité des bois de cette commune est de   hectares et   ares.

2°. Que le quart de réserve est situé

3°. Que les trois autres quarts ont été divisés en vingt-cinq parts égales de la contenance de   chacune, pour être exploitées en assiettes ordinaires.

Nous avons ensuite procédé successivement à la visite de chaque canton, et reconnu :

1°. Que celui de   est peuplé d'un taillis de l'âge de   ; que lors de la dernière exploitation l'on y a réservé la quantité de cinquante baliveaux de l'âge du taillis (trente ans au moins) par hectare, avec quelques modernes et anciens, qui sont présen-tement des futaies d'une belle venue; qu'enfin l'espèce de bois dominante est   déjà en état d'être coupée.

2°. Que le canton de   est peuplé de   etc., etc.

3°. Que celui de   etc., etc.

Nous estimons que si le gouvernement était déterminé, par les raisons qu'exposent les habitans, à leur permettre de vendre le *quart de réserve* dont il s'agit, ce serait le cas d'ordonner qu'il y serait réservé la quantité de cinquante baliveaux de l'âge du taillis, par hectare, et tous les baliveaux modernes en état de croître en futaie, ainsi que tous les anciens qui ne sont pas endommagés;

Nous estimons en outre que chaque hectare de la réserve dont il s'agit, peut, à raison de   (sa distance des forges et des ri-vières navigables ou flottables), valoir en principal la somme de

Et nous avons clos le présent procès-verbal, auquel nous avons apposé notre signature, etc.

S'il y avait dans les futaies de vieux bois dépérissans, l'autorisation de les vendre serait en même tems demandée, et les agens forestiers conclueraient, par leur procès-verbal, à ce que la délivrance en fût également faite aux habitans.

Pour mettre les autorités administratives à portée de donner leur avis motivé sur les demandes de *coupes extraordinaires*, dont l'adoption trop facile, tendrait à absorber une partie des ressources de l'avenir, la régie des domaines a, par une circulaire du 21 prairial an 5, invité les agens forestiers à remettre à ces autorités, avec leurs procès-verbaux contenant l'état des réserves et futaies dont la vente est demandée, des détails sur la nécessité de cette mesure.

La permission donnée par le gouvernement pour ces sortes de ventes doit se rappeler dans le procès-verbal de balivage, dans le cahier des charges, où il ne doit être inséré aucune clause particulière sans autorisation; dans l'affiche, l'adjudication et les autres actes pour lesquels il faut remplir les formalités indiquées, à l'égard des bois nationaux, sous le mot ADJUDICATION.

Le produit de la vente se verse dans la caisse du receveur de l'arrondissement, pour être délivré et employé avec le concours des autorités administratives.

Dans le cas où, à raison de coupes extraordinaires pour la marine ou autres services publics, on aurait marqué plus de bois qu'il n'en aurait été besoin, l'excédant non abattu serait réservé, et le surplus vendu, dans les formes ordinaires, au profit de la république, d'après la déclaration de l'entrepreneur. *Ordonnance de 1669, tit. 21, art. 7.* (*Voyez* aussi, sous le mot ADMINISTRATION FORESTIÈRE, l'art. 5 du même titre, qui prescrit l'usage des branchages et copeaux).

Les agens forestiers ne peuvent, sous aucun prétexte, excéder les coupes dont les limites ont été déterminées par un aménagement en forme ou par l'usage. La régie, qui a rappelé ce principe par une circulaire du premier prairial an 8, a en même tems observé que quand les ventes d'un ordinaire n'avaient pas été entièrement consommées faute d'enchères suffisantes, on ne devait pas, comme le croyaient quelques agens forestiers, les comprendre dans l'ordinaire suivant, et réunir ainsi deux ordinaires, mais que l'une de ces coupes étant, dans ce cas, extraordinaire, elle ne pouvait, sous ce rapport, avoir lieu qu'en vertu d'une autorisation expresse du gouvernement.

La régie a aussi recommandé, par la même circulaire, d'estimer à part les coupes pour concourir à la direction des ventes, et de veiller efficacement à ce qu'elles ne fussent pas délivrées à trop bas prix, et à ce qu'il ne fût inséré dans le cahier des charges aucune clause insolite. Et par une seconde circulaire du 3 du même mois de prairial an 8, elle a prévenu les agens forestiers de ne plus compromettre leur responsabilité en permettant, sans l'autorisation du gouvernement, la vente d'arbres *anciens* et *dépérissant* dans les bois. (*Voyez* ADJUDICATION, ARPENTEUR).

COUPON. (*Voyez* TRAIN).

COURBE. On nomme, dans les forêts, *courbe* ou *courbans*, tous les bois qui ont naturellement une courbure, et qu'on peut employer à faire des cintres, des toits de dôme, des genoux de navires, des liens, des esseliers, des chevrons cintrés, ou autres pièces de bâtimens, moulins ou navires.

COURONNEMENT. On dit qu'un arbre se couronne lorsque l'oblitération des canaux ne permet plus à la sève de se distribuer dans les branches du sommet, qui se dessèchent, et dont les feuilles jaunissent. Cette maladie étant sans remède, il serait plus avantageux d'abattre l'arbre au moment ou il se couronne, que de s'exposer à le perdre en attendant la coupe du triage où il se trouve; et même, si l'arbre en valait la peine

on ferait bien de prévenir son couronnement. (*V.* Décurtation).

COURS D'EAU. Il est défendu d'affaiblir ou d'altérer le cours d'eau des rivières navigables par des
tranchées, saignées ou autrement. (*Voyez*, sous le mot
Administration forestière, l'art. 44 du tit. 27 de
l'ordonnance de 1669).

CRAIE. (*Voyez* Sol).

CROCHETS. Il est défendu, même aux usagers,
de se servir de crochets et autres sortes de ferremens,
pour enlever le bois sec, à peine d'amende et de confiscation. *Proclamation du 3 novembre* 1789.

CROISSANCE. Quand la radicule s'est enfoncée en
terre, qu'elle s'y est étendue, fortifiée, et a jeté d'autres
racines fibreuses, la jeune tige sort de terre avec les
lobes qui font l'office de feuilles séminales : celles-ci se
dessèchent et tombent, lorsque la tige a poussé d'autres
feuilles qui tombent aussi en automne ; alors la tige
reste terminée par un ou plusieurs boutons. Au printems suivant, le bouton de l'extrémité s'ouvre ; il en
sort une tige herbacée, semblable à celle qui était sor-
tie de la semence, et qui pousse et s'alonge de même,
tant que les parties sont tendres et ductiles ; lorsque
ces parties sont devenues ligneuses et dures, leur extension cesse. La pousse de l'année, entièrement herbacée, sur-tout vers son extrémité, n'offre, sous une
écorce très-tendre, qu'un tissu mou et très-abreuvé,
tandis que la pousse de l'année précédente est formée
de l'écorce, d'un cône ligneux et de la moelle.

Il paraît que l'alongement des fibres fait l'accroissement en longueur ; et l'augmentation des couches
ligneuses, qui se forment chaque année entre le bois
et l'écorce, l'accroissement en largeur. Ces couches
peuvent être comparées à des cônes qui se recouvrent
les uns les autres ; le diamètre des arbres augmente
tous les ans de deux épaisseurs de couches. L'accrois-

sement des arbres en hauteur se fesant par l'éruption des bourgeons qui sortent des boutons , comme la première pousse sort de la semence , la crue de chaque année forme autant d'arbres placés , en quelque façon , les uns au-dessus des autres , mais liés ensemble par les couches ligneuses. La juxta - position des couches suffit pour expliquer l'accroissement en grosseur.

La croissance des branches s'opère comme celle du tronc. Tandis que les racines de l'arbre prennent de l'étendue dans la terre , les branches étendent annuellement leur insertion dans le corps ligneux de l'arbre , où d'abord le bouton s'était , pour ainsi dire , enraciné. Elles ne tirent point leur nourriture de la moelle qui ne contient pas de sève ; mais la sève leur est portée avec les fibres longitudinales qui suivent leur direction ; et leur augmentation en longueur et en grosseur se fait simultanément par l'alongement des fibres , et par l'addition annuelle d'enveloppes ligneuses et corticales. (*Voyez* ACCROISSEMENT).

CRUCIFÈRE. Plante dont la corolle a quatre pétales plus ou moins étalés en croix , par leurs lames.

CUBATURE. L'opération de mesurer la solidité ou le volume des corps se nomme *cubature* , parce qu'elle consiste à rapporter ou comparer ces corps à des cubes , présentant six faces carrées et égales. Il n'y a que les bois de chauffage et les moellons que l'on soit dans l'usage de ranger sous la forme d'un cube, pour les mesurer. (*Voyez* MESURES , STÈRE).

CULÉE. (*Voyez* SOUCHE).

CUTICULE. On appelle ainsi la membrane mince, ou sur-peau qui recouvre les tiges des arbres. (*Voyez* ÉPIDERME).

CYPRÈS. Le caractère générique du cyprès, *cupressus* (monoécie monadelphie, L.) , est d'avoir les fleurs mâles composées de quatre sommets d'étamines attachés à la base de chacune des écailles , dont la réunion forme un chaton ovale ; et les fleurs femelles rassemblées en forme de petits cônes écailleux, composés de germes à peine visibles, placés à la base de chaque écaille : le fruit, que l'on nomme *noix de cyprès*, est en cône presque rond. Les feuilles du cyprès sont des espèces de petites écailles verdâtres, pointues, rangées comme des tuiles en recouvrement les unes sur les autres, le long de petits rameaux carrés.

Le cyprès commun ou pyramidal, *cupressus sempervirens*, L., est un assez grand arbre, dont le tronc est gros, très-droit et couvert d'une écorce brune. La verdeur de ses feuilles et des rameaux qui les portent, est très-sombre en hiver ; mais au printems, le vert des rameaux s'éclaircit et devient agréable à la vue, même avant le développement des nouvelles feuilles. La forme toujours régulière de cet arbre fait naturellement décoration. Il est très-propre à border des terrasses, à former des allées et à terminer des points de vue dans de grands jardins. Son bois, qui répand une odeur pénétrante, est très-dur, presque incorruptible, et n'est point sujet à la vermoulure. Il prend un beau poli, et il est propre à faire des pieux, des échalas, des treillages, et d'autres ouvrages auxquels il importe d'employer des bois de longue durée.

Cet arbre, originaire des pays orientaux, et dont il y a plusieurs variétés, se trouve dans les départemens méridionaux de la France. On le multiplie de semences : les graines ne mûrissent qu'après l'hiver ; pour s'assurer de leur germination on cueille, au mois de germinal, les fruits qui commencent à se fendre, on les met au grenier, dans une boîte exposée au soleil, et on ne sème que la graine qui tombe au fond de la boîte. Ce semis se fait sur une plate-bande de terre sablonneuse, très-unie : on y répand les semences assez épaisses, après quoi on crible par-dessus de la même terre, jusqu'à l'épaisseur de 14 millimètres. Si la saison est fort chaude et sèche, on procure de l'ombre à la planche pendant le jour, et on l'arrose doucement pour ne pas déterrer les semences. Les jeunes plantes, qui paraissent après deux mois, sont constamment tenues nettes de mauvaises herbes, et on les arrose souvent dans les tems fort secs. Après deux ans, on peut transplanter dans une pépinière, en ménageant beaucoup les racines et même les mottes, et couvrant les jeunes plants de nattes pour les abriter contre la gelée. Le séjour, dans la pépinière, est de deux à trois ans, suivant les progrès de la végétation.

CYTISE. Le cytise, *cytisus*, (dialdelphie décandrie, L.) est un arbre de la famille des légumineuses, dont le calice monophyle a deux dents à la lèvre supérieure, et trois à l'inférieure, dont la corolle est papilionacée, l'ovaire supérieur oblong, velu, se terminant en un style simple, à stigmate obtus, et dont le fruit est une gousse oblongue, comprimée, uniloculaire, renfermant plusieurs semences.

Il y a différentes espèces de cytises. Les unes sont de très-jolis arbrisseaux, cultivés dans les jardins par les fleuristes ; les autres d'assez grands arbustes, ou des arbres de moyenne grandeur, qui croissent naturellement sur les Alpes. Les feuilles de tous les cytises sont disposées en trefles, ce qui les distingue des *genets* ; les trois folioles sont soutenues sur un même pétiole, et placées alternativement sur les branches.

Le cytise des Alpes, (*cytisus laburnum*, L.) est le plus grand, le plus beau et le plus utile des cytises. Les fleurs de cet arbre sont jaunes et disposées en grappes longues et pendantes ; leur étendard arrondi est taché de brun à sa base intérieure. Les gousses sont légèrement velues, comprimées, rétrécies vers leur base ; elles contiennent cinq à six semences. Cette espèce croît naturellement dans les Alpes, où on l'appelle *ébenier*, *faux ébenier*.

Le cytise des jardins, *cytisus sessilifolius*, **L.** ou *glaber*, est un joli arbrisseau, que ses feuilles lisses font aisément distinguer des autres espèces : il croît dans le midi de la France, où l'on trouve le cytise épineux, le cytise blanchâtre, le cytise à petites feuilles, etc.

Le cytise des Alpes se multiplie aisément par les graines ; en les semant sur une plate-bande ordinaire, dans le mois de ventôse, les plantes paraissent en germinal, et n'exigent d'autre soin que d'être débarrassées des mauvaises herbes dans l'été suivant. On les transplante à l'automne ; ou, comme ces arbres ne sont pas délicats, et viennent même sur de mauvaises terres, et à des expositions peu favorables, on les sème sur le champ à demeure : on peut aussi multiplier ces arbres par boutures et par marcottes. Il en est qui acquièrent assez de volume pour faire du bois de charpente ; mais comme, en général, le cytise n'est que d'une moyenne grosseur, les tabletiers et les tourneurs en font plus d'usage, à raison de sa dureté, de ses nuances et de son beau poli : on en fait des manches de couteau, et on l'emploie aux mêmes usages que le bois des îles. Comme ce bois est liant, il est propre aussi à faire des brancards de chaise.

D.

DANGER. (*Voyez* Tiers et Danger).

DÉBACLE. (*Voyez* Train).

DÉBARDAGE. Le débardage des bois abattus est leur extraction de la forêt. Il est important que la vidange soit terminée le plutôt possible. Dans une forêt considérable, où il y a un certain nombre de coupes annuelles, on peut prescrire des termes différens, à raison des différentes possibilités. Lorsque les forêts sont éloignées des lieux de consommation, et que les routes ne permettent pas de transporter les arbres en entier, on prend le parti de convertir les gros corps en ouvrages de fente, qui peuvent être voiturés en détail par des bêtes de somme ; mais quand il y a, à peu de distance, des rivières navigables et flottables, on fait en sorte d'y transporter les grosses pièces, qu'on met dans des bateaux, ou dont on forme des radeaux ou des trains porportionnés à la force de l'eau et à la longueur des rivières.

La facilité que de bons chemins donnent pour le débardage contribue à faire vendre les bois plus cher ; et la réparation des routes est, sous ce rapport, un objet qui mérite l'attention de l'administration forestière. (*Voyez* Train).

On nomme aussi *débardage*, l'action de décharger un bateau de bois, et de retirer les trains de la rivière, pour en opérer le transport dans un chantier. (*Voyez* Train).

DÉBIT. Le débit et la vente du bois en détail ne sont pas permis indistinctement à toute personne. (*Voyez* sous le mot Administration forestière, l'article 24 du titre 27 de l'ordonnance de 1669).

Le mot *débiter* est spécialement consacré à désigner

l'exploitation du bois dans les forêts, où on le façonne pour le rendre propre à différens ouvrages.

DÉCA. Dix.

DÉCAMÈTRE. Dix fois la longueur du mètre. (*Voyez* ARE, MESURES).

DÉCASTÈRE. Dix stères. (*Voyez* ce mot).

DÉCHARGE. (*Voyez* pour les *décharges d'exploitation*, le mot CONGÉ DE COUR).

DÉCI. Dixième.

DÉCIMÈTRE, Dixième partie du mètre. (*Voyez* MESURES, MÈTRE).

DECISTERE. Dixième partie d'un *stère*. (*Voyez* ce mot).

DECROISSEMENT. (*Voyez* DÉPÉRISSEMENT).

DÉCURTATION. On voit souvent l'extrémité des branches de tilleul, d'orme, de mûrier noir, de noisetier, etc., jaunir et se détacher de la partie inférieure ; cette maladie, occasionnée souvent par quelques coups de soleil, par la sécheresse, par la gelée ou par le défaut de sucs propres au développement, se nomme *décurtation*. La même maladie s'observe dans les sommités des vieux arbres, que l'on appelle alors *couronnés*. (*Voyez* COURONNEMENT).

DÉFAUTS DU BOIS. On envoie quelquefois dans les forêts qu'on exploite, des charpentiers ou autres experts chargés de choisir les bois dont on prévoit avoir besoin pour de grandes entreprises : il est bon, pour cela, de connaître les défauts qui doivent rendre les arbres suspects ; ces défauts, que l'on reconnaît encore plus facilement quand les arbres sont abattus et en partie débités, consistent dans la *roulure*, le *cadran*, la *gelivure*, etc. (*Voyez* ces mots et MALADIE).

DÉFENDS. L'ordonnance de 1669 appelle *tenus en défends*, les bois où il n'est pas permis de laisser paître les bestiaux. Les bois sont toujours en défends pour ceux qui n'ont pas droit d'y faire pâturer.

DÉFENSABLE. Quand une portion de bois est parvenue à un degré d'accroissement suffisant pour se *défendre* de la dent des bestiaux, les agens forestiers dressent un procès-verbal pour le constater ; et la permission d'y introduire des animaux autres que les bêtes à laine, est ensuite donnée par le conservateur. La publication s'en fait, par affiches, dans les communes dont les habitans ont le droit de pacage. L'usage de ce droit est interdit depuis le premier floréal jusqu'au premier messidor. (*Voyez* PATURAGE, et sous le mot CONSERVATION DÈS FORÊTS, les articles 30 et 31 du parag. 1 de la deuxième section de l'instruction du 7 prairial an 9).

DÉFENSES. On donne ce nom aux moyens employés pour garantir les jeunes arbres nouvellement plantés, des ardeurs du soleil et de la dent des animaux. Il est utile pour cela de faire un cordon de paille, gros comme le pouce, et d'en entourer les arbres depuis le pied jusqu'aux branches, sans trop serrer la tige ; l'écorce se conserve très-fraîche, et l'arbre n'est point gêné dans ses progrès. Lorsqu'il s'agit de défendre un arbre précieux, on peut enfoncer, à 32 centimètres du tronc, trois ou quatre pieux, sur lesquels on lie de fortes traverses, en remplissant l'intervalle d'épines sèches. Les arbres, ainsi garantis, ne peuvent être endommagés par aucune espèce de bétail.

DÉFEUILLAISON. Chûte naturelle des feuilles, à l'époque où chaque espèce de plantes a coutume de s'en dépouiller dans les divers climats. Cette chûte, quand elle est prématurée, est l'effet d'une maladie décrite sous le mot *chûte des feuilles*. En France elle a lieu, pour la plupart des arbres, au mois de brumaire. Une remarque assez singulière à cet égard, est que les arbres qui, comme les noyers, le frêne, se sont feuillés les derniers, se défeuillent les premiers.

DÉFLEURAISON ou DÉFLORAISON. La durée

des fleurs éprouve des variations si grandes qu'on ne peut, comme pour les feuilles, assigner, même en général, une époque à leur chûte. On a cependant observé que cette époque dépend de celle à laquelle les plantes ont été fécondées, et l'on est ainsi parvenu à prolonger l'existence des corolles, en empêchant la fécondation, soit par le retranchement des étamines fait en tems convenable, soit, à l'égard des plantes dioïques, en écartant les fleurs mâles des fleurs femelles.

DÉFRICHEMENT. Avant de s'occuper du défrichement des terrains destinés à l'établissement d'une forêt, il est convenable d'en tracer les communications, tant pour faciliter le transport des bois, que pour préparer l'écoulement ou la retenue des eaux ; ces terrains sont ensuite défrichés à bras d'homme, ou par le secours des animaux. Le premier de ces deux moyens serait trop coûteux, si le terrain était d'une médiocre valeur, ou d'une étendue considérable. Lorsque, dans les landes, on a coupé ou brûlé les plantes, et extirpé leurs principales racines, on y fait passer la charrue à coutre sans soc, après que le terrain a été détrempé par la pluie. On croise ensuite les premières raies, afin de couper toutes les racines ; et, après cette opération, l'on se sert d'une charrue à versoir, ou de toute autre, afin de renverser la superficie du terrain, qui a été long-tems exposée aux influences de l'atmosphère. Après plusieurs de ces labours, qui doivent être profonds, bien ouverts, et croisés en tous sens, on tire hors du champ, avec la herse, les plantes qui ne sont pas enterrées, et l'on en fait des monceaux, que l'on recouvre de terre après les avoir fortement battus : on répand ensuite, sur la superficie, la terre végétale formée par leur décomposition.

Lorsque le terrain est noyé ou trop humide, on procède d'abord à son desséchement. S'il est en pente, ou établit un large fossé avec d'autres petits correspondans

dans, et l'on en remplit le fond avec des cailloux. On a soin, en établissant ces fossés, de rejeter la terre dans l'intérieur du champ. Quand le terrain est horizontal, on tâche, à force de bras, d'y établir des fondrières vers lesquelles on ménage quelques pentes.

L'endroit destiné à la forêt doit être circonscrit d'un fossé large et profond, pour mettre les semis et plantations à l'abri des dommages qu'y causeraient les bestiaux. La terre de ce fossé doit être jetée en dedans, pour servir à l'élévation des bords intérieurs ; on plante ensuite des buissons enracinés de ronces, à un pied les uns des autres, et l'on forme ainsi une barrière qui, dès la troisième année, devient impénétrable aux animaux. A défaut de ronces, on fait la clôture avec de l'aubépine ; mais elle demande plus de soin et croît moins vîte. (*Voyez* HAIE, PLANTATION, SEMIS).

Des arrêts du conseil des 29 mars 1735, 25 février 1749, et de dates antérieures, ont défendu à toutes personnes de défricher leurs bois sans l'autorisation du gouvernement, sous peine de 3000 francs d'amende par arpent de futaie, de 300 francs par arpent de taillis, et du rétablissement des bois à leurs frais. Ce sont les défrichemens inconsidérés et portés à l'excès depuis la révolution, qui ont causé, en grande partie, le dépeuplement des bois, et dégarni d'arbres les montagnes et les coteaux qui servaient d'abri aux moissons contre les rigueurs des élémens, et, attirant les météores de l'atmosphère, alimentaient les sources qui depuis se sont desséchées.

DÉGRADATION DES BOIS. Les causes principales et naturelles du dépérissement et de la dégradation des bois et forêts sont les fortes gelées de l'hiver et du printems, les frimats, la grêle, le givre, les chaleurs excessives de l'été, jointes aux grandes sécheresses, les dégâts des insectes qui rongent toutes les feuilles , et endommagent la pousse du bois, la grande quantité de souches qui périssent de vétusté , de maladie et autres accidens.

Des causes étrangères concourent également à leur destruction , et l'on peut assigner comme telles , la trop grande quantité de forges, de manufactures, de verreries , briqueteries et fours à chaux , établis près des forêts ; l'excessive consommation du bois de chauffage ; l'habitude de laisser trop vieillir les bois , et surtout les futaies ; les incendies qui arrivent souvent par l'imprudence des pâtres, des ouvriers , et autres gens qui font du feu dans les forêts ; les picorages et dévastations qui s'y commettent journellement ; la multitude de bestiaux de toutes espèces que les riverains ne cessent d'y mettre pacager ; les abattages mal faits , sur-tout ceux qui ont lieu en tems de guerre ; le défaut de clôture et la négligence de la plupart des gardes ; les défrichemens faits dans les forêts ; le défaut de replantation des bois arrachés et de ceux qui n'ont pas repoussé , ainsi qu'une immensité de places vagues.

La mauvaise exploitation des forêts contribue aussi à leur destruction. Dans plusieurs départemens on les coupe beaucoup trop jeunes , et même avant l'âge de dix ans, quoique l'ordonnance le défende ; parce qu'à cet âge, le taillis est si faible , qu'il ne peut soutenir le choc de la cognée ; qu'alors les brins ne se coupent jamais sans être équissés ; qu'on fatigue cruellement les racines par les coups trop multipliés, et que les souches s'éclatent presque toujours. On doit également, mais dans un sens contraire, attribuer le dépérissement des forêts, à la manière dont on exploite les demi-futaies, ces arbres ne pouvant parvenir à leur degré d'accroissement, sans qu'il périsse beaucoup de souches faibles Quand on a abattu un bois de cette espèce, on n'a plus qu'un taillis très-clair et mal garni ; et si l'on ne prend les précautions convenables pour le régénérer, il se dégrade de plus en plus. Lorsqu'il s'agit de hautes - futaies, les souches sont encore plus éloignées les unes des autres : ces souches, nécessairement fort grosses, étant coupées à fleur de terre, poussent, à la vérité, quelques jets entre le bois et l'écorce ; mais comme l'aire de la coupe ne se recouvre jamais d'écorce, le bois se pourrit, et endommage la naissance des nouveaux jets que le vent éclate très-aisément ; les racines de ces arbres abattus fort gros, périssent pour la plupart en terre, et les autres se trouvent usées : un bois, ainsi abattu ne peut donc jamais faire, par la suite, ni une belle futaie, ni un beau taillis ; et c'est-là une des principales causes de la destruction des forêts.

Pour y remédier, le Cen. Bridel, auteur d'un ouvrage estimable sur les forêts, propose de n'adjuger les hautes-futaies qu'à condition d'arracher les arbres, de dresser et essarter le terrain qui, ainsi remué, n'aurait plus besoin que d'un labour à la charrue, pour être remis en bois, et même d'y en semer ou replanter. Les adjudicataires seraient dédommagés des frais de l'arrachis, par la plus grande longueur qu'ils procureraient à leurs pièces de bois, tant pour la partie qui existe en terre, que par l'entaille de la coupe qui est toujours fort grande, quand les arbres sont gros. (*Voyez* au surplus le mot SOUCHE. *Voyez* aussi REPEUPLEMENT).

DÉLÉGATION. Quoiqu'aux termes des articles 9 et 11 de la loi du 28 ventôse an 8, sur la division du territoire de la république, les adjudications des coupes de bois doivent être faites, soit devant les sous-préfets, soit devant le préfet, pour les bois compris dans l'arrondissement communal du chef-lieu du département, le ministre des finances a, par une lettre du 5 vendémiaire an 9, rappelée dans une circulaire de la régie du même jour, autorisé les uns et les autres, lorsqu'il serait plus avantageux pour le trésor public que l'adjudication fût faite dans un autre lieu que celui de la préfecture ou sous-préfecture, à charger le maire de ce lieu d'y procéder.

De semblables délégations peuvent aussi être données pour les ventes de menus marchés au-dessous de 200 fr. (*Voyez* CHABLIS).

DÉLIBÉRATION. Il faut qu'il y ait au moins trois membres présens aux délibérations ordinaires de l'administration des forêts.

DÉLITS. De fréquens délits se commettent dans les forêts ; il a été fait, pour les réprimer, une proclamation en date du 3 novembre 1789, conçue en ces termes :

Il est fait très-expresses inhibitions et défenses à toutes personnes d'entrer à l'avenir dans les forêts et bois, par attroupemens ou particulièrement, pour y commettre aucuns délits, sous peine d'être poursuivies suivant la rigueur des ordonnances. Il est permis aux usagers d'y enlever le bois sec et gisant, sans se servir d'aucune espèce de ferrement, même de crochets, à peine d'amende et de confiscation d'iceux. Il est enjoint aux municipalités des villes et villages qui avoisinent ces forêts et bois, d'y empêcher l'entrée et la vente d'aucuns bois de délits, sous les peines portées par les ordonnances et les règlemens ; et de prêter main-forte aux officiers chargés de les faire exécuter, toutes les fois qu'ils en seront requis par eux : il est pareillement fait défenses à toutes personnes, de quelque qualité et condition qu'elles soient, d'entrer dans les bois, forêts et terres du domaine, pour y chasser, sous peine d'être poursuivies par les voies de droit ; comme aussi d'y introduire aucunes vaches, ni chevaux, à peine de confiscation et d'amende, à moins qu'elles n'y soient autorisées par des usages anciens et légalement reconnus.

Une loi du 11 décembre 1789, a ajouté de nouvelles défenses à celles portées dans la proclamation ci-dessus.

Art. 1. Les forêts, bois et arbres sont mis sous la sauve-garde de la nation et de la loi, et sous celle des tribunaux, des assemblées administratives, municipalités, communes et gardes nationales, qui sont expressément déclarés conservateurs desdits objets, sans préjudice des titres, droits et usages des communautés et des particuliers, ainsi que des dispositions des ordonnances sur le fait des eaux et forêts.

2. Défenses sont faites à toutes communautés d'habitans, sous prétexte de droit de propriété, d'usurpation et sous tout autre

quelconque, de se mettre en possession , par voie de fait , d'aucun des bois, pâturages, terres vagues et vaines dont elles n'avaient pas la possession réelle au 4 août dernier , sauf auxdites communautés à se pourvoir par les voies de droit contre les usurpations dont elles croiraient avoir droit de se plaindre.

3. Toutes coupes, dégâts , vols et délits commis dans lesdits bois , forêts , sur les arbres des chemins et lieux publics , dans les plantations et pépinières , seront poursuivis contre les prévenus , et punis sur les coupables , des peines portées par l'ordonnance des eaux et forêts , et autres lois.

4. Défenses sont faites à toute personne de débiter , vendre ou acheter en fraude des bois coupés en délit, sous peine , contre les vendeurs et acheteurs frauduleux , d'être poursuivis suivant la rigueur des ordonnances ; voulons que par les gardes des bois , maréchaussées et huissiers sur ce requis , la saisie desdits bois coupés en délit, soit faite ; mais la perquisition desdits bois ne pourra l'être qu'en présence d'un officier municipal, qui ne pourra s'y refuser.

5. Enjoint au ministère public de poursuivre les délits ; autorise en conséquence les maîtrises des eaux et forêts et tous autres juges, à se faire prêter main-forte, pour l'exécution de leurs ordonnances , jugemens et saisies , par les municipalités, gardes nationales et autres troupes , pour arrêter , désarmer et repousser les délinquans dans lesdites forêts et bois , à peine, en cas de refus desdites municipalités requises, d'en répondre en leur propre et privé nom.

6. Autorise tous lesdits juges et municipalités de faire constituer prisonniers tous ceux qui seront trouvés *en flagrant délit* tant de jour que de nuit.

Le ministre des finances , consulté par la régie des domaines , relativement à des difficultés élevées sur l'application de l'art. 6 de la loi ci-dessus , a répondu que cet article n'établissait pas la peine proprement dite de détention et d'emprisonnement, qu'il contenait seulement une mesure provisoire et de circonstance, que le code des délits et des peines avait fait disparaître ; et que son opinion , conforme à celle du ministre de la justice , était qu'il n'y avait pas lieu de prononcer la peine de *l'emprisonnement* contre les délinquans pris en flagrant délit, et à les constituer prisonniers, qu'ils devaient , au contraire , être relâchés, après leur audition, par le juge de paix , pour être poursuivis suivant les formes déterminées par le code des délits et des peines , à fin de condamnation en l'amende et aux dommages et intérêts décretes par l'ordonnance de 1669 , et les lois des 6 octobre 1791 , 20 messidor an 3 , et autres règlemens en vigueur. (*Voyez* GARDES CHAMPÊTRES).

L'assemblée constituante a , par une loi du 25 décembre suivant, prescrit des mesures pour activer la poursuite des délits commis ou qui pourraient se commettre.

Le titre 2 de la loi du 28 septembre — 6 octobre 1791 , contient, sur les délits , les dispositions suivantes :

Art. 2. Tous les délits ci-après mentionnés sont de la compétence du juge de paix.

3. Ils sont punissables d'amende ou de détention ou des deux réunies, suivant les circonstances et la gravité des délits, sans préjudice de l'indemnité qui pourra être due à celui qui aura souffert le dommage. Dans tous les cas , cette indemnité sera payable par préférence à l'amende. L'indemnité et l'amende sont dues solidairement par les délinquans.

4. Les moindres amendes seront de la valeur d'une journée de travail au taux du pays , déterminé par le directoire de département. Toutes les amendes ordinaires qui n'excéderont pas la somme de trois journées de travail, seront doubles en cas de récidive dans l'espace d'une année , ou si le délit a été commis avant le lever ou après le coucher du soleil; elles seront triples quand les deux circonstances précédentes se trouveront réunies ; elles seront versées dans la caisse de la municipalité du lieu.

5. Le défaut de paiement des amendes et des dommages ou des indemnités , n'entraînera la contrainte par corps que vingt-quatre heures après le commandement. La détention remplacera l'amende à l'égard des insolvables , mais sa durée en commutation de peine ne pourra excéder un mois. Dans les délits pour lesquels cette peine n'est point prononcée, et dans les cas graves où la détention est jointe à l'amende , elle pourra être prolongée du quart du tems prescrit par la loi.

6. Les délits mentionnés au présent décret, qui entraîneraient une détention de plus de trois jours dans les campagnes , et de plus de huit jours dans les villes, seront jugés par voie de police correctionnelle; les autres le seront par voie de police municipale.

7. Les maris , pères, mères , tuteurs , maîtres, entrepreneurs de toute espèce , seront civilement responsables des délits commis par leurs femmes et enfans , pupiles, mineurs n'ayant pas plus de vingt ans et non mariés, domestiques , ouvriers , voituriers et autres subordonnés. L'estimation du dommage sera toujours faite par le juge de paix ou ses assesseurs , ou par des experts par eux nommés.

8. Les domestiques , ouvriers , voituriers ou autres subordonnés , seront, à leur tour , responsables de leurs délits envers ceux qui les emploient.

36. Le *maraudage* ou enlèvement de bois, fait à dos d'homme, dans les bois taillis ou futaies, ou autres plantations d'arbres dés particuliers ou communautés, sera puni d'une amende double du dédommagement dû au propriétaire. La peine de la détention pourra être la même que celle portée en l'article précédent.

37. Le *vol* dans les *bois taillis, futaies* et autres plantations d'arbres des particuliers ou communautés, exécuté à charge de bête de somme ou de charrette, sera puni par une détention qui ne pourra être de moins de trois jours, ni excéder six mois. Le coupable paiera en outre une amende triple de la valeur du dédommagement dû au propriétaire.

38. Les *dégâts* faits dans les *bois taillis* des particuliers ou des communautés par des bestiaux ou troupeaux, seront punis de la manière suivante :

Il sera payé d'amende pour une bête à laine, une livre; pour un cochon, une livre; pour une chèvre, deux livres; pour un cheval ou autre bête de somme, deux livres; pour un bœuf, une vache ou un veau, trois livres.

Si les bois taillis sont dans les six premières années de leur croissance, l'amende sera double.

Si les dégâts sont commis en présence du pâtre, et dans les bois taillis de moins de six années, l'amende sera triple.

S'il y a récidive dans l'année, l'amende sera double; et s'il y a réunion des deux circonstances précédentes, ou récidive avec une des deux circonstances, l'amende sera quadruple.

Le dédommagement dû au propriétaire sera estimé de gré à gré ou à dire d'experts.

39. Conformément au décret sur les fonctions de la gendarmerie nationale, tout dévastateur des bois, ou chasseur masqué, pris sur le fait, pourra être saisi par tout gendarme national, sans aucune réquisition d'officier civil.

Les gardes doivent suivre, saisir et arrêter les bois coupés en délit, soit qu'ils surprennent les délinquans sur le fait, qui consiste le plus souvent à couper de jeunes arbres pour servir à enrayer leurs voitures dans les descentes, soit qu'ils reconnaissent les bois de délit sur les chemins ou dans les auberges. Les délinquans doivent être conduits chez le juge de paix pour y être interrogés, et l'on fait ensuite contre eux, d'après le procès-verbal dressé par les gardes, les poursuites autorisées par les lois.

Tout individu inconnu, qui n'est pas domicilié dans le canton, peut être arrêté en *flagrant délit*, s'il ne donne caution ou ne consigne l'amende.

Les *significations* de tous actes et jugemens relatifs

aux *délits forestiers*, se font par les huissiers ordinaires. Loi du 23 floréal an 3, art. 1. (*Voyez* GARDES).

La poursuite des délits se fait devant les juges de paix lorsqu'il ne s'agit que de prononcer les peines de simple police, et devant les tribunaux d'arrondissement, considérés comme tribunaux correctionnels, lorsqu'il peut y avoir lieu à de plus fortes peines. Les actions en réparation de délits doivent être intentées dans trois mois, à compter du jour où ils ont été reconnus, lorsque les délinquans sont désignés dans les procès-verbaux. Le jugement doit, en cas de condamnation, contenir l'estimation en francs de l'amende, de l'indemnité et des frais; et, lorsqu'il y a lieu à confiscation, elle doit être prononcée par le même jugement. La vente des objets confisqués se fait au nom du commissaire du gouvernement, et à la diligence du receveur du domaine national. (*Voyez* PEINE, RESPONSABILITÉ, VOITURIER).

(*Voyez* sous le mot CONSERVATION DES FORÊTS, l'art. 29 du § 1, et les art. 12, 13 et 14 du § 2 de la seconde section de l'instruction du 7 prairial an 9. *Voyez* aussi les mots AMENDE, COGNÉE, INSTANCE, PEINE, RESPONSABILITÉ, VOITURIER).

DÉLIVRANCE. On emploie ce terme pour désigner les bois dont l'exploitation est permise. L'empreinte qui se fait aux chênes pour les marquer en délivrance dans les futaies, s'applique sur la souche, ou sur une de ses racines, le plus près de terre possible. Le bûcheron doit avoir grand soin de la conserver. (*Voyez* ROTOQUAGE).

La régie des domaines a, par une circulaire du 4e. jour complémentaire an 5, informé les agens forestiers qu'il s'était fait, dans quelques départemens, des *délivrances* de bois de l'autorité seule des administrations centrales, et elle leur a fait observer que ces autorités, en se permettant de pareils actes, avaient excédé les bornes de leur compétence, et méconnu la loi qui attribue au gouvernement le droit d'ordonner les *coupes extraordinaires*, et aux agens forestiers la faculté de faire l'assiette des *coupes ordinaires*, et d'en poursuivre l'adjudication. La même circulaire leur recommande de veiller à ce qu'il n'arrive rien de semblable dans leur arrondissement.

En effet, le titre 8 de la loi du 29 septembre 1791, et l'art. 3 de l'arrêté du 8 thermidor an 4, inséré sous le mot *coupe*, n'accordent aux autorités administratives que l'inspection et la surveillance sur les forêts nationales ; elles leur défendent toute coupe et vente de futaie, sans en avoir obtenu l'autorisation formelle du gouvernement ; elles ne leur permettent de disposer des *coupes ordinaires* que par la voie des *adjudications* et *enchères publiques*, dans les formes prescrites par les règlemens ; elles leur défendent également de *détourner le versement des fonds* qui en proviennent, en d'autres mains que celles des préposés de la régie, et de les *affecter*, par leur autorité particulière, à des *dépenses quelconques*. Le directoire exécutif, informé qu'au mépris de ces dispositions, l'administration centrale du département de l'Escaut avait ordonné, le 15 germinal an 5, une *vente d'arbres*, pour le prix en être employé au paiement des citoyens Vispoel et Buck, a, par un arrêté du 3 fructidor suivant (*B.* 138, N°. 1368), cassé et annullé cet arrêté, avec défenses d'en rendre de pareils à l'avenir ; il a, en outre, ordonné que le montant des adjudications serait versé dans la caisse du préposé de la régie, pour en compter ainsi que des autres fonds de sa recette.

L'article 7 d'un arrêté du 5 thermidor an 5, qu'on trouvera sous le mot *coupe*, contient d'ailleurs la défense expresse aux autorités administratives de faire aucune *délivrance de bois en nature*, et un abus de ce genre ayant été commis par l'administration centrale du département de Maine-et-Loire, qui avait autorisé, le 19 brumaire an 5, l'administration municipale de Montglon à *délivrer* au citoyen Houdet, les arbres nécessaires pour la *reconstruction de sa maison*, le directoire exécutif a, par un arrêté du 29 thermidor an 5, (*B.* 138, N°. 1360), cassé celui du 19 brumaire, et chargé la régie de l'enregistrement et l'agent national de la ci-devant maîtrise de la situation du bois, de poursuivre le recouvrement du prix des arbres et des dommages-intérêts, conformément à l'art. 3 de l'arrêté du 8 thermidor an 4.

DEMI-FUTAIE. Les bois de l'âge de 40 ans jusqu'à 60 s'appellent *demi-futaies*, ou *bois de haut revenu.*

DÉPÉRISSEMENT. L'époque à laquelle les plantes cessent de croître est, comme dans les animaux, celle de leur endurcissement. Les arbres qui s'endurcissent lentement, conservent long-tems la faculté de s'étendre. Les bornes de l'accroissement en longueur sont plus courtes que celles de l'accroissement en grosseur ; car lorsque les fibres ne sont plus susceptibles d'extension, il se fait encore des additions de couches ligneuses ; mais quand le liber ne produit plus la substance destinée à former les couches ligneuses, ou lorsque la résistance devient supérieure à la force qui obligeait cette substance à s'étendre et à se dilater, les arbres, qui ne sont plus abreuvés de nouveaux sucs, vieillissent et tombent dans l'état de caducité. (*Voyez* Age, Couches ligneuses, Croissance).

Lorsqu'un arbre est vigoureux, que plusieurs de ses branches s'élèvent beaucoup au-dessus des autres, qu'elles sont garnies de feuilles en haut comme en bas, se dépouillent tard ; et que l'écorce ni le tronc ne présentent point de signes d'altération, le tems d'abattre est encore éloigné ; mais si les arbres ne travaillent plus à accroître la hauteur de leur tige, la longueur de leurs branches, la grosseur de leur tronc, c'est une preuve qu'ils déclinent et se dégradent insensiblement ; et le moment de les abattre est arrivé, si l'on veut les employer à la construction.

On a vu, sous le mot *âge*, des indices tirés de l'angle décrit par les branches, pour déterminer l'époque de l'abattage des arbres. On reconnaît aussi qu'un arbre commence à dépérir, lorsque les branches de la cime forment une tête arrondie ; lorsqu'il se garnit de bonne-heure de feuilles au printems, et sur-tout quand, en automne, ces feuilles jaunissent avant les autres, et que les feuilles du bas sont plus vertes que celles du haut ; quand il se couronne, c'est-à-dire quand il meurt quelques branches du haut ; quand l'écorce se détache du bois, ou qu'elle se sépare, de distance en distance, par des gerçures qui se font en travers ; lorsque l'écorce est chargée de mousse, de lichens, d'agarics ou de champignons, ou marquée de taches noires ou rousses ; quand les jets sont très-courts et même que les couches de l'aubier sont minces, ainsi que les dernières couches ligneuses ; quand on aperçoit des écoulemens de sève par les gerçures de l'écorce.

Selon qu'on voit les arbres plus ou moins attaqués de ces défauts, on peut juger s'ils sont encore bons, ou s'ils doivent être réputés entièrement hors de service. Tous les arbres qui sont depuis long-tems sur le retour, sont altérés au cœur, et ne sont propres à être employés que par les menuisiers, ou à quelques ouvrages de fente ; souvent même leur bois est rouge, échauffé et vergeté : alors ils ne sont plus bons qu'à brûler.

DÉPEUPLEMENT. Les forêts se dépeuplent par les dégradations et par les abattis inconsidérés. (*Voyez* Repeuplement).

DÉPLANTATION. Lorsqu'on veut déplanter un arbre ou un arbrisseau, pour les planter ailleurs, il faut avoir soin de ne commencer la fouille qu'à une dis-

tance proportionnée à l'âge et à la grosseur de l'arbre.
Si l'on rencontre des racines grosses ou petites, il faut
les ménager, les suivre, les débarrasser de la terre qui
les environne, creuser jusqu'à ce qu'on trouve l'extrémité du pivot, et conserver, autant qu'il est possible,
la masse de terre nommée *motte* par les jardiniers, si
l'arbre ne doit pas être replanté dans un endroit bien
éloigné. Dans le cas où l'arbre devrait voyager, il faudrait dégager toutes les racines de leur terre, sans les
endommager, les lier doucement les unes près des
autres, et les envelopper avec de la paille. (*Voyez*
Plantation).

DÉPOT. La maladie des arbres que l'on nomme *dépôt* a pour cause l'extravasion du suc propre dans le tissu
cellulaire et les vaisseaux séveux, où il cause des obs-
tructions et arrête la circulation. On remédie à ce mal en
emportant, avec la serpette, l'endroit où s'est fait le
dépôt, ou en faisant à l'écorce une incision longitu-
dinale, qui produit une éruption.

DÉRACINEMENT. Dans les départemens qui for-
maient la ci-devant Belgique, on déracine les arbres de
futaie ; et cet usage est fondé sur ce que les hêtres
qui y forment l'essence principale des forêts, ne produisent point après l'abattage ; mais les chênes, donnant de très-belles espèces quand ils sont bien abattus,
le déracinement priverait, à leur égard, de cette ressource.

DÉSARMEMENT. Les gardes ne doivent jamais
entreprendre de désarmer une personne qu'ils trouveraient chassant sans permission dans les bois nationaux. Cela leur est interdit à cause des accidens que
pourrait occasionner une résistance naturelle ; ils doivent se contenter de dresser un procès-verbal.

DESSÉCHEMENT. Pour dessécher les bois humides, on pratique des rigoles plus ou moins profondes, suivant la pente du terrain : ces rigoles doivent

aboutir à d'autres en forme de marteau , qui sont destinées à conduire les eaux aux fossés dont on se sert
pour entourer et défendre les ventes , et dans lesquels
on pratique , en outre , des puisards. (*Voyez* Défrichement).

Le desséchement, considéré relativement aux arbres
abattus , a donné lieu à Buffon de reconnaître , après
beaucoup d'expériences , que le bois de chêne perd
environ un tiers de son poids en desséchant, et les bois
moins solides plus d'un tiers ; qu'il faut sept ans pour
dessécher les solives de 21 à 24 centimètres de grosseur, et un tems plus que double pour une poutre d'un
demi-mètre d'écarrissage ; que le bois, parvenu aux
deux tiers de son desséchement, commence à repomper l'humidité de l'air, et qu'il faut conserver, dans des
lieux fermés, les bois secs que l'on veut employer à la
menuiserie ; que le desséchement du bois ne diminue
pas sensiblement son volume ; que l'augmentation de
pesanteur que le bois sec acquiert, en repompant l'humidité de l'air, est proportionnelle à sa surface ; que
le desséchement total du bois est en proportion avec sa
légèreté ; et que le desséchement, opéré à l'ombre
complètement, diffère très-peu de celui qui aurait eu
lieu au soleil, ou qu'on aurait obtenu par une chaleur
artificielle.

DICHOTOME. On appelle ainsi les tiges qui se
divisent et se subdivisent par bifurcation , en sorte
qu'on n'y distingue pas un tronc principal.

DICLINE. Les plantes diclines sont celles dont les
organes sexuels ne sont pas réunis dans chaque fleur ;
mais distincts dans diverses fleurs, et par-conséquent
unisexes.

DICOTYLÉDONS. (*Voyez* Cotylédon).

DIDEAU. On nomme ainsi un grand filet qui se
met à travers une rivière, pour la barrer et arrêter tout
ce qui s'y passe. Les pêcheurs peuvent s'en servir ;

mais il leur est défendu de mettre au bout des bires ou nasses d'osier, pendant le tems de fraie. (*Voyez* sous le mot ADMINISTRATION FORESTIÈRE, l'article 8 du titre 31 de l'ordonnance de 1669.

DIRECTION. Les plantes dirigent, en naissant, leur radicule vers le centre du globe, et leur tige ou plumule, vers le ciel. Sur les plans inclinés, sur les coteaux les plus escarpés, les plantes ne participent point de l'inclinaison du terrain, leur axe ne cesse pas d'être perpendiculaire. Il n'y a que la privation de la lumière, dans le sens vertical, qui puisse rendre la direction des tiges oblique, et les plantes parasites sont les seules qui se développent de manière que leur axe soit naturellement parallèle à l'horizon:

DISSÉMINATION. On appelle ainsi la dispersion naturelle des semences ; elle s'opère à de grandes distances, lorsque les semences sont pourvues d'aigrettes, comme dans le pissenlit, ou d'ailes membraneuses, comme dans le bouleau, le pin, les bignones. Quelquefois le péricarpe, ou ce qui en tient lieu, est si léger lui-même, ou pourvu d'appendices si bien disposés, qu'il peut aussi se soutenir dans l'atmosphère, et voltiger avec la semence, comme il arrive aux capsules sèches de l'orme et de l'érable.

Il y a des graines qui sont transportées au loin par les oiseaux qui, mangeant le fruit, ne les digèrent pas, et telle est celle du génevrier, dont la grive est friande. Le corbeau qui ramasse des noisettes, en forme aussi des dépôts, d'où naissent des arbrisseaux lorsqu'il les oublie. Le bec croisé disperse les graines de sapin, etc. Les vents, enfin, chassent et roulent les graines à de très-grandes distances.

DOIGT. (*Voyez* MESURES , MÈTRE).

DOMAINES CONGÉABLES. La loi du 27 août 1792, qui a aboli la tenure connue dans les départemens du Morbihan, du Finistère et des Côtes-du-Nord, sous les noms de *convenant* et *domaines congéables*, renferme les dispositions suivantes :

Art. 1. La tenure convenancière ou à domaine congéable, est abolie. Les coutumes locales qui régissent cette tenure sous le nom d'*usement*, sont abrogées : en conséquence, les ci-devant domaniers sont et demeurent propriétaires incommutables du fonds, comme des édifices et des superficies de leur tenure.

2. Il ne sera fait à l'avenir aucune concession à pareil titre, celles qui seront faites ne vaudront que comme simples arrentemens. L'entière propriété des terres ainsi concédées appartiendra aux cessionnaires, avec la faculté perpétuelle de racheter les rentes.

3. Dans les concessions précédemment faites, les droits de congément, baillées, commissions et nouveautés, et le droit de lods et ventes, qui ne seraient point expressément stipulés dans le titre primitif de concession, sont abolis sans indemnité.

4. L'article 2 des décrets des 30 mai, 1, 6 et 7 juin 1791, concernant les baux à convenant et domaines congéables, continuera d'avoir sa pleine et entière exécution : en conséquence, tous droits et redevances convenancières de même nature et qualité que les droits féodaux, supprimés sans indemnité par les décrets du 4 août 1789 et jours suivans, par le décret du 15 mars 1790 et autres subséquens, ainsi que par le décret du 18 juin dernier, et notamment l'obéissance à la ci-devant justice ou juridiction du seigneur, le droit de suite à son moulin, la collecte du rôle de ses rentes et cens, et le droit de déshérence ou échu, demeurent abolis sans indemnité.

5. Tous les arbres fruitiers, tels que pommiers, châtaigniers, noyers et autres de même nature, soit qu'ils existent en rabine, avenue ou bosquet, les bois appelés *courans* et *puinais*, les taillis, même les bois de futaie de toute espèce, étant sur les fossés ou dans les clôtures des terres mises en valeur, sont déclarés appartenir en toute propriété aux ci-devant domaniers.

6. A l'égard des bois de futaie, tels que chênes, ormeaux, hêtres, sapins et autres de même nature qui se trouveront, soit en semis faits par les ci-devant seigneurs, ou existant en rabine ou bosquet, hors des clôtures des terres en valeur, il sera procédé par experts que les parties nommeront, ou qui seront nommés d'office par le juge, à une estimation desdits bois et semis, sur le pied de leur valeur à l'époque de cette estimation, contradictoirement ou par défaut, entre les ci-devant domaniers et les ci-devant seigneurs.

7. L'estimation desdits bois et semis sera faite sur la réquisition de l'une des parties : les ci-devant domaniers seront tenus de payer annuellement aux ci-devant seigneurs, l'intérêt au denier vingt du prix total de l'estimation, jusqu'au remboursement de ce prix, qu'ils feront quand bon leur semblera. Cet intérêt courra à compter du jour de l'estimation, et déclaré soumis au profit des ci-devant domaniers, à la restitution de leur quotité de la contribution foncière réglée pour tout autre intérêt et vente quelconque.

8. Les ci-devant domaniers pourront néanmoins abandonner aux ci-devant seigneurs la jouissance et disposition desdits bois

et semis, sauf à disposer des fonds après l'exploitation ; ils seront tenus de faire cet abandon, ou de déclarer qu'ils entendent faire procéder à une estimation desdits bois et semis, dont ils se réservent la disposition et jouissance, dans le mois, à compter de la publication du présent décret, par un acte fait au greffe du juge-de-paix du canton dans l'arrondissement duquel se trouveront situés lesdits bois et semis. Les ci-devant seigneurs pourront provoquer devant le juge-de-paix, après ledit délai d'un mois, cette déclaration de la part des ci-devant domaniers.

9. Les ci-devant domaniers, dans le cas où ils se réserveraient la propriété desdits bois et semis, n'en pourront disposer qu'après l'estimation définitive qui en aura été faite conformément à l'article ci-dessus. Dans le cas de vente ou d'exposition desdits bois et semis de la part des ci-devant domaniers, en tout ou partie, ils seront tenus de rembourser sans délai, aux ci-devant seigneurs, le total du prix de l'estimation.

10 Les ventes de bois faites jusqu'à ce jour par les ci-devant seigneurs, par acte authentique passé ou dont l'exploitation a été commencée antérieurement à la date du présent décret, auront leur pleine et entière exécution, sans que les ci-devant domaniers puissent exiger aucune indemnité, si ce n'est pour les dégâts et détériorations que l'exploitation aurait causés dans leurs fossés, clôtures et autres édifices : et néanmoins lesdits domaniers auront la faculté de retenir ces bois en remboursant le prix du marché au total, si l'exploitation n'est pas commencée, ou en les remboursant au prorata de ce qui reste à exploiter, et ce, par estimation à dire d'experts, aux frais du domanier.

DOMAINES ENGAGÉS. L'assemblée constituante, voulant arrêter les abus qui se commettaient dans les bois et forêts domaniaux, et dans ceux dépendans d'établissemens ecclésiastiques, a rendu, le 18 mars 1790, un décret qui a été sanctionné le 26 du même mois, et dont voici plusieurs dispositions :

Art. 3. Les apanagistes, engagistes, concessionnaires des bois et forêts domaniaux, à quelque titre que ce soit, et les échangistes dont les échanges ne sont pas consommés, ainsi que tous bénéficiers ou autres possesseurs ou administrateurs des bois et forêts ecclésiastiques, ne pourront faire des coupes de taillis dans les bois et forêts, que conformément aux aménagemens ; et à défaut des procès-verbaux d'aménagement, lesdits taillis ne pourront être coupés qu'à l'âge auquel ils ont accoutumé de l'être.

4. Les personnes désignées en l'article précédent ne pourront commencer l'exploitation desdites coupes qu'après en avoir obtenu la permission des maîtrises ou autres juges compétens.

6. Il ne pourra être abattu aucuns arbres épars sur les biens domaniaux ni sur les biens ecclésiastiques, qu'autant que lesdits arbres seront sur le retour et dépérissans, et après avoir obtenu la permission prescrite en l'article 4, à peine de confiscation des arbres coupés, et d'une amende qui ne pourra être moindre que le double de la valeur desdits arbres.

7. Les

7. Les apanagistes, engagistes, concessionnaires des bois et forêts domaniaux, les échangistes de ces mêmes bois dont les échanges ne sont pas consommés, tous détenteurs des bois domaniaux, à quelque titre que ce soit, les administrateurs des bois et forêts dépendant d'établissemens ecclésiastiques, ne pourront arracher lesdits bois, ni faire aucun défrichement, ni en changer la nature, sous peine de quinze cents livres d'amende par arpent.

La loi du 3 septembre 1792 a révoqué toutes les aliénations de domaines nationaux, que celle du premier décembre 1790 avait déclaré révocables, et elle a ordonné qu'il serait procédé à la réunion des biens compris dans ces aliénations, à l'effet de quoi les détenteurs seraient tenus de remettre leurs contrats, quittances de finances, et autres titres relatifs à leur remboursement, au directeur - général de la liquidation.

L'article 5 de la même loi a ordonné que les détenteurs qui se croiraient dans quelque cas d'exception, et en droit de se faire déclarer propriétaires incommutables, conformément à la loi du premier décembre 1790, seraient tenus de se pourvoir devant le tribunal du district de la situation des biens, où il serait statué sur simples mémoires et sans frais.

Les dispositions de la loi ci-dessus ont reçu une nouvelle extension par celle du 10 frimaire an 2, dont voici l'extrait :

Art. 1. Toutes les aliénations et engagemens des domaines et droits domaniaux, à quelque titre que ce soit, qui ont eu lieu dans toute l'étendue actuelle du territoire de la république, avec clause de retour ou sujettes au rachat, à quelque époque qu'elles puissent remonter ;

Celles d'une date postérieure au 1 février 1566, quand même la clause de retour y serait omise, et celles résultant des échanges non consommés, ou qui ont été consommés par l'ancien gouvernement depuis le 1 janvier 1789, autres que les aliénations qui ont été faites en vertu des décrets des assemblées nationales, sont et demeurent définitivement révoquées.

2. Les aliénations que les ci-devant rois ont faites depuis le 1 février 1566, des biens qu'ils possédaient hors du territoire français ; les baux emphitéotiques, les baux à une ou plusieurs vies, et tous ceux au-dessus de neuf années, sont compris dans la révocation prononcée par l'article précédent.

3. Sont exceptées les inféodations et acensemens des terres

vaines et vagues, landes , bruyères, palus et marais, autres que celles situées dans les forêts , ou à cent perches d'icelles , pourvu qu'elles aient été faites sans dol ni fraude , et dans les formes prescrites par les règlemens en usage au jour de leur date , et qu'elles aient été mises et soient actuellement en valeur ; les sous-aliénations et sous-acensemens faits par acte , ayant date certaine avant le 14 juillet 1789, par les engagistes , des terres de même nature et sous les mêmes conditions ; et les inféodations , sous-inféodations et acensemens dépendans des fossés et remparts des villes , justifiés par des titres valables ou arrêts du conseil , ou par une possession paisible et publique depuis quarante ans , pourvu qu'il y ait été fait des établissemens quelconques ou qu'ils aient été mis en valeur.

5. Sont aussi exceptées les sous-aliénations faites par actes ayant date certaine avant le 14 juillet 1789 , par les engagistes , des terres défrichées en vertu des anciennes ordonnances , sur les lisières des forêts et sur les bords des grandes routes , et les sous-aliénations faites aussi par acte ayant date certaine avant le 14 juillet 1789 ; les aliénations , même celles faites avec deniers d'entrée , des terrains épars , de contenance au dessous de dix arpens , pourvu que tous ces objets soient actuellement possédés par des citoyens dont la fortune est au-dessous d'un capital de 10,000 liv. , non compris le montant de l'objet aliéné , pourvu qu'il ne s'élève pas à 10,000 livres.

8. Aussi-tôt après la publication du présent décret, la régie nationale du droit d'enregistrement et des domaines prendra possession , au nom de la nation , après en avoir référé aux directoires de district, et en avoir obtenu l'autorisation , de tous les biens mentionnés en l'article premier , sauf les exceptions portées par les articles 3 et 5 , quand bien même les détenteurs auraient satisfait aux formalités , et fait les déclarations prescrites par les précédentes lois qui établissaient des exceptions.

9. Lorsqu'il se trouvera des forêts et bois dans l'étendue desdits domaines , la régie nationale de l'enregistrement et des domaines en préviendra les préposés à la conservation des bois et forêts , lesquels seront tenus d'en prendre de suite possession.

11. La régie nationale du droit d'enregistrement et des domaines fera constater par des experts, en présence des détenteurs , ou eux dûment appelés , l'état actuel et l'estimation d'après le prix courant en 1789, des domaines, bois , forêts et droits domaniaux dont elle prendra possession , les dégradations commises et la valeur des réparations à faire, la valeur des coupes de bois anticipées , celle des futaies exploitées , les impenses et améliorations dûment autorisées , soit par le contrat , soit postérieurement , avec clause expresse de remboursement , pourvu qu'elles soient justifiées.

12. Ces impenses et améliorations ne seront estimées que jusqu'à concurrence de la valeur dont les biens se trouveront augmentés , d'après l'estimation qui en sera faite lors de la prise de possession.

16. L'estimation des biens et les procès-verbaux seront rédigés

de manière à pouvoir servir de base aux procès-verbaux d'enchère et d'adjudication qui auront lieu lors de la vente.

34. Tous les biens et droits domaniaux dans la possession desquels la république rentrera en vertu du présent décret, seront administrés, régis et vendus comme les autres domaines nationaux.

Mais l'exécution de cette loi a été suspendue par celle du 22 frimaire an 3 ; de sorte que les domaines engagés ne peuvent, quant à présent, être mis en vente.

Quant à l'administration de ces biens, *voyez* sous le mot ADMINISTRATION FORESTIÈRE, le titre 22 de l'ordonnance de 1669, et le titre 10 de la loi du 29 septembre 1791.

DOMICILE. Lors des ventes de coupes de bois, les enchérisseurs doivent faire, au procès-verbal, élection de domicile dans la commune où se fait l'adjudication, pour mettre à portée, en cas de désistement de la part de l'adjudicataire, d'en faire la notification au précédent enchérisseur, et de donner connaissance à l'adjudicataire, soit du jour fixé pour le récolement de la vente après l'exploitation, soit de tout autre objet qui l'intéresse.

DOUAIRE. (*Voyez* CONCESSION, DOMAINES ENGAGÉS).

DOUBLE AUBIER. L'aubier, surpris par un froid excessif, se désorganise quelquefois en état d'aubier sans que l'arbre périsse, et il se recouvre de nouvelles couches qui deviennent du bois parfait. Si l'on coupe horizontalement un arbre qui a éprouvé cette maladie, ou voit d'abord à l'extérieur une couronne d'aubier, qui est l'aubier ordinaire ; ensuite une couronne de bois parfait, puis encore une couronne d'aubier, qu'on appelle *faux* ou *double aubier* ; et enfin un cylindre plein, qui n'est que de bois parfait.

DOUELLE. (*Voyez* DOUVE).

DOUVE. On appelle douves ou douelles, les planches de fond ou de longueur qui servent à la construction des tonneaux. On fait choix, à cet effet, d'un bois de belle fente, qui ne soit pas trop gras. Les rondines doivent être plus grosses pour les douves des futailles que pour celles des barils ; mais cependant les douves les plus larges ne sont pas les meilleures. On n'emploie ordinairement que du chêne pour les douves des futailles à liqueurs ; les bois blancs, tels que le saule, le peuplier, le tilleul, seraient trop perméables. Outre les marques extérieures qui font juger de la qualité du bois, on éprouve les douves dans les ports où l'on fait de grosses recettes de douvain, en les frappant fortement sur l'angle d'une enclume, ou d'une grosse pierre fort dure ; si elles rompent net et sans éclats, c'est un signe que le bois est gras, et alors on le rebute.

Le merrain et le traversin qui se font avec du chêne rouge très-gras, du hêtre et des bois blancs, ne s'emploient qu'à la construction des barils pour la clincaillerie et les autres marchandises sèches.

Lorsqu'on a choisi le bois convenable à l'usage que l'on veut faire des futailles, on coupe les billes plus ou moins longues, suivant la grandeur des tonneaux : on les fend par quartiers, comme cela se pratique pour les lattes, et on enlève tout l'aubier, dont il ne doit rester aucune portion dans les douves. (*Voyez* MERRAIN).

DRAGEON. On appelle drageons, les rejets qui poussent au pied de certains arbres ; lorsque ces tiges ont poussé des racines indépendantes de celles qui les ont produites, on les appelle *plants enracinés.* Ils s'emploient avantageusement en les élevant en pépinière, d'où ils sont susceptibles d'être tirés en peu de tems, pour les planter à demeure. La croissance des rejets peut être accélérée en faisant sur une racine superficielle d'un arbre propre à donner des drageons, une plaie que l'on recouvre d'un peu de terre.

DRESSEUR. On donne ce nom au maître charbonnier qui dirige le travail de la construction des fourneaux. (*Voyez* Charbon).

DROITS. (*Voyez* Chauffage, Communes, Paturage).

DRUPE. Péricarpe charnu ou coriace, renfermant un seul noyau, ou un seul osselet, ordinairement adhérent à la pulpe qui les entoure. Le drupe mou a rapport avec la baie, dont il diffère cependant en ce qu'il ne contient qu'un seul noyau, comme dans le prunier, le cérisier. Le drupe sec a une écorce coriace dans le noyer, fongueuse dans l'amandier.

DUVET. On donne ce nom aux poils extrêmement déliés, courts, soyeux, qui recouvrent certains fruits, comme les pêches, et qui sont peut-être un organe excrétoire. Quant au duvet qui tapisse le dessous des écailles dont sont recouverts les boutons à bois ou à fruit avant leur épanouissement, il défend le germe enveloppé contre les intempéries des saisons. Lorsque la douce chaleur du printems ranime la végétation, la sève dissout petit à petit le gluten qui collait les écailles les unes sur les autres, elles s'ouvrent et le duvet devient visible. Lorsque le germe élancé n'a plus besoin de protecteur, le duvet et les écailles se dessèchent et tombent. On trouve un exemple bien prononcé de ce développement dans le marronnier d'Inde.

Fin de la première Partie.